执行法与破产法论丛

2022年第1卷

·总第3卷·

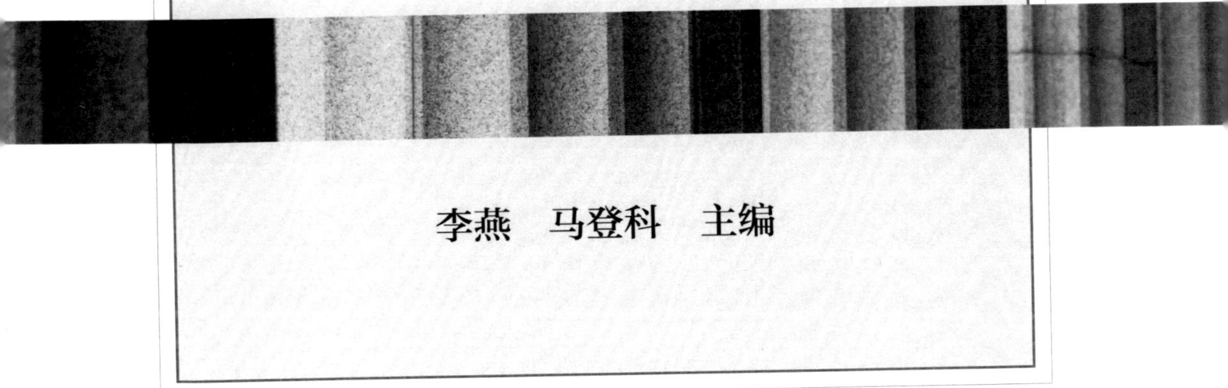

李燕　马登科　主编

法律出版社
LAW PRESS·CHINA
北京

图书在版编目（CIP）数据

执行法与破产法论丛. 2022年. 第1卷：总第3卷 / 李燕，马登科主编. -- 北京：法律出版社，2025.
ISBN 978-7-5244-0468-2

Ⅰ. D925.118.4-53;D922.291.924-53

中国国家版本馆CIP数据核字第202516F1N5号

执行法与破产法论丛(2022年第1卷·总第3卷)
ZHIXINGFA YU POCHANFA LUNCONG
(2022 NIAN DI-1 JUAN · ZONG DI-3 JUAN)

李 燕 马登科 主编

策划编辑 沈小英 毛镜澄
责任编辑 毛镜澄
装帧设计 汪奇峰

出版发行 法律出版社
编辑统筹 法治与经济出版分社
责任校对 王语童
责任印制 吕亚莉
经　　销 新华书店

开本 710毫米×1000毫米 1/16
印张 16.25 **字数** 278千
版本 2025年7月第1版
印次 2025年7月第1次印刷
印刷 河北虎彩印刷有限公司

地址:北京市丰台区莲花池西里7号(100073)
网址:www.lawpress.com.cn
投稿邮箱:info@lawpress.com.cn
举报盗版邮箱:jbwq@lawpress.com.cn

销售电话:010-83938349
客服电话:010-83938350
咨询电话:010-63939796

书号:ISBN 978-7-5244-0468-2　　**定价**:96.00元

卷首语　夯实彻底解决执行难的中国司法制度体系

司法是维护社会公平正义的最后一道防线，"执行乃法律之终局及果实"。然而，执行难这一难题，长期困扰我国法治建设。经过坚持不懈的司法实践探索，我国逐渐形成了一套具有中国特色的解决执行难的制度体系，正在从"基本解决执行难问题"迈向彻底解决执行难阶段。在全国人大常委会正式发布《民事强制执行法（草案）》征求意见后，我们需要总结归纳改革经验，发现和破解其中的关键难点，助力我国执行工作的进一步展开。

落实党的十八届四中全会布置的探索审执分离运行机制的要求，要建立适合我国国情的执行权力体系。理论研究包括但不能囿于执行权的国家属性和司法、行政双重属性的定性分析，执行程序运行中具体执行事项的类型分析、法院内部权力分工与国家机关之间权力关系的优化、社会化协同与制约等方面，也应当归入梳理研究的范围。而且，《民事强制执行法（草案）》中的检察监督方案、执行员制度的定位和立废以及法院内部上下级之间执行监督的方式等方面，急需理论界和实务界积极参与和建言献策。

针对执行难的最主要的表现形态——查人找物难

和财产变现难,我国已经建构了执行标的查控系统和网络司法拍卖系统,充分利用现代科技,创建和夯实了执行标的基础工程和执行变价基础工程。如何以此为基础进行其他制度的建构?《民事强制执行法(草案)》拓展了执行标的范围,对实现金钱债权的执行标的范围已不再局限于资金、动产、不动产,还涵盖了权利。但《民事强制执行法(草案)》中现有的执行标的范围和分类是否合理,尤其是以不动产、动产、债权、其他权利为执行标的范围是否满足一切可变现为金钱的被执行人的物和权利原则上皆可成为执行标的的要求?执行标的之边界在哪里?以网络司法拍卖为主导的财产变价体系,是否可再细分进行多元化重构?法院外平台是否有建构和改良空间?等等。

针对执行程序的运行,党的十八大以来,最高人民法院共出台近60项重要的司法解释和规范性文件,以全面规范执行工作。特别是2016年以来,密集出台涉及财产保全、财产调查、执行和解、执行担保、先予仲裁等的一系列司法解释和规范性文件。《民事强制执行法(草案)》按实现执行之目的与将要实现执行依据所载明的债权类型,设置了第二编"实现金钱债权的终局执行"与第三编"实现非金钱债权的终局执行",再以执行标的或执行债权的类型进行分章。其中,第二编根据金钱债权的分类,按照不动产、动产、债权与共同债权进行分章。第三编根据非金钱债权的分类,按照"物之交付请求权"与"行为请求权"分为两章。这一编章的安排,改变了传统上基于执行措施而过于重视金钱债权执行的现象,充分照顾到非金钱债权执行的独特性,符合民事执行适用法律的思维规律,理解容易且适用简便。然而,问题也随之而来,比如,如何将《民事强制执行法(草案)》的结构设计与最高人民法院出台的一系列司法解释和规范性文件对接起来?如何准确理解和适用"实现金钱债权的终局执行"和"非金钱债权的终局执行"?如何清理整改积案、攻坚执行顽疾?如何进行流程节点控制、规范执行权力?如何保障执行程序与破产制度(含个人破产制度)衔接?如何构建执行威慑机制与善意文明执行的平衡?等等。

因实践中可能出现的违法或不当执行行为多种多样,执行救济制度也应形成一个综合的制度体系。《民事强制执行法(草案)》在《民事诉讼法》第236条和第238条区分程序性救济和实体性救济,而实体性救济包括第三人撤销之诉、案外人再审之诉、债权人异议之诉、案外人异议之诉等执行救济体系的基础上,新增债务人异议之诉、执行主体变更追加之诉、债权收取之诉、条件成就与否之诉等。但《民事诉讼法》第 234 条规定的执行相关救济制度已经错综复杂,新增制度使民事执行救济体系更加迷雾重重。民事执行救济乃执行程序的制动器和发动机,其设计科学与否,攸关执行公正和高效能否贯彻落实。如何审慎合理安排救济制度,怎样厘清各种救济制度的相互关系,如何防止执行救济制度不会沦为阻碍执行的绊脚石等,都是值得深入思考与有待解决的问题。

探索执行工作长效机制、夯实中国司法执行制度体系,是我国每位民事执行研究者和践行者不可推卸的责任。无论《民事强制执行法》通过与否,民事执行牵涉法域众多、关系复杂,关于民事执行的理论研究和实务探索任重道远,其也有足够的体量和容量让每一门类的法律人扎根于此。期望更多的法律人参与到夯实彻底解决执行难的中国司法制度体系的队伍中来。

*

* 西南政法大学执行研究院教授、博士生导师,法学博士。

目　录

专题研讨

本卷聚焦:民事执行改革的实践与理论

执行裁判庭向何处去?
——从深入推进审执分离执行体制改革出发

朱　嵘*

摘要:党的十八届四中全会提出“推动实行审判权和执行权相分离的体制改革试点”后,最高人民法院以“深化内分、适当外分”为主要模式推进试点工作,各试点地区法院陆续设立了执行裁判庭。随着中共中央《法治中国建设规划(2020—2025年)》再次重申“深入推进审执分离”,解决“执行裁判庭向何处去”这一问题已刻不容缓。有必要将普遍设立执行裁判庭的这一改革举措作为深入推进审执分离的突破口,明确执行裁判庭作为法院内设监督机构的性质定位,对其职权配置、机构设置、运行机制等提出明确清晰的要求,从真正建立有效的执行权监督制约体制入手,以推进切实解决执行难。

关键词:执行裁判庭;审执分离;执行体制改革

党的十八届四中全会提出“推动实行审判权和执行权相分离的体制改革试点”后,从2015年1月开始,最高人民法院先后批复同意9个地区开展改革试点。设立执行裁判庭,是审执分离执行体制改革试点地区普遍开展的改革举措之一,最高人民法院也先后多次提出了设立执行裁判庭的要求。

2021年1月,中共中央印发的《法治中国建设规划(2020—2025年)》再次重申“深入推进审执分离”,审执分离由此从改革试点上升为建设规划。笔者认为,应当将普遍设立执行裁判庭的这一改革举措作为进一步深入推进审

---

* 江苏省高级人民法院审判委员会委员、执行局局长,三级高级法官,法学博士。

执分离改革的突破口,从监督制约执行实施权这一设立执行裁判庭的最初动因出发,明确执行裁判庭作为法院内设监督机构的性质定位,对职权配置、机构设置、运行机制等提出明确清晰的要求,从而真正建立有效的执行权监督制约体制。

一、何去何从:进入迷茫期的执行裁判庭

(一)执行裁判庭的设置及运行情况

人民法院设立执行裁判庭实际上已有十余年时间,但最初只是零星的探索。早在2004年,长沙市中级人民法院就单独设立了从执行局剥离而出的执行裁判监督庭。[①] 2005年,成都市中级人民法院也在执行局外设立了与执行局、其他业务庭平行的执行裁判监督庭。[②] 执行裁判庭在地方法院较大规模地设立,始于最高人民法院2015年启动审执分离执行体制改革试点之时。广东、广西、上海、浙江、河南、江苏等省、市、自治区,陆续在辖区内的三级法院设立了执行裁判庭。以江苏省为例,截至2017年年底,江苏省高级人民法院、全部江苏省中级人民法院(13个)和110个江苏省基层人民法院中的44个设立了执行裁判庭,其余江苏省基层人民法院在其他审判庭加挂执行裁判庭牌子。

从运行情况看,执行裁判庭的设立总体上取得了以下积极效果:

一是执行救济渠道更加通畅。以江苏省为例,在普遍设立执行裁判庭的2017年,全省法院新收执行异议案件就达到10,425件,同比增长39.71%。2021年新收执行异议案件16,322件,其中执行异议之诉一审案件3714件,较2017年又分别增长56.57%和78.04%,而同期执行实施案件(包括首次执行、恢复执行、保全执行3类案件)仅由70.61万件增加至87.09万件,增长23.34%。由此可见,江苏法院新收执行裁判案件年均增速远高于执行实施案件。所以,以往较为普遍存在的执行异议、复议案件有案不立的问题基本杜

---

① 参见蒋安杰:《司法改革名家关注"长沙模式"》,载《法制日报》2004年3月25日,第8版。

② 参见王鑫、张荣文、周牧、黄劼:《中院设立执行裁判监督庭》,载新浪网2005年1月12日,https://news.sina.com.cn/c/2005-01-12/03574798365s.shtml。

绝,执行信访率也因此大幅下降。

二是违法执行行为的发现和纠正更加及时有效。例如,江苏法院 2017 ~ 2021 年执行异议案件审理结果为撤销、变更执行行为的有 14,003 件,纠正率为 21.06%;执行异议之诉一审案件审理结果为阻却执行的有 2234 件,阻却执行率为 15.91%。又如,自上海市第一中级人民法院执行裁判庭 2016 年 7 月成立至 2018 年 6 月底,共审结各类案件 623 件,执行异议案件中异议支持率达 21.82%。① 由此观之,以往执行异议案件较少支持异议申请人的状况得到根本扭转,一批违法违规的执行行为及时被发现和纠正,切实保护了当事人、利害关系人和案外人的合法权益,有力促进了执行规范化建设和执行作风改善,对预防执行腐败也起到了积极作用。

三是有力促进了民事强制执行规则的完善。法律规定粗疏、规则供给不足,是造成执行难、执行乱的重要原因之一。执行异议、复议案件和以往分散在各民事审判庭的涉执行诉讼案件集中到执行裁判庭办理,不仅提升了类案审理的专业性,摸索出符合执行裁判案件特点的审理方法、文书样式和立卷归档规范,还通过案例的逐步积累促进了民事强制执行领域法律空白的填补和适用法律尺度的统一。如江苏省高级人民法院先后制定下发了《江苏省高级人民法院执行异议及执行异议之诉案件审理指南》(一)(二)(三)(已失效)、《执行裁判文书样式》、《关于规范及完善执行裁判文书材料立卷归档的指导性意见》等指导性文件;广西壮族自治区高级人民法院下发了《执行异议之诉裁判指引》(一)(二)、《关于执行异议之诉案件若干疑难问题的解答》等规定。②

(二)当前存在的主要问题

1. 定位有待进一步清晰

尽管设立执行裁判庭是审执分离执行体制改革的核心举措之一,但这一机构的定位目前仍然不够清晰,加上各试点地区做法不尽一致,由此造成了

---

① 参见宋宁华:《裁执分离助力破解"执行难"——上海一中院召开裁执分离两周年新闻发布会》,载新民网 2018 年 8 月 29 日,http://newsxmwb.xinmin.cn/fatan/2018/08/29/31424212.html。

② 参见梁慧、茹超:《以审判权运行方式实现对执行权监督制约——广西高院执行裁判庭深化审执分离纪实》,载《人民法院报》2020 年 12 月 12 日,第 4 版。

许多不统一之处。

第一,名称不够统一。大部分试点地区称执行裁判庭,但也有少数称执行裁决庭、执行决定庭、执行裁判监督庭、执行速裁庭等。

第二,机构设置不够统一。主要有两种类型,一为内置型,即虽然设立执行裁判庭,但其仍作为执行局的内设机构;二为外置型,即执行裁判庭独立于执行局,与其他审判业务庭平行。外置型又存在 3 种亚型:一为单一型,即执行裁判庭只办理执行裁判类单一类型案件,不办理其他类型案件。二为加挂型,即执行裁判庭除执行裁判类案件外,还办理其他类型案件,同时加挂其他审判庭牌子,或者在其他审判庭加挂执行裁判庭牌子。如广东省高级人民法院就在设立破产审判庭的同时加挂了执行裁判庭牌子,该庭以办理破产案件为主,兼办执行裁判类案件。三为兼办型,即执行裁判类案件交由特定审判庭兼顾集中办理。

第三,职权配置不够统一。从试点地区情况看,执行裁判庭办理的案件类型主要有以下四类:(1)涉执行诉讼案件,包括案外人执行异议之诉、申请执行人执行异议之诉、执行分配方案异议之诉、追加被执行人异议之诉、代位析产之诉等。(2)执行异议、复议案件以及对异议、复议不服申诉的执行监督案件(以下简称执行审查类案件)。(3)执行实施案件中具有裁决事项的案件,如变更追加被执行人等。还有的法院将下列情形也纳入了执行裁判庭的职权范围:负有协助义务的案外人未尽协助义务,审查、裁定其向申请执行人承担责任;审查、追究擅自处分已控制财产人的赔偿责任;执行交付财产案件中被执行人无法交付财产,审查、追究其折价赔偿责任;审查、裁定对第三人强制执行和承担连带清偿责任;等等。[①] (4)其他与执行相关的案件。如江苏省高级人民法院规定,有条件的执行裁判庭可以办理执行程序转破产程序的破产案件和拒不执行判决、裁定罪刑事自诉案件;上海市三级法院执行裁判庭可以行使非诉行政执行审查权。从职权配置看,各地执行裁判庭基本都能办理第一类案件,大部分地区的执行裁判庭能办理第二类案件,但第三、四类案件只有少部分地区的执行裁判庭能办理。

---

① 参见王鑫、张荣文、周牧、黄却:《中院设立执行裁判监督庭》,载新浪网 2005 年 1 月 12 日,https://news.sina.com.cn/c/2005-01-12/03574798365s.shtml。

2. “地位边缘”问题有待解决

执行裁判庭在大部分试点法院仍处于较边缘的地位。首先，执行裁判庭受理的案件总量较少。以江苏省为例，尽管 2021 年全省法院受理执行异议案件数量达到创历史纪录的 18,084 件，但全省 124 个法院平均受理不到 150 件，少数法院受理数量仅为个位数。因此，当推进基层人民法院内设机构改革时，执行裁判庭成为首当其冲被压缩的机构。其次，仍有部分地区的执行实施机构对审执分离执行体制改革不理解、难接受，尤其是设置外置型执行裁判庭的地区。这些地区的法院将原执行裁决机构从执行局剥离，造成执行局人员尤其是法官减少，执行异议案件数量增加、部门之间案卷流转和信息沟通增加等情况也一定程度上影响执行效率，执行异议支持率居高不下更造成被纠正的执行行为增多，从而导致部分执行干警对执行裁判庭工作不够理解。在最高人民法院不断强化推进“切实解决执行难”工作以及执行实施案件数量持续增长的大背景下，执行实施机构的这种情绪会在一定程度上影响到各级法院领导层对执行裁判工作的支持力度和深化审执分离执行体制改革的信心和决心。

3. 方向有待进一步明确

审执分离执行体制改革启动于党的十八届四中全会，最高人民法院于 2015 年 1 月批准首批试点地区，至 2016 年 1 月全国高级法院院长会议已明确提出推动在各级法院探索设立执行裁判庭。但实际情况是，全国大部分法院直到 2019 年年初攻坚“基本解决执行难”工作告一段落之时，都尚未设立执行裁判庭。而且，截至目前，最高人民法院对试点工作的情况和效果尚未进行充分总结，下一步改革方向也未予以明确，还在一些重要文件中对是否普遍设立执行裁判庭以及执行裁判庭的职能范围出现了不同的要求。

最高人民法院 2016 年印发的《关于落实“用两到三年时间基本解决执行难问题”的工作纲要》提出：“实行执行权和审判权科学合理分离。进一步优化执行权的科学配置，设立执行裁判庭，审理执行程序中涉及实体权利的重大事实和法律争议，形成审判权对执行权的有效制约和监督。”对此，通常理解为各地法院应普遍设立独立于执行局的执行裁判庭，其职权范围则仅限于涉执行诉讼案件。

最高人民法院2019年下发的《关于深化执行改革健全解决执行难长效机制的意见——人民法院执行工作纲要(2019—2023)》提出:“加快推进审执分离体制改革。将执行权区分为执行实施权和执行裁判权,案件量大且具备一定条件的人民法院在执行局内或单独设立执行裁判庭,由执行裁判庭负责办理执行异议、复议以及执行异议之诉案件。不具备条件的法院的执行实施工作与执行异议、复议等裁判事项由执行机构不同法官团队负责,执行异议之诉案件由相关审判庭负责办理。”

此后,最高人民法院2021年下发的《关于进一步完善执行权制约机制加强执行监督的意见》对相关表述再次进行了调整:“深化执行裁决权与执行实施权分离。具备条件的人民法院可单独设立执行裁判庭,负责办理执行异议、复议、执行异议之诉案件,以及消极执行督办案件以外的执行监督案件。不具备条件的人民法院,执行异议、复议、消极执行督办案件以外的执行监督案件由执行机构专门合议庭负责审查,执行异议之诉案件由相关审判庭负责审理。”

据此,设立执行裁判庭已经不再作为强制性要求,而执行裁判庭的职权范围则既包括涉执行诉讼案件又包括执行审查类案件。将执行权区分为执行实施权和执行裁判(裁决)权的表述,又使以往通常认为属于审判权范畴的执行异议之诉案件被纳入了执行权范畴。这让“深化内分、适当外分”这一最高人民法院原先提出的审执分离执行体制改革最优模式①的内涵存在不同认识——“深化内分”究竟是将原先由执行机构行使的具有裁判性质的权力分离出来交给审判部门,还是将原先由审判部门行使的涉执行裁判权分离出来交给执行机构?

---

① 最高人民法院课题组经过深入调研,认为“深化内分、适当外分”应当是我国审判权和执行权相分离的体制改革的最优模式。其在理论上更符合法律的正义价值和效率价值,更有利于形成审判权和执行权之间差异性和共通性的平衡;在功能上更有利于消解目前造成执行难的主要因素,更有利于执行手段和资源利用效率的提升,也更有利于使执行机关获得充足且可控的资源;在操作上则更易于衔接目前的执行体制,更加契合执行工作的未来发展方向,具有其他模式无可比拟的成本优势。参见江必新、刘贵祥:《审判权和执行权相分离的最优模式》,载《法制日报》2016年2月3日,第12版。

二、探寻初心:以监督制约执行实施权为核心职能的执行裁判庭

讨论"执行裁判庭向何处去",首先须回望执行裁判庭从何处来,即为什么要设立执行裁判庭。

人民法院设立新的内设审判机构,通常是基于两个逻辑起点:一是独立性;二是专业性。前者如审判监督庭、赔偿委员会办公室等内部监督部门,后者如环境与资源审判庭、金融审判庭等专业审判部门。笔者认为,从历史分析和制度分析的角度都可以得出结论:监督制约执行实施权,是设立执行裁判庭的核心目标,也是执行裁判庭的核心职能。正如最高人民法院《关于进一步完善执行权制约机制、加强执行监督的意见》所要求的:"充分发挥执行裁决权对执行实施权的制衡和约束作用。"因此,保障独立行使对执行实施权的监督制约权,应为设立执行裁判庭的初衷。

(一)历史分析

1. 实践发展和政策演进的过程

从过去几十年我国强制执行制度运行的实际状况来看,执行难与执行乱相生相伴。尤其是执行乱问题的存在,不仅造成了新的执行难,还使执行案件当事人、案外人、利害关系人的合法权益受到侵犯,影响司法权威以及社会公众对于执行制度的信心。[①] "作为一种体系和结构完整的具有程序正当性的执行制度,就必须设置相应的救济措施,以避免或减少因违法或不当执行所发生的损害以及有效吸收不满。"[②]

对2004年设立执行裁判监督庭的"长沙模式",陈卫东教授认为:"这种模式很好地解决了执行工作中的监督问题。因为分离出来后的执行裁判庭,它不单是一种对实体和程序事项的裁判职能,它还对执行事务局的执行实施

---

① 参见周继业主编:《强制执行新实践》,法律出版社2018年版,第408~409页。

② 张卫平:《案外人异议之诉的功能和价值》,载《人民法院报》2009年3月26日,第5版。

过程进行监督。"[①]值得注意的是,当时的民事诉讼法尚未对执行实施程序与执行救济程序作出明确区分,但基层的司法实践已经敏锐地采用机构分立的方式以加强对执行权的监督制约。

2007年《民事诉讼法》修订,在执行程序中增设了执行异议复议、执行监督、案外人异议程序。最高人民法院2009年发布的《关于进一步加强和规范执行工作的若干意见》和2011年发布的《关于执行权合理配置和科学运行的若干意见》,进一步对执行实施权和执行审查权(裁决权)进行明确区分,并要求"地方人民法院执行局应当按照分权运行机制设立和其他业务庭平行的执行实施和执行审查部门,分别行使执行实施权和执行审查权"[②]。

但从实践效果看,这种执行局内部的"审执分离"在发挥监督纠正违法执行作用方面并不理想,原因在于以下两点:一是程序启动困难。由于执行审查部门设在执行局内部,当事人认为执行行为违法提出的异议往往首先作为信访投诉处理,实在无法化解的方才作为执行异议案件立案。因此执行异议、复议案件有案不立的情况普遍存在。二是独立审查困难。首先,办理执行实施案件是执行局的核心职责,而执行实施权的行使采用类似行政权的审批制,因此执行实施部门有关案件处理的许多重大决定往往由执行局局长"拍板"。如果当事人对此提出异议,执行审查部门实质上是对上级领导进行监督。其次,有的法院执行局人员较少,遇有重大执行案件,往往需要全体出动,即使是执行裁决人员也不得不参与执行实施;还有的法院采用执行人员兼办实施、裁决案件并互相监督的方式。上述问题造成执行审查部门对执行权的监督无法独立进行。

党的十八届四中全会提出审执分离执行体制改革试点后,最高人民法院选择将"深化内分、适当外分"作为落实试点工作的主要模式。其中"深化内分",就是指"在法院内部将审判和执行作进一步彻底的分离,如将执行裁决权和执行实施权分别由不同机构行使"[③]。在此指导思想下,设立独立于执行

---

① 参见蒋安杰:《司法改革名家关注"长沙模式"》,载《法制日报》2004年3月25日,第8版。

② 最高人民法院《关于执行权合理配置和科学运行的若干意见》第2条。

③ 江必新、刘贵祥:《审判权和执行权相分离的最优模式》,载《法制日报》2016年2月3日,第12版。

局的执行裁判庭成为多数试点地区法院的选择。比如,河北省唐山市中级人民法院把执行局原内设的执行一庭改设为执行裁决庭,使其脱离执行局,负责审查处理执行行为异议和部分案外人异议案件,审理涉执诉讼一审、二审案件;①上海市高级人民法院将执行裁决权、涉执行诉讼审判权和非诉行政执行审查权配置给执行裁判庭行使;②四川省高级人民法院着重解决“裁执混同、执行权运行不畅、监督制约乏力”等问题,将执行分配方案异议之诉、案外人异议之诉、代位权诉讼等案件交由民事审判部门负责,将执行异议与复议、追加变更执行主体、不予执行、驳回执行申请等涉及当事人、利害关系人重大权益的判断问题交由执行裁决部门审查,将终本案件审批权交由审判监督部门。③

2. 在实践中形成的执行裁判庭的双重职能

从上述分析来看,尽管各地区在机构名称、机构设置、职权配置等方面尚不统一,但整体而言,执行裁判庭主要承担双重职能:一是对违法执行行为的救济(办理执行审查类案件),二是处理执行程序中涉及实体权利的争议(办理涉执行诉讼案件)。

但这里的双重职能并非同等重要,而是有所偏重——前者是核心,后者是从属。这是因为,对违法执行行为的救济,传统上被认为属于执行权的范畴(执行审查类案件),将其从执行实施机构剥离纳入审判权范畴并设立执行裁判庭,实质上是通过机构分立以强化对执行实施权的监督制约,进而遏制执行乱问题。处理执行程序中涉及实体权利的争议,则通常且从来都被认为属于审判权的范畴。以此为目标设立执行裁判庭的实质,仅是对原本根据执行依据案由分散在各民事审判庭审理的涉执行诉讼案件实行集中审理,以解决审判专业化的问题。

---

① 参见罗书臻:《为审执分离改革提供可复制可推广的经验——全国法院审执分离体制改革试点工作经验交流会发言综述》,载《人民法院报》2016年9月13日,第1版。

② 参见罗书臻:《为审执分离改革提供可复制可推广的经验——全国法院审执分离体制改革试点工作经验交流会发言综述》,载《人民法院报》2016年9月13日,第1版。

③ 参见罗书臻:《为审执分离改革提供可复制可推广的经验——全国法院审执分离体制改革试点工作经验交流会发言综述》,载《人民法院报》2016年9月13日,第1版。

(二)制度分析

1."内置单一式"执行机构设置模式的固有局限性及其克服

我国民事执行机构的设置模式属于"内置单一式",即把民事执行权统一交由执行局,而执行局设置于法院内部。① 从执行权运行的角度,这种设置模式使强制执行可以一种更低成本、更高效率的方式运行。但这种设置模式也存在固有局限,即法院在执行程序中,不得不同时承担两种角色:首先,法院行使执行实施权的任务是保障胜诉当事人及时实现合法权益,此时法院必须倾向优先保护债权人的权利,故其地位天然具有倾向性,其程序启动也具有较强的主动性。其次,法院作为行使终审权的国家审判机关,当其自身行使执行实施权出现违法或不当时,只能由其自身进行监督和纠正,而无法将这一监督和纠正的权力交给其他机关,造成实践中出现了法院既当"执行员"又当"裁判员"的局面。

从对民事强制执行权的外部监督看,尽管存在人大监督、政协民主监督、纪检监察监督、舆论监督、检察监督等多种监督方式,但常态化、程序性地对具体执行实施案件的外部监督仅有民事执行检察监督一种,且监督方式以检察建议为主。尽管2020年全国检察机关办结执行监督案件已达到48,620件,提出检察建议37,427件,②但其监督效果的落实,仍有赖法院内部监督的及时启动和依法审查。

因此,对违法执行行为的发现和纠正,最终必须依靠法院内部监督机制的有效运行。从这一角度讲,执行乱问题长期困扰人民法院,纵然存在民事强制执行立法滞后、执行领域规则供给不足等外因,但主要还是由内部监督制约不力的内因造成的。

在不改变"内置单一式"执行机构设置模式的前提下,为最大限度地克服内部监督存在的局限性,有必要将执行实施权和执行裁判权彻底分离,并分由互不隶属、互相独立的不同机构行使,以确保内部监督的独立性、中立性,

---

① 参见周继业主编:《强制执行新实践》,法律出版社2018年版,第104页。

② 参见《最高人民检察院制发第二十八批指导性案例:加强检察监督,促进民事执行活动依法规范》,载最高人民检察院官网2021年5月10日,https://www.spp.gov.cn/xwfbh/wsfbt/202105/t20210510_517555.shtml#1。

从而真正形成权力的制衡和监督。

2. 单独设立执行裁判庭可适用于各种执行机构设置模式

即使当前“内置单一式”的执行机构设置模式在今后发生了变化,比如,出现了将整个执行工作从法院分立出去的“彻底外分”,在法院设立针对执行实施权的专门监督机构仍然有其必要性。从世界主要国家的权力配置体系看,根据执行机构设置方式的不同,总体上形成了法院内权力行使模式、行政机关内权力行使模式、专门法院权力行使模式、混合权力行使模式等四种模式,[①]但无论是哪种模式,都把对违法执行行为的监督权以及涉执行实体争议的裁判权配置在法院。在“彻底外分”模式下,执行裁判庭对监督制约执行实施权的行使更加具有不可替代的重要作用。

三、锚定航向:准确理解和坚定推进审执分离

综上所述,审执分离不宜理解为将原先由审判部门行使的涉执行裁判权分离出来交给执行机构,而应当理解为将原先由执行机构行使的具有裁判性质的权力分离出来交给审判部门。在全国各级法院普遍设立执行裁判庭行使执行裁判权,通过机构分立以有效监督制约执行实施权,正是落实审执分离执行体制改革、从根本上遏制执行乱的突破口。

但定位于监督机构的执行裁判庭能否实现其设立的初衷并展现出公信力、权威性,仍有赖在制度设计上能否体现其职权的妥当性、机构的独立性和运行的适用性。

(一)职权的妥当性

执行裁判庭的职权范围应当清晰地划出边界。一方面,其职权的行使能够满足监督制约执行实施权的核心职能以及发挥专业审判优势的从属职能。从这个角度看,执行裁判庭改称为“执行监督与裁判庭”实际上更加贴合其功能。另一方面,执行实施权内部为实现统一管理而行使的层级监督权力仍应

---

① 参见严军兴、管晓峰主编:《中外民事强制执行制度比较研究》,人民出版社 2006 年版,第 191 页。

由执行局保留,比如,上级人民法院执行局发现下级人民法院执行行为存在不当或错误而依据最高人民法院《关于人民法院执行工作若干问题的规定(试行)》第 72 条的规定主动启动执行监督的权力。同时,应注意有一些具有部分裁判特征但实为执行实施的权力不应划入执行裁判庭职权。

如前所述,试点地区执行裁判庭办理的案件类型主要有 4 类。第一类为涉执行诉讼案件,从审判专业化角度应由执行裁判庭办理;第二类为执行审查类案件,从审执分离、强化监督角度也应由执行裁判庭办理;第四类如执行程序转破产程序的破产案件,拒不执行判决、裁定罪刑事自诉案件,非诉行政执行审查案件等,原本由破产、刑事、行政审判庭办理,但交由执行裁判庭办理可在一定程度上发挥业务相近的优势,因此可以但不必须由执行裁判庭办理。

容易引起混淆的是第三类案件,此时需首先将执行裁判权和执行实施权中的裁决事项加以区分。区分二者的标准,简言之,就是看是否具有“裁判”属性。以执行实施权为参照系,判断某项权力是否属于执行裁判权,可以从以下 4 个特征考察:一是行权主体是否具有中立性。法谚云:“任何人不能做自己案件的法官。”执行裁判权首要的特征就是中立性,其行使主体在执行争议中,以中立客观的地位,保持超然的、无偏袒的态度进行居中判断。二是程序推进的被动性。为了保持其居中裁判者的制衡作用,司法不能主动介入任何争议从而失去其中立立场,①即“不告不理”。执行裁判权虽然是因执行实施权的行使而衍生,但仍应当具有被动性,即此类权力行使的程序必须由当事人、利害关系人或案外人启动,法院不能主动行使。三是运行目标的救济性。裁判权的目的,是对已经受到侵害的权利进行事后救济,因此,执行裁判权的行使须以执行实施权的行使(包括作为和不作为)为前提。四是法律效力的终局性。裁判效力的终局性,通常指纠纷经过司法机关审理后所得出的裁判结论是最后的和最有权威性的,对当事人有法定既判力;当各种判断结论相互冲突时,司法裁判的效力最强。执行裁判权也具有终局性,即其对执行中程序争议或实体争议的结论,具有最后和最权威的效力。以上 4 个特征,执行裁判权应当同时具备,缺一不可。

① 参见蒋惠岭:《现代司法理念中的司法中立》,载《人民法院报》2003 年 2 月 10 日,第 7 版。

执行实施权与执行裁判权的不同体现在以下四个方面:一是执行实施权的行权主体具有倾向性。在执行过程中,执行机构的角色是国家强制力的行使者,其行使职权的基本目的就是实现债权人的债权,故必须倾向优先保护债权人的权利。[①] 二是从程序推动看,执行实施权具有很强的主动性。我国的强制执行制度有别于世界大部分国家和地区采取的当事人主义,始终呈现浓厚的职权主义色彩,执行机构有义务在法律授予的权力范围内穷尽一切手段和措施,以达到执行的目的。三是从运行目标看,执行实施权具有侵益性,即执行行为的结果往往体现为被执行人的财产或权利受到剥夺。四是从法律效果看,执行实施行为可以通过执行异议、复议或执行异议之诉等程序撤销、变更或被阻却,因此不具有终局性。

为了实现执行目的,执行机构在执行实施中也需要作出很多判断和裁决,如执行命令(包括财产控制裁定、处分裁定、制裁决定等[②])、追加变更被执行人、协助执行人但未尽协助义务的责任认定等,这些权力虽然某些特征与执行裁判权相近,却不具备全部前述四项特征,因此仍应归于执行实施权,不应由执行裁判庭行使。

(二)执行机构的独立性

从司法实践的发展来看,在执行局内部设立执行裁决(审查)机构并不能有效地形成对执行实施权的监督制约。设立独立于执行局的执行裁判庭,是保障其独立行使权力而免受干扰的必然选择。但由于四级法院职能定位的差异,在纵向上不同级别的法院在设立执行裁判庭时,还需根据各级法院案件结构的特点、机构设置的要求等采取不同的方式。

第一,就基层人民法院而言,其受理的执行裁判案件通常数量较少,且内设机构改革后保留的机构数量少,因此宜将其执行裁判庭职能纳入综合审判庭或民事审判庭。同时,在同一设区的市内基层人民法院的执行裁判职能宜划归同一民商事审判条线,以利于专业化审判队伍的形成,同时也便于上级人民法院对下级人民法院的监督指导。如今后落实执行统一管理体制改革

---

① 参见周继业主编:《强制执行新实践》,法律出版社2018年版,第108~109页。

② 参见肖建国:《民事审判权与执行权的分离研究》,载《法制与社会发展》2016年第2期。

和无纸化办案,由于信息沟通成本降低且无须纸质卷宗流转,还可在执行案件数量少且辖区地域面积小的地区试行基层人民法院执行裁判案件集中管辖。

第二,就高级人民法院、中级人民法院而言,执行裁判案件较多的可单独设立执行裁判庭,较少的可在其他审判业务庭加挂执行裁判庭牌子,兼顾执行裁判职能的行使。

第三,就最高人民法院而言,可设立职能单一的执行裁判庭,在办理案件的同时,侧重发挥对下级法院监督指导、统一裁判规则的作用。可能存在的争议在于,最高人民法院并无自办执行实施案件,是否也有必要实行审执分离?笔者认为仍有必要,原因在于:首先,最高人民法院还行使大量执行协调、统一指挥以及对消极执行的监督等权力,其实质仍是执行实施权。其次,将执行复议以及审查类执行监督案件从执行局剥离后,最高人民法院执行局可专注于对全国执行工作的统一管理、对下级人民法院的业务指导以及对执行实施体系的内部监督。全国四级法院也可以就此实现审判权和执行权的彻底分离,执行局成为纯行政性质的业务部门,执行实施权的纵向统一管理和横向分权集约改革由此可以更加顺理成章地推动,从而更有利于推进"切实解决执行难"。

(三)运行的适用性

执行实施工作的基本理念是"当事人权利实现最大化、执行效率最大化"。目前的司法实践中,屡屡出现因执行裁判案件办理效率低下,造成被执行财产无法及时处置而价值贬损、债务利息大幅增加而加重债务人的负担等情况。因此,执行裁判庭的运行在保障公正的同时,也应体现其案件特征,其相较其他审判庭应更加强化对审判效率的追求,尽可能减少执行救济和争议解决程序对执行实施案件办理造成的延缓。同时,由于执行裁判庭的职能是监督制衡人民法院自身执行行为,因此"打铁必须自身硬",其审理执行裁判案件的质量也不能因为追求效率而降低。

首先,加大对执行裁判庭效率考核的权重。鉴于中级人民法院、基层人民法院的执行裁判部门大多需同时兼顾办理其他类型案件,而执行裁判案件对办案效率的要求又远高于其他案件,为推动审判部门优先投入资源办理执行裁判案件,可考虑在审判考核中,对执行裁判案件单独设立是否存在有案不立、是否存在先审后立、审限内结案率等效率指标,并对执行裁判案件加大效率指标的考核权重。

其次,对执行异议案件明确排除法官独任办理。最高人民法院在2020年出台的《关于支持和保障深圳建设中国特色社会主义先行示范区的意见》中,提出"探索执行异议案件由法官独任办理"。此举尽管有利于提高效率,但总体而言弊大于利。第一,执行裁判案件总量不大,目前尚无繁简分流的迫切性。第二,审理执行异议案件的核心是对执行行为合法性进行审查,即人民法院本身是此类案件的审查对象。因此,办理此类案件需更加审慎由合议庭办理更妥当,否则可能出现纠正本院普通诉讼案件裁判需经审判委员会讨论决定,而纠正本院执行案件法律文书仅由独任法官决定的极不对称的权力配置状况。第三,执行异议之诉案件审查的重点是不同权利之间的比较和权衡,在同一执行标的上往往负载相互冲突的多种权利,金钱债权与民生权益、实体权利与程序权利相互交织,而且所涉不同权利的识别难度较大,不同权利孰更优位存在重大分歧。由此可见,执行异议案件不宜由法官独任办理。

民事查封制度的实践分析与规则构建

范加庆*

摘要：我国当前采取禁止重复查封和轮候查封制度。随着相关司法解释的实施，存在轮候查封效力待定与实体法上对查封的企业法人财产的优先受偿规则之间、轮候查封效力及于剩余变价款与参与分配平等保护原则之间、轮候查封仅有协商处置权与执行及时原则之间的规则和价值冲突问题。因禁止重复查封的目的可以通过明确财产处置权规则实现，对企业被执行人财产查封赋予优先受偿效力和赋予轮候查封及于查封财产变价款具有现实意义，所以应当建立重复查封制度，赋予轮候查封正式的查封效力，并明确查封在先的执行法院具有处置权，无须再行协商。同时，还应建立配套的参与分配拟制申请制度，实现对查封债权人的平等保护。

关键词：轮候查封；重复查封；查封效力；参与分配

一、问题的提出

民事查封，是为了保全债权人执行依据的实现，限制债务人对于其执行标的物的处分之控制性措施。[①] 理论上，根据查封物是否可以再查封分为不再查封主义和再查封主义。[②] 不再查封主义，即禁止重复查封，是指不得对债务人财产进行再次查封。再查封主义，即允许重复查封，指不同执行法院可

* 江苏省南通市中级人民法院执行裁判庭副庭长、法官，法律硕士。

① 参见董少谋：《民事强制执行法学》（第2版），法律出版社2016年版，第218页。

② 参见杨与龄编著：《强制执行法论》，中国政法大学出版社2002年版，第21页。

以就同一财产采取多次查封措施,每次查封都具有正式的查封效力。如在德国,动产、债权和其他财产权利可以被多次查封,多次查封的效果是执行标的上存在多次束缚,以及多个债权人享有查封质权;①就不动产而言,通过多次查封,每个执行债权人均在债务人查封财产上获得了受偿权,并按照查封先后顺序受偿。②

我国的查封制度是以不再查封主义为原则,同时可以进行轮候查封。1991年《民事诉讼法》第94条第4款规定,财产已被查封、冻结的,不得重复查封、冻结。此后,《民事诉讼法》虽经多次修改,但该规定一直保留至今。为了完善查封规则,2004年最高人民法院在与国土资源部、建设部联合下发的《关于依法规范人民法院执行和国土资源房地产管理部门协助执行若干问题的通知》创设了轮候查封制度。同年,最高人民法院《关于人民法院民事执行中查封、扣押、冻结财产的规定》(以下简称《查封规定》)再次确立了轮候查封制度,并进一步明确轮候查封自首封法院解除后生效。至此,我国建立起有别于不再查封主义和再查封主义的"禁止重复查封+轮候查封"的制度(以下简称轮候查封制度)。

在当前民事强制执行法已经列入立法规划、正式进入出台倒计时之际,亟须对当前我国查封制度能否适应执行实践的需要进行研究。换言之,需要分析当前的查封制度存在哪些问题,以及是继续沿用民事强制执行法,还是考察域外立法例采取不再查封主义或者再查封主义。对此,本文将对上述问题进行研究,以供立法参考。

二、查封制度的运行现状

我国在2004年建立轮候查封制度后,陆续又出台了相关司法解释或规范性文件(见表1),在轮候查封制度不断完善、明确的同时,也随之产生了以下问题。

---

① 参见[德]奥拉夫·穆托斯特:《德国强制执行法》,马强伟译,中国法制出版社2019年版,第184页。

② 参见[德]奥拉夫·穆托斯特:《德国强制执行法》,马强伟译,中国法制出版社2019年版,第199页。

表 1　关于轮候查封制度的司法解释

年份	司法解释名称	主要内容
2006	最高人民法院《关于同一法院在不同案件中是否可以对同一财产采取轮候查封、扣押、冻结保全措施问题的答复》	同一法院在不同案件中也可以对同一财产采取轮候查封、扣押、冻结保全措施
2007	最高人民法院《关于查封法院全部处分标的物后轮候查封的效力问题的批复》(以下简称 2007 年《批复》)	一是对已查封、扣押、冻结的全部财产进行处分后,该财产上的轮候查封自始未产生查封、扣押、冻结的效力; 二是对已查封、扣押、冻结的财产进行拍卖、变卖或抵债的,原查封、扣押、冻结的效力消灭
2015	最高人民法院《关于适用〈中华人民共和国民事诉讼法〉的解释》(以下简称《民诉法解释》)	对于普通债权,按照财产保全和执行中查封、扣押、冻结财产的先后顺序清偿
2016	最高人民法院《关于首先查封法院与优先债权执行法院处分查封财产有关问题的批复》(以下简称 2016 年《批复》)	一是首封法院具有处置权; 二是优先债权执行法院可以协商首封法院移送处置权; 三是应当为首封法院保留相应的份额
2022	最高人民法院《关于正确处理轮候查封效力相关问题的通知》(以下简称《通知》)	首封法院对查封物处置变现后,剩余价款属于轮候查封物的替代物,轮候查封的效力应当及于该替代物

一是轮候查封的效力待定与实体法上的优先受偿规则不够统一。根据《查封规定》的规定,轮候查封在首封解除或者逾期未续封后自动生效。2007 年《批复》明确查封财产被处置后,轮候查封不具有查封效力,无须解除查封。上述规定表明,轮候查封没有查封效力,处于效力待定状态。但是《民诉法解释》第 514 条规定,对普通债权人按照财产查封、扣押、冻结财产的先后顺序清偿,实质上是通过查封赋予普通债权人对查封财产的优先受偿权。从比较法上看,按照查封的先后顺序受偿。换言之,我国轮候查封已经赋予相应债权人实体法意义上的优先受偿权,这与《查封规定》和 2007 年《批复》所明确的轮候查封没有效力的规则不够统一。

二是轮候查封效力及于剩余变价款与债权平等保护原则不够一致。2022年《通知》明确，轮候查封的效力应当及于查封财产的替代物，对于查封物变价款清偿首封债权人后的剩余部分，应移交给轮候查封法院。但是，如此一来，会与参与分配原则不一致。《通知》没有区分被执行人是企业还是自然人。换言之，在被执行人为自然人时也适用该通知。但是，根据《民诉法解释》第506条的规定，多个债权人申请执行形成执行竞合时，如被执行人财产不足以清偿所有债权，应当进行参与分配，实现对债权的平等保护。在同一财产上有多个查封的情形下，也许轮候查封债权人没有申请参与分配，但对同一财产采取查封措施，事实上已经形成了执行竞合，应严格遵循债权平等保护原则。[①] 在实践中，江苏省法院规定了依职权通知轮候查封债权人申请参与分配的情形，[②]以实现对债权的平等保护。2019年最高人民法院起草的《民事强制执行法草案(征求意见稿)》也规定了对同一财产查封的债权视为自动参与分配。[③] 但是，按照《通知》的要求，如果财产变现款不能清偿轮候查封案件的全部债权，执行法院不主动通知轮候查封债权人参与分配，而在自己优先受偿后，再将剩余款项交给轮候查封的法院，与当前实践不断扩大依职权通知债权人参与分配的发展趋势背道而驰，也与参与分配平等保护债权的原则相背离。

三是轮候查封无处置权与执行及时原则不一致。执行及时原则是民事执行程序的基本价值要求，主要内涵为依法加快推进执行程序，不能久拖不执。[④] 根据当前规定，首封法院具有处置权。但是首封未必是进入执行程序的查封，还可能是保全程序中的查封，从而造成先进入执行程序的案件因为没有处置权无法及时处置财产，权利不能及时实现。为了解决这个问题，2016年《批复》明确，轮候查封法院系优先债权执行法院，其向首封法院要求移送

---

① 参见石朝晶：《执行竞合时财产保全申请人有无优先受偿权》，载《人民司法(应用)》2015年第15期。

② 参见江苏省高级人民法院《关于正确理解和适用参与分配制度的指导意见》、重庆市高级人民法院《关于执行工作适用法律若干问题的解答(一)》(渝高法〔2016〕63号)。

③ 2019年《民事强制执行法草案(征求意见稿)》第203条规定，有下列情形之一的，视为申请参与分配：(1)同一被执行人的其他债权人向主持分配的人民法院申请强制执行的；(2)其他国家机关对执行标的物重复查封，并且已经通知主持分配的人民法院的。

④ 参见肖建国主编：《民事执行法》，中国人民大学出版社2014年版，第36页。

处置权的,首封法院应当移送。最高人民法院《关于人民法院办理财产保全案件若干问题的规定》第21条规定,在先轮候查封、扣押、冻结的执行法院可以商请保全法院将被保全财产移送执行,将可请求协商处置权的法院扩大到普通债权的执行法院。但是,上述规定在实践运行中存在两个缺点:一是根据上述规定可以协商处置权,但是在普通债权人之间,首封法院是否移送处置权并不是当然的,可能需要上级人民法院进一步协商。这不仅影响了执行效率,还增加了各方当事人成本。[①] 二是轮候查封的普通债权人没有优先受偿权,所以其没有动力去主动协调处置权。以上两方面都会让财产得不到及时处置,案件久拖不执,这明显不符合执行工作的及时原则。

三、查封制度的选择分析

前文针对我国查封制度运行现状所指出的三个问题,本质上是在禁止重复查封制度的框架下,为了解决实践需要而作出应激性调整所形成的规则、原则不一致问题。对此,本文将对相关规则进行分析,以期构建符合我国实际、理论严谨的查封制度。

(一)禁止重复查封与赋予轮候查封效力之间的选择

笔者认为,在禁止重复查封与赋予轮候查封效力之间,应当选择赋予轮候查封效力。

一是禁止重复查封未能实现其制度初衷。禁止重复查封制度的目的是理顺执行秩序,避免引起不同执法主体之间的权力冲突和利益争夺,有效地遏制执行中的地方保护主义,并防止执行竞合的发生。对此,笔者认为,禁止重复查封并不能实现上述目标。第一,轮候查封制度的产生,在一定程度上证明了禁止重复查封并不能理顺执行秩序,简单的禁止重复查封是不科学的。[②] 由于管辖法院不同,首封解除后,其他法院不能及时进行查封。有的地

---

① 参见唐浩凌、张绍忠:《首查封法院未进入执行时不动产处置权的移送》,载《西部法学评论》2020年第2期。

② 参见杨荣馨主编:《〈中华人民共和国强制执行法(专家建议稿)〉立法理由、立法例参考与立法意义》,厦门大学出版社2011年版,第318页。

方法院就利用这个空隙先将被执行人全部财产予以查封,阻止外地法院执行,再找机会解除查封,导致其他法院的执行落空,从而达到保护该被执行人的目的。① 所以,最高人民法院建立了轮候查封制度,避免两个法院的查封衔接脱节,同时明确了首封法院有处置权,有效解决了执行秩序问题。可以说,禁止重复查封的目的完全可以通过明确查封处置权而解决,而非必须要规定禁止重复查封。第二,禁止重复查封也不能避免执行竞合。所谓执行竞合,是在民事执行程序中,两个或者两个以上债权人根据不同的执行根据,针对同一债务人的特定财产,申请法院强制执行,从而产生的各债权人请求之间相互排斥、权利难以同时得到满足的状态。② 所以,只要债务人有多个债权人存在,执行竞合就不可能避免。

二是执行实践需要赋予轮候查封效力。第一,《民诉法解释》第 514 条明确规定按照查封顺序受偿,目的在于督促在后采取执行措施的债权人申请启动破产程序,使更多符合破产条件的案件顺利进入破产程序。③ 那么,督促债权人申请破产能否通过其他方式实现？应当说,很难找到其他方式来倒逼债权人申请破产。因为按照查封先后顺序受偿,本质上是按照采取执行措施的先后顺序受偿。在执行操作上,查封往往意味着执行程序的开始,因为此时对债权人权利实现和对债务人权利的限制已经启动,如德国对不动产的执行即从查封开始。④ 我国《民事诉讼法》第 249 条规定,债务人不履行义务的,人民法院可以采取查封、冻结、扣划等措施。这实际上也是将查封作为执行程序启动的执行措施。所以,通过采取查封的先后顺序确定采取执行措施的先后顺序,让先采取措施的债权人先受偿,符合执行程序实现个别债权的功能定位。第二,虽然《通知》中明确轮候查封的效力及于首封法院受偿后剩余款项的规定与参与分配制度相背离,但是首封法院在本院债权人受偿后将剩余款项退还被执行人,从而造成其他债权人得不到及时受偿的问题也应当解

① 参见王飞鸿:《〈关于人民法院民事执行中查封、扣押、冻结财产的规定〉的理解与适用》,载《人民司法》2004 年第 12 期。

② 参见张卫平:《民事诉讼法》(第 5 版),法律出版社 2019 年版,第 555 页。

③ 参见赵晋山、葛洪涛、乔宇:《民事诉讼法执行程序司法解释若干问题的理解与适用》,载《人民司法(应用)》2016 年第 16 期。

④ 参见[德]奥拉夫·穆托斯特:《德国强制执行法》,马强伟译,中国法制出版社 2019 年版,第 196 ~ 198 页。

决。从轮候查封对剩余款项具有约束力的角度要求将剩余款项交给轮候查封法院,是解决上述问题的有效路径。

所以通过以上分析,在禁止重复查封与赋予轮候查封效力之间应当选择后者,为轮候查封赋予正式查封的效力,同时明确处置法院确保执行有序。

(二)为轮候查封赋予查封部分效力与查封全部效力之间的选择

综上所述,赋予轮候查封一定的效力具有现实意义。但是轮候查封效力是仅限于企业财产查封后的优先受偿和及于首封法院剩余变价款的效力,还是具有查封的所有效力?本文认为,应当为轮候查封赋予查封的全部效力。查封的效力是查封制度的核心问题,[①]也是一个比较复杂的问题,可以从查封的客观效力,对被执行人、第三人的效力和对债权人的效力3个维度进行分析。

一是应当赋予查封的客观效力。查封的客观效力是指查封的效力所及的客观范围。《通知》中规定的轮候查封的效力,即为客观效力。由于之前轮候查封没有效力,自然不存在客观效力问题,所以才会出现首封法院处置财产自行受偿后将剩余款项退回被执行人的问题。明确轮候查封具有查封的客观效力,则可以避免类似问题发生。因为首封法院处置财产后,变价款仍要受到其他查封的约束,所以必须要把款项交给其他查封的法院。

二是应当赋予查封对被执行人、第三人的效力。查封的目的在于控制被执行人对财产的处分,所以被执行人在查封财产的处分权上,受到一定的限制。为轮候查封赋予查封对被执行人、第三人的效力的主要理由是:第一,便于严惩非法处置查封财产行为。从查封作为公法行为的角度来说,被执行人不得转移、处置财产。如《民事诉讼法》第114条规定,诉讼参与人或者其他人转移、变卖已被查封、扣押的财产的,人民法院可以根据情节轻重予以罚款、拘留;构成犯罪的,依法追究刑事责任。但在实践中,因为轮候查封尚未生效,对被执行人或案外人非法处置查封财产的行为,轮候查封法院往往告知申请执行人找首封法院处理,不利于及时制止被执行人或案外人的违法行为。第二,便于案外人有针对性地提出异议。因为实践中轮候查封没有效

① 李浩主编:《强制执行法》,厦门大学出版社2004年版,第261页。

力，所以第三人以实体权利申请排除执行时，不能针对轮候查封案件，而只能针对首封法院提出异议。① 即便其针对首封法院的异议获得支持，也不能当然对抗轮候查封债权人。② 因不同案件中申请执行人享有的权利类型、权利优先性存在不同，案外人对执行标的享有的实体权利是否能对抗各案申请执行人的理由不同，各案申请执行人可能选择的救济途径也不同。③ 如果赋予轮候查封效力，则第三人可以直接针对最难排除的查封提出异议；如果能够将其排除，则将该判决作为其他异议申请的依据能够相对容易排除其他查封，减少诉累。

三是明确查封对债权人的效力。查封对债权人的效力，即先采取查封措施的案件债权人是否有优先受偿权问题。④ 目前仅规定查封企业被执行人时具有优先受偿的效力，而在自然人为被执行人时就没有优先受偿的效力，如此难以实现法律规则的一致性。所以，应当对所有被执行人的财产查封是否具有优先受偿的效力作出统一规定。

综上，在立法时应当赋予轮候查封全部的效力，而不是维持现有的部分效力。

（三）不再查封主义和再查封主义之间的选择

本文分析至此，可以得出民事强制执行法不能继续沿用我国当前的轮候查封制度。那么，查封制度应当如何选择？对此，本文通过分析来论证符合我国实际的查封规则。首先，我国轮候查封制度与德国的重复查封制度主要是效力上存在不同。重复查封是两个或者两个以上的有效查封，其中任何一个查封的效力都受其他查封效力的制约。轮候查封则不同，只要在先查封未

---

① 2020年《山东高院执行疑难法律问题解答（二）》、2022年江苏省高级人民法院《执行异议及执行异议之诉案件办理工作指引（二）》中均指出，案外人不能针对轮候查封提起执行异议之诉，而只能针对首封提起执行异议之诉。如果案外人坚持针对轮候查封提起执行异议之诉的，应当不予受理。

② 程立、熊诗岚：《执行标的多个查封下案外人执行异议之诉的重塑——以许可执行之诉作为既判力扩张之程序补强》，载《法律适用》2022年第1期。

③ 参见2020年《山东高院执行疑难法律问题解答（三）》。

④ 黄金龙：《〈关于人民法院执行工作若干问题的规定（试行）〉实用解析》，中国法制出版社2000年版，第281页。

依法解除或者自动消灭,轮候查封就不生效。[①] 其次,轮候查封制度在建立时,未对合并执行作出制度安排。相比之下,禁止重复查封制度在配套制度上主要是通过合并执行制度赋予查封效力。合并执行后,在先执行案件执行措施的效力及于在后申请执行的债权人,即在后申请执行对财产同样具有查封的效力。如先申请执行的案件撤回申请,后申请执行的债权人可以承继查封的效力。换言之,该制度虽然禁止重复查封,但后申请执行的案件仍有查封效力,只不过隐藏在合并执行程序中。[②]

笔者认为,应当选择重复查封制度。第一,在操作上,我国的轮候查封制度登记机关要对每次查封进行登记。实践中,我国轮候查封制度还存在续封、解封等情况,与首封具有相同的操作流程,所以在操作上与重复查封无异。第二,在效力上,我国轮候查封制度中对被执行人企业财产的查封,也与查封质押权相似。第三,对被执行人来说,轮候查封也具有查封的效果。因为只要司法机关所采取的查封措施满足法定的公示性要求,同时佐以国家公权力的强制性,即可实现查封的公法效果。[③]

所以,建立重复查封制度可以保持司法实践的惯性,同时又能满足实践对查封效力的现实需求。在实现路径上,只要通过立法赋予轮候查封以查封效力,就可以建立起重复查封制度。与此相比,我国目前规定的禁止重复查封,并通过合并执行赋予查封效力的做法,在立法成本和实践成本上要比建立重复查封制度高得多。同时,对合并执行后程序衔接、效力衔接等研究和实践积累也均不具备建立合并执行制度的基础。

四、查封制度及配套规则的构建

(一)查封制度的基本规则

综上所述,我国应当建立重复查封制度。基于上述分析,笔者建议,作出如下规定:已经查封的被执行人财产,可以再次查封。先依法完成查封行为

---

① 王飞鸿:《〈关于人民法院民事执行中查封、扣押、冻结财产的规定〉的理解与适用》,载《人民司法》2004年第12期。

② 参见张登科:《强制执行法》,台北,三民书局2012年版,第512页。

③ 张尧:《以民事司法查封财产设定抵押的效力分析》,载《法学家》2022年第1期。

的为在先查封,享有财产处置权。但是先查封为保全案件查封的除外。

与现行制度相比,上述规定主要具有以下特点:

第一,不再实行轮候查封制度,再次查封具有正式查封的所有效力,本文不再赘述。

第二,明确查封的顺位。禁止重复查封的目的之一就是防止出现执行混乱,所以,允许对财产重复查封,确定查封的顺位就显得特别重要。确定查封顺位的本质是确认查封的时间效力问题。在应然状态下,先采取查封措施的应当为在先查封。但在实然情况下,不同财产的查封方法不同、公示情况不同以及针对的主体不同,都可能导致查封生效的时间不同,进而在实践中产生查封顺位的争议。典型的如不动产的查封,A 执行法院将查封不动产的裁定先送达了被执行人,B 执行法院先对不动产张贴了查封公告和封条,C 执行法院先到不动产登记部门办理了查封登记。三者中哪种情形为在先查封?理论上一般有 3 种观点:一是认为查封在执行法院将查封不动产的法律文书送达被执行人时生效,即所谓的送达生效主义。二是认为执行法院对查封的不动产采取加贴封条、张贴公告或者以其他方式标示该不动产被查封时为查封生效时间,即公示生效主义。三是认为查封在执行法院向不动产登记机关发出协助执行通知书,也就是办理查封登记后生效,即登记生效主义。[①]《查封规定》采取了第三种观点。该规定第 1 条第 2 款中明确指出,查封、扣押、冻结裁定书和协助执行通知书送达时发生法律效力。虽然《查封规定》也要求查封裁定书送达被执行人,但是查封的生效时间是在查封裁定书和协助执行通知书向协助机关送达后发生效力。因为查封的目标不仅在于控制财产,限制被执行人的处分权,同时还要通过公示使第三人知道该不动产已经被人民法院限制处分的事实,提醒第三人在与债务人进行交易时持慎重态度。[②] 对被执行人来说,送达查封裁定、告知查封事实,并不能真正限制其处分财产,只有在不动产登记机关完成查封登记后,才能限制其处分权,同时通过登记起到查封公示的作用。所以,查封生效的时间应当是不动产登记机关完成查封登记之时。按照法律、司法解释关于对不同财产的查封行为完成之规定,

---

① 徐燕华:《民事执行中查封之效力》,载《上海市政法管理干部学院学报》2001 年第 3 期。

② 范向阳:《不动产执行制度研究》,中国政法大学 2007 年博士学位论文,第 33 页。

即可以判断查封的顺序。

第三,明确处置权确定原则,即以在先查封的法院有处置权为原则,但这里的在先查封是保全查封之外的查封。换言之,只有先进入执行程序的查封才是有处置权的查封。首封可能是执行查封,也可能是保全查封。在此本文分 3 种情形进行讨论:第一种情形是均为执行查封,此时在先查封的法院有处置权。第二种情形是同时存在保全查封和执行查封,此时仅在先的执行查封法院有处置权。此时,保全查封有可能转化为执行查封,需要保全查封法院及时向不动产登记机关备注为执行查封,否则也以在先的执行查封为有处置权的查封。第三种情形是均为保全查封,此时已经先向不动产机关登记为执行查封的为有处置权的查封。通过上述规则,能够避免出现首封系保全查封从而影响其他执行查封及时处置财产的问题,通过法律规定直接确定有处置权的法院也无须进行协商。

(二)建立参与分配拟制申请制度

本文建立的参与分配拟制申请制度,是指对被执行人同一财产采取执行查封措施的债权人,无须再申请参与分配,而是被视为已经申请了参与分配。关于该制度具体详述如下:

第一,参与分配拟制申请的理论逻辑。以日本为例,《日本民事执行法》第 87 条规定了不动产变现后,申请查封的债权人无须另行申请即可纳入分配的债权人。[①] 上述规定系基于查封效力形成的拟制参与分配申请。其背后的逻辑在于查封对债权人而言具有财产控制和受偿的效力,这种效力及于财产的变价款,处置法院不能随意分配款项,而是要保障查封债权人的权利。虽然查封能够控制财产变价款,但是如果要获得清偿还是要通过分配程序,所以为了减少当事人的诉累,通过法律拟制方式将债权人对同一财产申请查封视为参与分配。如果我国建立参与分配拟制申请制度,则《通知》要解决的问题就不会发生。因为在后查封的债权人视为参与分配,不存在将剩余变价款返还被执行人的问题,而是由首封法院在分配中一并实现所有债权人的债权。

---

① 参见《日本民事诉讼法典》,曹云吉译,厦门大学出版社 2017 年版,第 343 页。

第二,参与分配拟制申请的范围。我国是否也应当将保全查封债权人视为申请参与分配?笔者认为,应当将保全查封债权人排除在参与分配拟制申请的范围之外。一方面,排除保全查封债权人,能够避免被执行人与案外人恶意串通,虚构保全案件参与分配,损害其他债权人合法权益。我国现阶段尚未建立完善的征信体系,打击虚假诉讼、仲裁制度的可操作性不强,如果允许未取得执行依据的债权人参与分配,势必造成虚假案件增加、参与分配程序烦琐、真实债权人的债权得不到及时清偿的局面。[①] 另一方面,保全查封债权不具备参与分配申请的一般条件。法律拟制是一种立法表达技术,拟制条款指向一般条款,并以隐藏的方式对一般条款作出扩张或者限缩。[②] 就参与分配拟制申请制度而言,其是以法律规定的参与分配申请条件为一般条款,即在有执行依据和财产不足以清偿的情形下,如果存在与参与分配申请具有相似效果的情形,无须其他债权人主动申请参与分配,就可以形成视为申请参与分配的法律效果。因为保全查封的案件未取得执行依据,是否存在债权、债权多少尚未确定,不符合参与分配具有执行依据的条件,所以不能进行法律拟制。这与保全查封没有处置权的规则一致,均是对保全查封效力的例外规定。当然,如果取得执行依据的债权人受偿后有剩余,则应将剩余款项交给首封法院。

第三,参与分配拟制申请的实现。在具体操作上,参与分配拟制申请有两种方式:一是由再次查封的法院通知首封法院后,视为相应债权人申请参与分配。2019 年《民事强制执行法草案(征求意见稿)》中采取的就是此方式,主要理由是如果首封法院需要另行调查轮候查封的情况,会增加首封法院的负担;而轮候查封法院在查封时就能够知道首封法院,所以由轮候法院及时通知首封法院轮候查封的事实更为便捷。二是直接进行拟制,即再次查封法院无须告知首封法院,首封法院主持参与分配时直接视为其他查封债权人参与分配。笔者认为应当采取直接拟制方式。一方面,首封法院能够知悉其他查封案件的情况,具有可操作性。如在财产处置后办理过户登记时,可以查明被执行财产上完成的查封登记情况,进而将符合条件的查封债权人纳

① 曹兴权、尚彦卿:《民事执行中参与分配程序的适用条件》,载《政法论丛》2017 年第 5 期。

② 参见俞海涛:《法律拟制论及其法治意义》,华东政法大学 2021 年博士学位论文,第 17 页。

入分配方案。另一方面,再次查封法院通知首封法院,其内容也必然包括了参与分配的意思,否则单纯通知查封事实会造成资源的浪费。如果再次查封法院已经表明申请参与分配的意思,自然就不存在拟制申请的问题。

参与分配制度的检视与重构：以学说盲点与司法实践为中心

黄一峰 *

摘要：学界过往对参与分配制度的讨论主要将重心置于两大方面，一是参与分配的正当性基础，二是参与分配的时间节点。对正当性基础的讨论涉及两个具有内在关联的面向，一是参与分配制度应倾向平等主义还是优先主义，二是涉及参与分配制度与破产程序关系。由于我国采有限破产主义，故参与分配制度事实上承担对多数债权人平均清偿之功能，倾向平等主义。学界多有观点主张立法上引入个人破产制度，从而形成一般破产主义与执行优先主义的衔接格局，此一观点亦被 2022 年发布的《民事强制执行法(草案)》所采纳。然而以上分析进路存在视野上的盲点：个人破产制度的引入面临执行程序与破产程序的衔接困境，简单以平等主义或优先主义立论遮蔽了实践中混乱的首封权制度与某种意义上的“有限优先主义”，对于时点的简易讨论也忽视了程序性权利保障面向，尤其是轮候查封的双重功能定位。在对分配制度的立法模式选择上，《民事强制执行法草案(2021 年 4 月讨论稿)》与《民事强制执行法(草案)》呈现截然相反的立场，但是无论采纳何种立场，均应以司法实践出现的问题为基础，强化对债权人的程序性权利保障，进一步权衡我国不同现有制度的约束与影响。

关键词：参与分配；平等主义；轮候查封；首封权

---

* 上海金融法院法官助理，法学硕士。

参与分配制度系执行程序中的重要制度,其意图解决的问题是债务人财产若无力清偿全部债权,在复数金钱债权人间如何分配债务人的责任财产。我国未在立法上明确规定参与分配制度,而是通过不同的司法解释在实践中逐步确立。1992年最高人民法院《关于适用〈中华人民共和国民事诉讼法〉若干问题的意见》(已失效,以下简称《民诉意见》)、1998年最高人民法院《关于人民法院执行工作若干问题的规定(试行)》(已于2020年修正,以下简称《执行规定》)、2015年最高人民法院《关于适用〈中华人民共和国民事诉讼法〉的解释》(已于2022年修正,以下简称《民诉法解释》)先后接续发展,基本确立了参与分配制度的现行框架。在《民法典》生效后,最高人民法院对相应司法解释进行清理,进一步消弭了多法源下制度的内部冲突。

然而随着相应制度逐步发展,学理讨论与司法实践逐渐脱节。司法实践长期纠缠于如何厘清参与分配制度与企业破产制度的关系,而且参与分配制度在实际运行中产生大量普通债权人基于各式各样的原因而无法进入的问题。与此相对的是,学理讨论注重讨论参与分配制度的正当性,并以“有限破产主义+执行程序平等主义”与“一般破产主义+执行程序优先主义”作为讨论主轴,学界主流观点最终基本倾向于“建立个人破产制度,废除参与分配制度”的模式。由此,面对诸多参与分配制度的痼疾,学理供给无法因应司法实践中的需求,此种需求不仅包括法律适用的解释论构造,还包括进一步的制度细化设计与规范供给,甚至包括更为宏大的对法院执行体系的反思。

2014年“切实解决执行难,制定强制执行法”成为政治任务后,强制执行法立法已被提上日程;①2019年最高人民法院明确指出于该年年底前完成民事强制执行法调研起草工作;②2020年民事强制执行法被列入全国人大预备审议项目。③ 相关制度检视与重构是否能够进一步沟通学理讨论与司法实践,并通过立法落实推进,已成为迫在眉睫的问题。

---

① 参见2014年10月23日党的十八届四中全会通过的《中共中央关于全面推进依法治国若干重大问题的决定》。

② 参见2019年6月3日最高人民法院发布的《关于深化执行改革健全解决执行难长效机制的意见——人民法院执行工作纲要(2019—2023)》。

③ 参见2020年6月1日十三届全国人大常委会第五十八次委员长会议审议通过了调整后的全国人大常委会2020年度立法工作计划。

民事强制执行法草案起草小组办公室已于2021年4月推出《民事强制执行法》草案讨论稿(以下简称《21年讨论稿》),以第234条至第245条共计12个条文对分配制度及分配方案救济程序作出规定,总体上仍然维持现行司法实践中的平等主义框架,并且进行了颇有亮点的修改。在个人破产制度前景并不明朗之际,对既有制度进行改进升级无疑是较稳妥的选择,但其对现存司法实践问题的回应依然存有不足。2022年6月21日,《民事强制执行法(草案)》(以下简称《一草》)提请十三届全国人大常委会第三十五次会议审议。相较《21年讨论稿》,《一草》立场发生重大转折,分配程序适用于所有民事主体,①普通民事债权按照查封先后顺序受偿,②明确采纳优先主义的分配模式。

鉴于立法模式选择系极具争议性问题,故本文分为四个部分展开讨论:第一部分探讨执行程序中的价值理念与参与分配的备选模式,第二部分对司法实践进行定位并对首封权制度所存有的问题进行勾勒与讨论,第三部分审视学理上较少以平等主义视角看待的轮候查封制度并讨论强化其他普通债权人程序性权利保障的可能性,第四部分则在完成前述制度性背景的廓清下分析参与分配应如何设置申请节点。由此,应当结合现行司法实践,填补学说盲点,衔接学理与实践,从而推进相关制度构造的有益讨论。

一、备选模式及商榷:在平等主义与优先主义之间

在展开对《21年讨论稿》与《一草》以及现行实证法制度运作的讨论前,恐怕仍需对比较法上的规范以及现有学界讨论进行简要了解,这并非意图"六经注我",进而以比较法模式的简易移植为要,而是意图通过模式差异的观察,重新审视我国现有司法实践的多种取向及其内在张力,并对现有学界

① 《民事强制执行法(草案)》第175条规定:"他人申请分配的,人民法院应当通过分配程序发放执行款;特定执行标的的执行款不足以清偿全部债务和执行费用的,应当制作分配方案,但是被执行人有其他便于执行的财产足以清偿分配申请人债权的除外。"

② 《民事强制执行法(草案)》第179条规定:"执行款在优先清偿执行费用和共益债务后,依照下列顺序进行分配:(一)维持债权人基本生活、医疗所必需的工资、劳动报酬、医疗费用等执行债权;(二)对执行标的享有优先受偿权的债权;(三)其他民事债权。前款第三项规定的民事债权,按照查封财产的先后顺序受偿。刑事判决中确定被告承担赔偿责任的,按照民事债权顺位受偿。"

一些讨论视点进行分析。

参与分配在模式上约略有平等主义、优先主义,以及调和前二者的群团优先主义3种模式。平等主义立足债权人平等,一般债权人就债务人之全部财产为债务之担保,于财产不足时共担损失;故除却债权人有担保权或其他优先受偿权外,平等主义模式不管一般债权人是否采取查封措施,也不考虑申请参与分配时间之先后,只要其于申请参与分配的最终期限之前提交了申请,即可依照债权比例平等受偿,典型立法例可见《法国民法典》第2093条。① 与平等主义立足于公平分担损失之观念不同,优先主义出于对在先采取措施之债权人为收取其债权付出了心力的考量,而赋予其优先顺位保障。《德国民事诉讼法》立法理由即指出:"凡未经事前为信用调查而贷款或对于到期之借款不急于收取之债权人,其自己所处之地位,当然应较已将债务人之支付能力详细为调查或监视且适时努力收取债权之债权人,受不同之待遇。倘二者均受相当之待遇,无异勤勉之债权人为怠慢之债权人而劳动,从而勤勉者用心勤勉所得结果反为怠慢者所夺取。"②加之,在先采取强制措施之债权人在执行程序中需要应对债务人、利害关系人之多种执行异议与执行异议之诉,避免其他一般债权人借助参与分配程序染指已被在先采取强制执行措施的财产自应为虑,③典型立法例即为《德国民事诉讼法》。④

值得注意的是,无论立法如何选择以上截然相反的价值观念,都可能面临背离制度初衷的具体情形。若以执行效率为虑,平等主义固然因多数债权人参与分配而在执行程序上颇为延宕,但是由于优先主义模式下,在先采取措施之债权人已然"锁定"优先受偿权,并不热衷于迅速推动执行,故而亦有

---

① 《法国民法典》第2093条规定,债务人的财产为其全体债权人之共同担保物;此种财产的价金,应依各债权人之债权数额平等分派之;但如在债权人之间存在优先受偿之合法原因,不在此限。有必要注明的是,法国在不动产领域上发展出裁判上抵押权,系对平等原则的突破。

② 参见赖来焜:《强制执行法各论》,台北,元照出版有限公司2008年版,第832页。

③ 参见张登科:《强制执行法》,台北,三民书局2012年版,第495页;陈计男:《强制执行法释论》,台北,元照出版有限公司2002年版,第507页。

④ 譬如,德国法上对不动产保全,可以申请设立保全抵押权,并登记于土地登记簿,而获得物上担保。参见[德]奥拉夫·穆托斯特:《德国强制执行法》,马强伟译,中国法制出版社2019年版,第193页。

拖延执行程序之可能。[1] 当然执行效率还与参与分配制度的其他问题有关,不可简易还原为二原则之对立,此自不待言。

群团优先主义则试图调和平等主义模式与优先主义模式,其将一般债权人分成两个群团,设定申请参与分配时间之节点,在该节点之前参与者为第一群团;反之则为第二群团,第一群团较第二群团优先受偿,但是两个群团内部均为平等受偿,典型立法例如《瑞士债务收取及破产之联邦法》第 110 条。然而在实际运作上,如何设置第一群团与第二群团的界分时点颇为困难,若界分时点与采取首次执行措施的时点间隔过久,大部分之债权人均可参与分配,几与平等主义无异;反之则与优先主义趋同。[2]《21 年讨论稿》第 238 条即采群团优先主义。

除却平等主义与优先主义就以上多问题的法政策考量外,参与分配制度模式的选择亦与破产法模式的选择有关。由于破产系概括执行,债务人一旦破产,债权人则需就债务人之总财产平等受偿。但是各国的破产立法迥异,有采有限破产主义,亦有采一般破产主义者。前者中,由于非商人无法宣告破产,为使债权人有平等受偿之机会,需在参与分配中采平等主义;后者中,由于债权人已在破产程序中平等受偿,故执行程序则采优先主义。[3] 在我国司法实践中,参与分配制度进入司法视野的初衷正在于突破我国有限破产主义的立法局限,以解决不能适用破产法进行破产还债的主体的偿债难题,故《民诉意见》第 297 条要求以“执行人的财产不能清偿所有债权”作为参与分配的启动要件,从而使作为破产法核心概念的偿债能力,成为参与分配制度的适用前提,此种思路一直延续至今。[4] 这就不难理解为何司法实践中的参与分配制度定位尴尬:该制度一方面,定位于强制执行程序中的个别执行;另一方面,事实上承担着确保债权人公平清偿的功能,其制度目的内部龃龉自

---

① 参见陈计男:《强制执行法释论》,台北,元照出版有限公司 2002 年版,第 508 页。另需指出的是,此种情形亦与破产制度中担保权人由于手握优先受偿权而多对重整事宜态度暧昧相似,故破产制度上有对担保权人之权利予以限制。

② 参见张登科:《强制执行法》,台北,三民书局 2012 年版,第 497 页。

③ 譬如,法国、意大利采商人破产主义,故其强制执行采平等主义;而德国、英国、美国采一般破产主义,故其强制执行采优先主义。

④ 参见许尚豪、欧元捷:《执行分配与破产还债的功能分离:参与分配制度的现实重构》,载《人民司法》2014 年第 4 期。

然成为司法实践混乱的一大原因。加之立足于“一般破产主义+参与分配优先主义”与“有限破产主义+参与分配平等主义”的二元对立已成为国内学界对参与分配讨论的核心主轴,故主流观点几乎一面倒地在立法论上意图推动个人破产制度的立法,从而纯化参与分配制度的功能定位,回归个别执行中对金钱债权执行竞合问题的解决,并在参与分配制度中去除偿债能力不足这一构成要件,从而推进执行程序的效率。①

实际上,《一草》的转向即与个人破产法密切相关,②并与以上学说讨论相和。然而,一方面,以上学界绝对通说立场过于理想化,忽视了实践中暴露的诸多问题,进而以一种对未来彼岸性的许诺遮蔽对此岸性的问题切入;另一方面,个人破产制度试点时间尚短,可否在此次修法之际纳入立法尚在未定之天。最为重要的是,我国在已经采取的企业破产制度与参与分配制度的衔接方面依然处于困境。目前,我国《民诉法解释》第508条将商事主体排除在平等主义的参与分配制度外,进而明确适用2020年修正的《执行规定》第55条即按照采取执行措施的先后顺序受偿,且《民诉法解释》第513条以下已经以“执转破”程序衔接,最高人民法院还出台了《关于执行案件移送破产审查若干问题的指导意见》。因此,可认为商事领域中已然构建完整的“执破衔接”机制。该机制通过破产程序中的平等清偿,激励在后启动执行措施而无法受到清偿的债权人申请破产,由此完成执行程序与破产程序的衔接。然而司法实践中适用“执转破”程序者依然寥寥,未能达到理论预期之效果,执行破产依然粘连、细部规范供应缺失、破产审判资源不足等问题已然成为“执转

---

① 参见韩长印、朱春和:《参与分配制度与破产立法》,载《当代法学》2000年第1期;王欣新:《迎接个人破产时代的制度绸缪》,载《人民司法》2022年第22期;陈志鑫:《民事执行参与分配制度的困境与进路》,载《上海政法学院学报(法治论丛)》2014年第6期;许尚豪、欧元捷:《执行分配与破产还债的功能分离:参与分配制度的现实重构》,载《人民司法》2014年第4期;易夕寒:《我国金钱债权强制执行竞合之清偿原则研讨——兼论执行参与分配制度之存改废》,载《成都理工大学学报(社会科学版)》2019年第4期;肖建国:《中国民事强制执行法专题研究》,中国法制出版社2020年版,第233~247页;朱昕昱:《执行体制视野下我国参与分配制度之反思——兼与大陆法系参与分配制度相比较》,载《东北大学学报(社会科学版)》2020年第6期;崔玲玲、于川钧:《论我国参与分配制度固有功能的回归》,载《安阳师范学院学报》2021年第1期。

② 最高人民法院院长周强在《关于〈中华人民共和国民事强制执行法(草案)〉的说明》中指出:“关于清偿和分配……为增进本法与破产法的协调互补,突出执行效率理念,在破产法正在修订和自然人破产制度即将建立的背景下,规定分配程序适用于所有民事主体(草案第一百七十五条),普通民事债权按照查封先后顺序受偿(草案第一百七十九条)。”

破”程序流畅运行的阻碍。①

二、司法实践重定位：以首封权为限的“有限优先主义”

既往立足平等主义与优先主义之讨论固属有益框架，但在讨论中由于所涉及面向多仅为破产与执行程序衔接，加之欠缺实证法上的规范细节，使相关讨论与实务产生隔膜，对我国参与分配制度的模式在实践运行中的定位更是泛泛而谈，无助于现实问题之解决。

就参与分配制度应采优先主义的立论已为前文所述，核心论点即产权激励之推导，多劳多得应予优待。此种“多劳”可以二分为“财产线索提供”的“多劳”与“执行阶段应诉”的“多劳”，然而二者皆无法于我国国情下有效立足。

在财产线索提供方面，我国法上执行推进不依赖游离于法院体制外部的市场机制，也并非以当事人提供财产线索为主，而是在法院职权主义模式调查财产线索的路径上，建设财产查控系统，投入大量人力物力，以进行财产线索搜寻的主力工作。② 由此，绝大部分案件当事人在并未提供财产线索的情形下，无论是诉讼保全转入诉讼后的执行措施，还是执行中通过法院查控获得信息进行查封，影响先后顺序的因素往往只是债权发生时点的先后以及采取诉讼与执行措施的早晚，此时在先债权人享有较其他一般债权人的额外优

---

① 参见程品方主编：《人民法院企业破产审判实务疑难问题解析》，法律出版社2016年版，第100～101页；胡志光、白田甜、景晓晶：《执行案件移送破产审查的路径规范》，载《人民司法(应用)》2017年第19期；丁海湖、田飞：《“执转破”操作模式及相关实务问题研究》，载《法律适用》2017年第11期。主张建立职权启动解决执转破者，参见刘贵祥：《平等分配制度与破产制度的分工》，载《人民法院报》2014年4月30日，第8版；徐阳光：《执行与破产之功能界分与制度衔接》，载《法律适用》2017年第11期。

② 对财产线索提供与参与分配模式选择可能的影响进行讨论者，参见朱昕昱：《执行体制视野下我国参与分配制度之反思——兼与大陆法系参与分配制度相比较》，载《东北大学学报(社会科学版)》2020年第6期；对我国法上执行模式进行讨论并主张在“本次执行终结后”开放财产线索调查市场化机制者，参见陈杭平：《比较法视野下的执行权配置模式研究——以解决“执行难”问题为中心》，载《法学家》2018年第2期；探讨我国模式历史发展并为我国法模式辩护者，参见史明洲：《执行财产调查程序的模式选择：为职权主义辩护》，载《华东政法大学学报》2021年第2期；比较法上讨论引入，参见[日]山本和彦、史明洲：《执行官制度的比较法研究——以日本、法国、德国的比较为中心》，载《人民司法》2019年第10期。

待并不妥当。[①]

在执行阶段应诉方面,由于 2020 年修订后最高人民法院《关于人民法院民事执行中查封、扣押、冻结财产的规定》第 26 条明确仅首位执行措施能够生效,轮候执行措施非有效执行行为,无法成为执行异议所审查的执行标的。故轮候执行措施并无执行阶段应诉之压力,纵使以优先主义立论,也仅能使采取首位执行措施的法院的相应债权人得以优先受偿,而不能证成为何对第二顺位及其之后的债权人仍采优先主义。此外,在司法实践中,采取首位执行措施所能获得的首封权已成为执行阶段的“兵家必争之地”,首封权甚至能够很大程度上遏制抵押权等物权的实现,导致执行程序的极大拖延。[②] 为此,最高人民法院于 2016 年[③] 4 月 12 日、11 月 17 日先后以《关于首先查封法院与优先债权执行法院处分查封财产有关问题的批复》(法释〔2016〕6 号)与《关于人民法院办理财产保全案件若干问题的规定》第 21 条之规定,意图分别解决首封权与优先债权、轮候查封债权对于法院处置权的争夺。然而,相关规定未明确首封法院不予及时移送处置权的后果。

我国司法实践对首封权的优待保护可从另一面向再行阐明。就执行程

---

① 可能的进一步反驳是,除却法院以查控系统调查财产线索外,依然有当事人提供财产线索之可能。由于《民诉法解释》第 510 条规定“原则上按照其占全部申请参与分配债权数额的比例受偿”,故而实际上为其他灵活实践提供机会,在现有司法实践中确实有地方规定认为首封权应予优待,部分理由即因其提供财产线索,以及在先申请查封债权人所付出的精力,但此时基本上是在平等主义框架下的适当倾斜。最高人民法院亦有持此种立场者,参见江必新:《论强制执行单行立法的若干问题——以〈民事诉讼法〉修订为背景》,载《法律适用》2011 年第 9 期。有必要说明的是,首封权优待问题并非简单激励原则所导致,下文将有清晰讨论。另外的可能反驳理由认为,纵使网络执行查控系统确立之后,在先债权人难谓勤勉,然而执行效率的提高、民事程序法独立地位和价值的体现,也足以支撑优先原则的确立,参见肖建国:《中国民事强制执行法专题研究》,中国法制出版社 2020 年版,第 241 页。此一论证恕难认同。

② 最高人民法院执行局就最高人民法院《关于首先查封法院与优先债权执行法院处分查封财产有关问题的批复》答记者问中即指出:“实践中,导致首先查封法院迟延处分查封财产的原因较为复杂,有制度不协调的因素,也有地方保护主义的因素。”

③ 实际上,2013 年江苏省高级人民法院《关于执行疑难若干问题的解答》第 18 条即已有对该问题解决的尝试。

序中的参与分配制度而言,一般债权人需要获得执行依据,①而手握担保物权或基于实体法规定享有优先受偿权的债权人可以直接参与分配。此种区别对待的核心即为防止"假债权"进入参与分配程序,加之法定优先受偿权的特别政策保护、担保物权设立时严格地以程序保障债权真实、涂销主义模式下法院拍卖过程导致担保物权消灭无法追及而需要保护担保物权人权益、其他债务人事后尚有分配方案异议和异议之诉的救济程序等考量,②法定优先受偿权人与担保物权人可在未有执行依据的情况下申请参与分配,担保物权人甚至可在债权尚未届至的情况下申请参与分配。若循此逻辑推导,在诉前或诉中采取保全者,由于保全执行程序非终局执行程序,且其未有执行依据、无特别政策优待,不得声明参与分配。③ 根据《执行规定》第 56 条、最高人民法院《关于首先查封法院与优先债权执行法院处分查封财产有关问题的批复》的规定,似应推导认为保全程序中的首封债权与轮封债权不能受到同等对待。而且目前的司法实践业已形成较稳定的判例,④认为未有执行依据之债权人纵已采取查封措施,但因轮候查封非生效查封,故无须保留份额,从而区别对待未有执行依据的首封债权和轮候查封债权,以上司法解释与既有判例的态度在《21 年讨论稿》中亦有所体现。⑤ 然若首封债权因其首封之加持而得以某种程度上"补正"其执行依据之缺失,轮候查封同样经过法律程序,虽

---

① 持反对债权到期而未取得执行依据的债权人不可申请参与分配者立场,参见王娣:《强制执行竞合研究》,中国政法大学 2004 年博士学位论文,第 110 页。其认为若法律不允许债权已到期但尚未起诉的债权人申请参与分配,就意味着已经起诉的债权人和债权已到期但尚未起诉的债权人之间是不平等的,但是起诉行为本身并不能使提起诉讼的债权人产生任何优先权。持类似立场进而否定参与分配制度可以与破产制度明确廓清界限,进而在某种程度上否定参与分配制度者,参见肖建国:《中国民事强制执行法专题研究》,中国法制出版社 2020 年版,第 243 页。

② 对此整理者可参见肖建国:《中国民事强制执行法专题研究》,中国法制出版社 2020 年版,第 243 页。

③ 参见林洲富:《实用强制执行法精义》(增订第 15 版),台北,五南图书出版股份有限公司 2011 年版,第 286 页。

④ 参见最高人民法院民事裁定书,(2020)最高法民申 7093 号;江苏省高级人民法院执行裁定书,(2016)苏执复 208 号;江苏省高级人民法院执行裁定书,(2017)苏执监 642 号。

⑤ 《民事强制执行法草案(2021 年 4 月讨论稿)》第 267 条【保全执行不得分配的例外】规定,保全执行是首先查封且查封财产不是争议标的的,主持分配的人民法院应当为该申请保全人预留相应份额。

非生效查封,但区别首封与轮封的正当性何在?[①]

支持首封权人得以"补正"执行依据阙如的论点约略可分为如下三个层次:一是首封权制度背后机理实为法院处分权,涉及由何法院启动处分程序,若否定保全首封人参与分配,则可能面临查封标的物无法启动处分程序的法律障碍;二是财产保全制度仅仅是为了保障起诉债权人之利益而非全体债权人之利益;三是首封权人往往为查找财产、采取保全措施而花费时间和金钱。[②] 然而以上3点理由恐怕均难以成立。首先,第三点理由系优先主义之立论基底,前文已经详论,故此处不赘。其次,第一点理由可以佐证首封权人可以补正执行依据阙如,却不能正当化首封权人和轮封权人所受到的区分对待,盖因首封为生效查封的规范目的并不足以正当化首封债权相较于轮候查封债权之优待。并且,第一点理由忽视了平等主义模式下"禁止重复查封"与"合并执行程序"的内在脉络。最后,第二点理由进一步涉及保全执行与终局执行的竞合。但是问题在于执行措施之前可能并不仅仅有首封保全,轮候查封保全措施亦可能在执行措施之前。若以保全执行与终局执行竞合立论,亦无法正当化首封保全人与轮封保全人地位之差别。若再详究相关司法裁判说理所倚重的前述批复,恐怕区别对待的核心原因还是因为首封权本身的特殊性。此亦足见首封权制度对于体系内部价值判断融贯性的破坏,反倒不如将所有诉讼保全查封人统一纳入参与分配制度更为有效。

结合我国法上独特的财产线索提供模式、首位执行措施方为有效执行措施的规范目的本质、法院内部处置权流转功能的原貌,此种"有限优先主义"并不能够以优先主义的机理进行证成,并且亦无法正当化何以仅对首封权人进行偏惠。

在未来的进一步立法讨论中,是否要将现实生活中已然运转的"有限优

---

① 有必要提请注意的是,针对不动产拍卖价金分配,《日本强制执行法》于第87条规定应受分配的债权人范围于第51条规定可以提起分配请求的债权人范围,该法将查封(是指最初的强制拍卖开始决定中的查封)登记前被登记的假扣押债权人列入应受分配的债权人,而将与强制拍卖开始决定相关的查封予以登记后的被登记的假扣押债权人列入可提起分配要求的债权人,其于提交申请后即依据该法第87条第1款第2项成为应受分配的债权人,未有价值评价上的矛盾,相关程序设置亦颇为贴切。而且,该法第125条亦采禁止重复查封原则。前述《日本强制执行法》使用译本,参见《日本民事诉讼法典》,曹云吉译,厦门大学出版社2017年版,第308~383页。

② 参见曹兴权、尚彦卿:《民事执行中参与分配程序的适用条件》,载《政法论丛》2017年第5期。

先主义”进行进一步合法化确认,抑或进行何种改造,固然涉及部门利益与立法博弈,但也涉及学说上能否提供更具有想象力的方案以关切实践之难题。就现有司法实践而言,除却首封权因法院内部流转所存在的问题,以及对未获得执行依据的保全债权存在不当区分外,总体上依然维持平等主义的框架,并且对首封权人在分配上适当予以倾斜。若考量首封权人系通过提供法院未获得的财产线索而捷足先登,仅给予首封人优待而不是采取彻底之优先主义对所有人以顺位排序,避免闻风而至之其他债权人因偶然的先后申请顺序影响终局性利益状况,此亦合乎现行司法理念。若是在立法中明确首封权的优待比例区间,并且单独抬高借由提供财产线索而获得的首封权参与分配的比例,进而相应减少法院对参与分配优待比例的自由裁量权范围,加之协调法院内部流转程序的改进,应能形成符合我国国情的参与分配制度的模式。

三、程序权利之保障:轮候查封的双重面向与一般债权人保护

目前,司法实务多简单以参与分配节点选择早晚作为参与分配模式正当性判断标准,并认为时间靠前倾向效率;反之倾向公平。[①] 然而若对平等主义仅作如此简单之理解,而忽视程序性权利的保障,恐怕亦不能贯彻平等主义平等清偿之目的。就此问题展开,依然要从前文已经提及之“禁止重复查封”以及由此带出的首封与轮封区别说起。在我国民事诉讼执行中,为解决多个法院同时采取查封措施导致的“执行乱”问题以理顺执行秩序,解决法院之间的执行争议,[②]特就禁止重复查封进行规定,并在民事诉讼改革和修订过程中沿袭至今。[③] 然而,由于不得重复查封在实践中的积弊,[④]轮候查封制度应运而生。

“有限破产主义 + 参与分配平等主义”导致执行程序存在双轨制,一轨是

---

① 譬如,上海市《执行程序中涉及参与分配办案要件指南》第一部分第五节第三项。

② 参见江伟、肖建国主编:《民事诉讼法》(第8版),中国人民大学出版社2018年版,第492页。

③ 对此过程的梳理与总结,参见李娜:《论重复查封》,西南政法大学2015年硕士学位论文,第2~4页。

④ 参见江伟、肖建国主编:《民事诉讼法》(第8版),中国人民大学出版社2018年版,第492页。

在执行商主体或有足够清偿能力的非商主体中,应采优先主义依照执行措施先后顺序进行分配,另一轨是在非商主体不具清偿能力的执行程序中,应采平等主义进行平等清偿。

一个重要问题是在平等主义下如何定位我国本土生发的轮候查封制度,并且进一步涉及"参与分配制度"与"双重申请执行制度"关联几何、查封相对效力应采个别相对效力还是程序相对效力模式等问题。纵使"参与分配制度"与"双重申请执行制度"有千丝万缕的复杂关系,可以肯定的是,在最通常的情形下,针对在先申请执行的所得金额,在后的申请执行因被拟制为参与分配,而与其申请参与分配的法效果无异。[①] 实际上其机理在于平等主义模式意图对多数债权人平等清偿,从而自然使在先采取之查封措施不仅服务此一债权人,故已有债权人在先采取查封后,其他债权人再申请强制执行,已实施执行行为之效力,应于为申请时及于该他债权人,基于平等主义的"双重申请执行""合并执行""拟制参与分配"不过是同一问题的不同面向。[②]

我国法上现行运作之轮候查封,虽是对禁止重复查封制度的弥补,但在运作中夹杂法院处置权的分配,导致实务重心大量集中于法院间以首封权为基底的处置权流转,而缺少对禁止重复查封的配套制度构建,学说与司法实践上强调轮候查封并不生效力者众,阐发其业已并入在先执行程序者寡。譬如,江苏省高级人民法院于(2017)苏执监642号执行裁定书中主张:"……申请查封的房地产属于另案金融机构的抵押财产,且在其申请查封之前已经由他人申请查封。因此,其查封属于轮候查封……如果人民法院根据在先的查封裁定对财产予以处分后,轮候查封则视为自始不存在。可见,轮候查封在性质上不属于正式查封,并不产生正式查封的效力。因此,申诉人认为其申请财产保全就当然享有参与分配的权利没有法律依据。"

在司法实践中,与此密切相关的问题即为主持参与分配的法院是否需要通知一般债权人,以及通知的范围为何,其中最具争议问题域为执行法院是否需要通知轮候查封债权人。司法实践中少有的支持判例可见江苏省高级

---

① 参见陈计男:《强制执行法释论》,台北,元照出版有限公司2002年版,第607页。

② 参见林洲富:《实用强制执行法精义》(增订第15版),台北,五南图书出版股份有限公司2011年版,第290页。

人民法院(2016)苏执监398号执行裁定书,其认为"丹阳法院在执行王某某申请执行的案件过程中,也知悉申诉人吴某某对涉案房屋进行了轮候查封。丹阳法院在明知被执行人张某某、孙某某的财产不足清偿涉案债权人全部债权的情况下,将涉案的丹阳市御龙湾22幢1103室房屋仅抵偿王某某一人债务"违反了《民诉解释》第508条的规定。遗憾的是,江苏省高级人民法院也未形成连续稳定的见解,前述(2017)苏执监642号执行裁定书的观点即截然相反。

由于实务中对轮候查封在平等主义中的复杂面向的忽视,也就无怪部分地方法院在参与分配程序中认为仅需通知享有优先受偿权与担保物权的债权人,而对轮候查封人在所不问。[①] 但颇值欣慰的是,2020年江苏省高级人民法院《关于正确理解和适用参与分配制度的指导意见》第13条已经开始扩大对普通债权人的通知范围,其中即包括轮候查封债权人以及在执行法院中启动执行程序的债权人。更值得肯定的是,在《21年讨论稿》第237条[②]的备选方案一中,进一步从"通知"部分债权人发展为将部分债权人采取的轮候查封措施与执行行为纳入"拟制的参与分配申请"。虽然该规定在方案选择上依然保留两种可能的讨论空间,但足以表明立法层面已经注意到平等主义中执行程序对于其他普通债权人的辐射力,并且认为需要加强对同一执行标的物采取轮候查封措施、在同一法院申请执行的两类债权人的保护。由于此两类债权人信息能够于登记系统与法院内部获得,对执行法院的要求也并不过高,在现有约束条件下应能够现实落地。未来立法若能坚持备选方案一,可以说是在落实平等主义的框架上,接续平等主义下的内在机理,系统性整合

---

① 譬如,2018年《上海市高级人民法院执行局、执行裁判庭联席会议纪要(二)》第2条。值得注意的是,上海市第一中级人民法院课题组则与此会议纪要观点相反。其认为执行程序不同于破产程序,查封法院没有义务查找和通知所有的债权人参与分配程序。因此,轮候查封成为查封法院确定参与分配债权人的范围及其债权数额的重要依据。

② 《民事强制执行法草案(2021年4月讨论稿)》第237条【拟制的分配申请】规定,有下列情形之一的,视为就执行法院查封的债务人财产申请分配:(1)其他金钱债权人向执行法院申请强制执行同一债务人;(2)其他金钱债权人向其他人民法院申请执行同一债务人,其他人民法院对债务人财产再次查封,并且已经完成查封登记。方案二:执行依据确定的金钱债权人向人民法院申请强制执行同一债务人的,视为就该人民法院查封的债务人财产申请分配。

零散制度,可谓大踏步前进。然而《一草》第177条[①]虽延续了《21年讨论稿》第237条备选方案一,但是由于改采优先主义以查封先后顺序分配债款,再行保护未查封的一般金钱债权人反有画蛇添足之感。不仅如此,《21年讨论稿》第235条第2款"主持分配的人民法院应当依法通知已知的优先受偿权人申请分配"的规定亦在《一草》中被删除,对于外部债权人的保护反而更趋弱化。实际上,无论采优先主义或平等主义,强化申请分配信息的公开,完善申请分配时点的公示,保障游离在涉案执行标的执行程序与所在执行法院外的债权人获得基本信息以进入分配程序,才应是立法考虑的方向,否则若财产信息未予公开,优先主义或平等主义都无立足之地。[②] 以优先主义模式立基的《一草》继受采平等主义模式的《21年讨论稿》的改造方案,而不进一步强化信息公示,反而会导致执行法院偏向于向执行法院申请执行的金钱债权人。

除对作为一般债权人进行轮候查封所做的简要观察外,同样值得注意的还有一般债权人依其申请进入参与分配的问题。在司法实践中,作为参与分配启动条件要求的执行程序开始时点、[③]证明"被执行人的财产不能清偿所有

① 《民事强制执行法(草案)》第177条规定:"有下列情形之一的,视为就执行法院查封的被执行人财产申请分配:(一)其他金钱债权人向执行法院申请执行同一被执行人;(二)其他金钱债权人向其他人民法院申请执行同一被执行人,其他人民法院对被执行人财产再次查封,且已经完成查封登记。符合前款第二项规定情形的,执行法院应当通知再次查封的人民法院提交前条规定有关材料并说明案件执行情况。"

② 许士宦即指出:"债权人对于债务人财产资讯未必充分,仅仅因为参与分配时间差距即被优先或劣后对待,无法正当化劣后分配之债权人所受不利益,只有在债权人都知道债务人的财产信息情形下,才能以优先劣后论。"参见许士宦:《强制执行法》,台北,新学林出版股份有限公司2017年版,第172页。

③ 譬如,江苏省高级人民法院(2016)苏执监398号裁定书中载明申诉人提请申诉之事实与理由中即有如下陈述:"执行法官说要由该房首查封人王某某提起拍卖程序(此时王某某案件判决尚未生效),申诉人只能参与分配,让申诉人等待通知。"此实为司法实践中常见的执行法官拒绝当事人进入参与分配之理由。执行法官一旦拒绝该当事人此次进入参与分配,往往导致其后续无法再次及时进入。而且执行程序一旦终结,该当事人就无法再次通过执行异议救济,只能另行启动执行监督,救济可能性已然渺渺。

债权”的举证责任、[①]一般债权人应向何法院提交参与分配申请[②]等问题均成为实践中参与分配的“拦路虎”,使参与分配意图贯彻平等清偿的目的很大程度上落空。除却法律适用上的争议外,更重要的是对于以上执行法院已然知悉的申请参与分配之债权人,能否额外设置一段较合理的宽限期,以待其补正相关程序的不足,而不是让法院在知悉有游离于参与分配程序外的债权人时反而进一步加速推进执行程序。

四、截止时点再探讨:对“价款到达法院账户”模式的改进

由于参与分配制度涉及多数债权人,故申请参与分配的时间节点系参与分配制度设计考量的重要一环。由于节点选择直接涉及参与分配制度的入口,进而影响债权人债权之清偿,该问题在司法实践中争议不断,相关规范接连变迁。1992 年《民诉意见》第 298 条第 2 款规定参与分配申请应当在“被执行人的财产被清偿前”提出,1998 年《执行规定》第 90 条则变更措辞为“被执行的财产被执行完毕前”。2015 年《民诉法解释》废止了《民诉意见》,第 507 条第 2 款继续变更参与分配申请时间地点的措辞,表达为“被执行人的财产执行终结前”。在《民法典》出台后,最高人民法院借此契机着手对一系列司

① 最高人民法院强调在司法实践中应当从宽把握该项要求,切实保障普通债权人申请参与分配的权利。规定参与分配制度的目的,即在于保障被执行人不具备破产资格情形下债权的平等受偿和实现,如在参与分配程序中严格要求债权人必须证明“被执行人的财产不能清偿所有债权”,则不符合设立参与分配制度的目的。实践中,要求申请执行人必须证明被执行人不能清偿所有债务是错误的,但是错误的原因并非条文规定的问题,而是执行法院理解错误或者背后有地方保护等其他因素。参见江必新、刘贵祥主编:《最高人民法院执行最新司法解释统一理解与适用》,中国法制出版社 2016 年版,第 91 页。

② 实践中,多有执行阶段中当事人不谙零散的司法解释,径行向主持分配法院提交申请而被退回,无法再次通过原执行法院及时参与分配。对此现象,河北省高级人民法院在(2016)冀执复 113 号执行裁定书中作出可谓非常意味深长的说理:“执行规定第 92 条规定,债权人申请参与分配的,应当向其原申请执行法院提交参与分配申请书,写明参与分配的理由,并附有执行依据。该执行法院应将参与分配申请书转交给主持分配的法院,并说明执行情况。如此规定,在于通过原执行法院转交参与分配申请给主持分配的法院的程序基本保障了申请参与分配债权的真实可靠性,也有利于原执行法院通过与主持分配的法院沟通掌握情况,而且因申请参与分配的债权已在原执行法院进入了执行程序,执行情况、债权数额的增减等千差万别,规定由原执行法院说明执行情况更有证明力和客观可操作性……执行规定第 92 条是对民诉法和民诉法解释等上位法关于执行程序中申请参与分配部分的规定作出的具体实施的操作规程,属特别法律规定,虽可能存在瑕疵,但法无完法,制度的共同遵守首先就可以保证大体上的公平,既已有规定,应遵照行之。”

法解释进行清理整合,此次清理过程中删除了前述《执行规定》中第90条之规定,从而使《民诉法解释》第507条第2款成为参与分配制度申请时间截止时点的唯一法源,避免法律适用上的混乱,实值肯定。

然而这并不代表参与分配时间节点问题仅因规范措辞不同而生,若详加观察司法实践可以发现,针对不同时期的有效规范,地方法院也在具体问题上态度不一,解释方案各异。譬如,江苏旧规①、北京②、上海③区分财产类型并以拍卖裁定、拍卖成交、以物抵债裁定、分配表送达等时间作为截止时点;重庆④虽也区分财产类型,但是针对动产与不动产则以债务人之财产变动于买受人时刻作为判断标准;浙江⑤以及江苏新规⑥以分配方案送达作为主要判断时点;广东⑦则最为宽松,在执行财产尚未实际支付给争议财产分配方案中确定的债权人前,其他债权人均可提出参与分配的申请。不同地区相关规定、具体案型适用标准纷繁各异,加之大量规定几乎已逸出释法空间而僭越立法权,⑧亦足见问题之复杂性与紧迫性。

《21年讨论稿》第238条对参与分配时间点规定如下:"申请分配的,应当在分配方案送达第一个当事人之日前提出;在下列日期前提出分配申请的普通债权人,优先于在后申请的普通债权人受偿:(一)执行标的拍卖成交的,竞价程序终结之日;(二)执行标的变卖或者抵债的,买受人申请买受或者债权

---

① 参见2013年江苏省高级人民法院《关于执行疑难若干问题的解答》第12条。

② 参见2013年《北京市高、中级法院执行局(庭)长座谈会(第五次会议)纪要——关于案款分配及参与分配若干问题的意见》第10条第1款。

③ 参见上海市《执行程序中涉及参与分配办案要件指南》第二部分第一节第(三)项第(2)点。

④ 参见2016年重庆市高级人民法院《关于执行工作适用法律若干问题的解答(一)》。

⑤ 参见2012年浙江省高级人民法院《关于多个债权人对同一被执行人申请执行和执行异议处理中若干疑难问题的解答》第12条。

⑥ 参见2020年江苏省高级人民法院《关于正确理解和适用参与分配制度的指导意见》第8条。

⑦ 参见2016年广东省高级人民法院《关于执行案件法律适用疑难问题的解答意见》问题五。

⑧ 譬如,(2019)最高法执监37号执行裁定书中,最高人民法院以"江苏高院(2018)苏执复37号执行裁定认为,关于拍卖、变卖被执行人财产的参与分配时点,可界定为拍卖、变卖成交之日的前一日,缺乏法律依据"为由,撤销该案江苏省高级人民法院(2018)苏执复37号复议裁定,维持江苏省无锡市中级人民法院(2017)苏02执异131号执行裁定。值得注意的是,该案中江苏省无锡市中级人民法院的说理认为,"'财产执行终结'是一种应然状态,即案款已执行到位或财产已完成变价。财产已完成变价的具体认定,应当以拍卖、变卖成交确认裁定送达买受人之日或以物抵债裁定送达承受人之日为完成之日",然而此案最高人民法院维持江苏省无锡市中级人民法院作出的裁定,恐怕不能简单认为最高人民法院以此为判断标准,此种解释某种意义上也是"于法无据"。

人接受抵债之日;(三)执行标的为存款、现金或者其他无须变价的财产的,人民法院收到之日。”此版草案不再如最高人民法院司法解释般用较宽泛的措辞界分时点,而是汲取各地司法实践的经验,转向更具有确定性与可操作性的判断时日,又以北京市的做法为最重要的参考。

虽区分直接执行货币与银行账户、变卖拍卖执行标的以及以物抵债3种类别对时点界分的影响在初始就进入了备选方案的视野,但值得注意的是,散见于不同高级人民法院的规定近来总体的趋势反而是将时点再度后延,进一步结合《21年讨论稿》内对于参与分配制度的其他规定,《21年讨论稿》第238条的改弦更张恐怕不无可议之处。

不妨先行考察选择三分框架模式的理由,上海市高级人民法院认为节点倾向客观时间可以避免人为操纵,并认为我国目前执行变价主要运用网络司法拍卖的方式,相关时间节点公开透明,因此针对不同执行标的参照变价程序的时间节点确定参与分配截止日更具有客观性。除却避免人为操纵外,没有选择其他时间节点作为参与分配的截止时间主要是考虑到执行款的数额确定、执行效率。①

除以物抵债此种方式因通过所有权移转消灭债权具有单独规定的意义外,由于拍卖、变卖财产后,债务人对买受人之债权或者债务人受领买受人之价金仍为债务人之责任财产,故实际上区分拍卖、变卖财产与直接划扣银行账户并无实质意义,以所有权变动作为参与分配节点并无正当性。② 故为避免分配表不断重做,实际上以分配方案作出之日前一日为参与分配节点即为最妥适之选择,但是若再进一步考量前文所提及的对部分申请参与分配债权人因程序性事宜而需要设置宽限期者,恐怕依然需要法院先行确定一个期限,于此期限内申请者方得有宽限期来进行程序补正。可能的方案就是对重庆模式进行改造,并且结合最高人民法院《关于执行款物管理工作的规定》,以执行款到账后15日为申请参与分配节点,同时法院需要进行公告以保证游离在外债权申请人权利,并且对该期限内申请参与分配者设置10日的宽限补

---

① 参见上海市《执行程序中涉及参与分配办案要件指南》第二部分第一节(三)项第(2)点。

② 对此分析精辟者,参见王阳天:《参与分配制度债权申报截止时间的合理性研判》,载《上海法学研究》2020年第18卷。

正期,最终在执行人员收到财务部门执行款到账通知之日起30日内完成款项发放。若能有效完成法院内部执行机构整顿,落实相关规定,应能保证落实平等主义之立场、保证当事人程序性权利、提高执行效率、避免分配方案不断重做之延宕。如果不采平等主义模式,改采优先主义模式,那么《一草》第176条第1款完全可以以分配方案作出日为申请截止时点,以进一步提升执行效率。

五、结　　语

本文主要着力对参与分配制度在司法实践中的分析,并意图在尊重司法实践现有模式的基础上进行学理补充,从而推进实务与学说的沟通,再以此为基础对《21年讨论稿》和《一草》进行评析。

在我国司法实践中运行的参与分配制度并不能简单还原到平等主义与优先主义这一立场之争,而是建立在以法院处置权为基底的首封权上,形成以首封权为限的"有限优先主义",并形成无法正当化的对首封诉讼保全人与轮封诉讼保全人的不当区分。故应对《21年讨论稿》第267条予以检讨,若立法模式选择平等主义,就同样需要预留轮封诉讼保全人份额。相较而言,《一草》一方面,在第十七章"保全执行"部分未设置对首封保全的例外保护性规定;另一方面,在第176条第2款仅列举了执行依据确定的金钱债权人与有证明文件的优先受偿权人可以申请分配,所以可以认为《一草》对申请分配的主体资格进行了严格限缩。虽《一草》作出这样的规定可能更多出于对执行效率的保障,但其去除首封保全的例外优待实值肯定。

在落实禁止重复查封原则的长期实践中,出于因应实务需求而产生的轮候查封制度与法院处置权发生纠葛,但长期讨论中忽视了轮候查封制度于平等主义中的定位。《21年讨论稿》已然注意到平等主义模式下执行程序对于其他一般债权人的辐射力,对《21年讨论稿》第237条备选方案一应予肯认。但是对于其他未被备选方案一所纳入的一般债权人,现行立法草案并未设置公告程序保障一般债权人的信息获取,同时是否对申请程序上具有瑕疵者给予宽限期亦未有讨论。若考量公告程序与宽限期的设立,以及《21年讨论稿》参与分配模式本身意图贯彻的平等主义,较妥适地避免执行程序不断延宕的方式是强化执行款项流转管理,同时于款项到达法院账户日完成公告,并且分别设置参与分配节点,以及该节点内申请执行人的宽限期;而《一草》延续《21 年讨论稿》第 237 条备选方案一,在某种程度上与其优先主义模式有所冲突,恐应进一步考校,且不论采优先主义还是平等主义,保障债权人申请分配的知情权均同等重要。

至于我国立法究竟应采优先主义模式抑或平等主义模式,系相当重大的体制选择问题。一般破产主义与执行优先主义的衔接诚然具有理论上的相当吸引力,但却面临个人破产制度立法的不确定性,以及执破衔接可能的窘境,这均将会成为未来需要解决的实际问题。除执破衔接的视角外,平等主义模式与优先主义模式均有可能导致背离制度初衷的具体情形,不同模式对当事人流动性、破产风险的影响需要在立法过程中进一步讨论与关注。我国司法实践中,财产调查以职权主义为中心,使优先主义赖以立足的产权激励逻辑难以证成,但若采平等主义,则无须考量是否需要根据提供财产线索区别对待首封权的问题。优先主义模式与平等主义模式的立法论争注定是一个需要多方面考虑的问题,值得进一步于立法过程中进行讨论。当然,分配制度作为执行程序的一个环节,不可避免地面临执行体系本身所要面临的问题,如何破除地方保护主义、提升执行程序效率、完善法院内部管理,均涉及更宏大的体制性问题,而成为具体制度完善的背景,也应纳入未来强制执行立法的讨论视域。

反思与修正：法定代表人限制高消费措施限缩适用研究[*]

——以股东有限责任理论为视角

张志国[**]

摘要：在强制执行程序中，对被执行公司的法定代表人采取限制高消费措施，有利于实现申请执行人的现实利益。但法定代表人适用限制高消费措施与公司有限责任理论存在一定的学理冲突，特别是在终结本次执行程序案件中，对法定代表人采取限制高消费措施，很难起到执行震慑的效果。此时再继续限制法定代表人部分权利，不仅不利于被执行人经济能力的“恢复”和“再生”，而且还与当前优化营商环境、助推经济高质量发展的精神相悖，并产生了一定的负面社会效应。为此，需要对法定代表人适用限制高消费制度进行必要修正，构建限缩适用的制度体系，以回归其制度目的，更好地发挥出限制高消费措施的制度功能。

关键词：限制高消费措施；法定代表人；限缩适用；有限责任

作为商业活动最活跃的市场主体，公司成为被执行人的现象是较为普遍的。在有限公司作为被执行人的案件中，法院往往对公司的法定代表人、实际控制人、主要负责人及其他对债务履行有影响的直接责任人员采取限制高消费措施（虽本文研究对象限定为法定代表人，但限制高消费措施也适用于

---

* 本文系2018年国家社科基金重大研究项目“把社会主义核心价值观融入法治建设”（项目编号：18VHJ015）的阶段性成果。

** 北京师范大学法学院2019级国际法学博士研究生，北京市密云区人民法院法官助理。

上述其他人员），并成为惯用的执行手段，以此倒逼公司履行债务。这显然与有限公司股东的有限责任不相匹配，在很多情况下不仅无法起到执行震慑作用，而且还对被执行人经济能力的“恢复”和“再生”造成了负面效应。

一、实践：法定代表人限制高消费措施的现状

笔者通过梳理执行实践中对有限公司法定代表人适用限制高消费措施的案例类型，来分析当前对法定代表人适用限制高消费措施的样貌。

当公司作为被执行人时，法院在对其法定代表人采取限制高消费措施后，存在未及时解除上述措施的问题，导致实务中出现了不少法定代表人个人或亲友代为履行公司债务的情形。这无疑有助于督促被执行人履行生效法律文书所确定的义务，实现推进执行的目的。

案例1：法定代表人以个人资产履行被执行人所负债务

李某为甲有限公司股东、法定代表人。甲有限公司因经营失败而无力还款。在执行中，李某作为甲有限公司法定代表人被采取限制高消费措施。为解除限制所带来的不便，李某便用个人资产偿还公司欠款。

但在实践中，为数不少的限制法定代表人高消费的执行案件，不仅未达到执行预期效果，还产生了一定的负面影响。

案例2：在终结本次执行案件中，仍对法定代表人采取限制高消费措施

孙某为乙有限公司经理，年薪40万元。乙有限公司无力偿还申请执行人的款项。经查询未发现乙有限公司有可执行财产。案件进入终结本次执行程序，法定代表人孙某被无限期限制高消费，致使其无法从事经营活动。

在终结本次执行案件中，对被执行公司的法定代表人采取无限期的限制高消费措施，对执行已无实际意义，但严重影响法定代表人的生活，与优化营商环境的宗旨相悖。

案例 3:缺乏激励机制,不利于被执行人经济恢复

徐某为丙服装生产有限公司股东、法定代表人,因订单减少而无力支付数百名员工工资。进入执行后,未发现丙服装生产有限公司有可执行财产。案件进入终结本次执行程序,徐某被无限期限制高消费。在徐某努力下,丙服装生产有限公司效益逐渐好转。后经协商,多数员工同意解除徐某的限制高消费措施,但仍有部分员工不同意,最终法院无法解除对徐某的限制措施。该措施严重影响了徐某出行,也不利于公司快速恢复生产。

由此可见,法定代表人适用限制高消费措施,多为无限期无原则的限制。这在实践中就展现出两个面向:一是积极面向,即促使被执行人及其法定代表人履行义务,对促进执行、保障申请执行人的权益具有实际意义。正如案例 1,确有不少法定代表人因被限制高消费而履行义务的情形。二是消极面向,如案例 2 和案例 3 的情况有可能突破股东的有限责任。而且,法定代表人与作为被执行人的公司法人存在差异,这种差异应当在限制高消费措施的适用上体现出来,但目前这种差异并未在实践和规范层面得到应有的体现。

二、溯源:适用无限期限制高消费措施的原因

当前,对法定代表人限制高消费措施,司法实践中并没有加以区分,而是一律采取无限期无原则地限制,除非被执行人债务履行完毕或申请执行人同意解除。究其原因,主要有以下几个方面。

(一)限制高消费措施的功能使然

限制高消费措施不是常规执行措施。通过限制被执行人或被执行公司法定代表人某些消费行为倒逼公司履行义务,在性质上属于执行震慑范畴,目的是压缩被执行人及法定代表人的生存空间,形成执行震慑力。该措施从表象上看是对被执行人消费行为的限制,从本质上看则是对被执行人的财产

处分权的限制。[①] 限制高消费制度通过对适用主体的行为便利性进行限制，以达到对其行为进行间接限制的目的，[②]使被执行人或其法定代表人丧失部分行为权利，这与个人破产中的失权制度高度相似。

失权制度是破产惩戒的重要制度安排，旨在通过一定期限内对被执行人的各种公法、私法权利和资格进行限制，从而对其进行一定的惩戒。[③] 但二者又有着明显的区别：其一，发生阶段不同。失权制度适用于法院裁定个人破产之后，限制高消费制度适用于被执行人不履行生效法律文书确定的义务后。其二，适用的主体不同。失权制度适用于裁定破产的个人；限制高消费制度适用于被执行人，如果被执行人是单位，则适用于被执行人及其法定代表人、主要负责人、影响债务履行的直接责任人员、实际控制人。尽管破产中的失权制度与限制高消费制度的性质存在差异，但二者亦存在相似之处。其一，限制内容具有高度相似性，即都对高消费进行限制。其二，都具有惩罚性。它们从原因发生力来看基本一致，都是基于无力偿还债权而作出的限制，以实现对无力偿还债权的惩罚。无限期限制法定代表人高消费，无疑有利于达到惩戒之目的，督促被执行人履行生效裁判文书。同时，限制高消费措施还能够有效地防止被执行人过度、不当消耗财产，直接保护被执行财产，进而保障申请执行人权益，推进执行工作。

（二）有助于推动“切实解决执行难”

当前，社会诚信出现了一些问题，再加上对失信行为打击不力，失信行为人付出的代价较低，导致抗拒执行的情形时有发生。经调研发现，多数法院执行到位率不足30%，很少达到50%，达成“切实解决执行难”的目标仍任重道远。

股东在公司治理中的权利较多，大股东直接控制法人的现象屡见不鲜。[④]

---

① 参见谭秋桂：《论限制债务人高消费的法理基础及其制度完善》，载《时代法学》2011年第6期。

② 参见唐力：《论对“公法人”民事强制执行的限度》，载《法律科学（西北政法大学学报）》2020年第1期。

③ 参见赵万一、高达：《论我国个人破产制度的构建》，载《法商研究》2014年第3期。

④ 参见邓峰：《中国公司治理的路径依赖》，载《中外法学》2008年第1期。

作为法定代表人的股东,易直接对公司经营和公司治理产生重要影响,且中小企业财务制度不健全的情况更是普遍存在,导致公司财务混同现象时有发生。因此,如果在执行阶段对法定代表人采取限制高消费措施,通过压力传导来倒逼法人履行义务,能够提高执行效率,进而促进实质正义的迅速实现。诚然,股东有限责任意味着股东不承担投资范围以外的更大风险,[①]但通过适用无限期限制高消费措施,迫使作为法定代表人的股东或其亲友代为履行公司债务,从而解除限制高消费措施的情况亦有发生。基于我国公司治理的现实考虑,采取无限期限制高消费措施,无疑对推进"切实解决执行难"具有现实意义。

(三)未严重超出公众的朴素理念

在执行中,对法定代表人采取限制高消费措施,应根据不同情况,如公司类型、法定代表人对于涉案债务是否有过错等,进行差异化安排。目前法律及司法解释对此并未作出详细规定,只规定当被执行人为单位时,被限制人因私消费以个人财产实施最高人民法院《关于限制被执行人高消费及有关消费的若干规定》(以下简称《限高规定》)第3条第1款所规定的9种行为的,可向执行法院提出申请;执行法院审查属实的,应予准许。但实践中此规定形同虚设,仅在极为特殊的情况下才适用。

为严惩被执行人的失信行为、构建诚信社会体系,在法律及司法解释对此未作详细规定的情况下,全国各地法院均执行了最为严厉的强制执行措施,认为采取无限期限制法定代表人高消费的方式更有执行力度,且不违反法律规定。

人们对社会不诚信行为(尤其拒执行为)是普遍痛恨的,而无限期限制法定代表人高消费的措施,无疑迎合了人们的这种朴素理念,且未严重超过群众容忍度,尚能为社会所理解和承受。

---

① See Mrak I. Weinstein, *Don't Buy Shares Without It: Limited Liability Comes to American Express*, 37J. Legal Stud., Vol. 189, p. 194(2008).

三、思辨：法定代表人限制高消费措施限缩适用制度的法理基础与现实支撑

股东有限责任原则是现代公司法的精神内核，而对法定代表人适用限制措施，即将限制效果直接施加于个人，极有可能突破股东有限责任原则。另外，无限期限制公司法定代表人高消费的措施，与当前优化营商环境不相适应。为推动经济高质量发展，就有必要以一种理性逻辑对法定代表人限制高消费制度进行思辨，构建法定代表人限制高消费措施限缩适用制度。

（一）无限期限制高消费与股东有限责任原则存有冲突

“人格吸收理论”认为，当法定代表人从事法人行为时，其人格被法人所吸收，不再是独立主体，而是成为法人的一部分，①且其行为效力归于公司。公司具有独立的法律人格，使企业资产与投资者资产分离，这对股东具有实体防护作用。② 但对法定代表人采取限制高消费措施的惩戒打破了这层实体保护，这与法人“人格吸收理论”存有重大冲突。

法定代表人分为集合身份型和单一身份型。集合身份型法定代表人兼具股东和法定代表人双重身份，对其采取限制高消费措施，实质就是对特定的股东采取限制高消费措施。对此存在解释困境，由此延展出的两个问题亟待回应：一是股东有限责任的范围与其例外情形；二是法定代表人作为股东与其他股东所负义务的差异。

公司制度最关键的特征是有限责任，而股东有限责任又是公司法的核心价值和现代公司最重要的特征。所以对集合身份的法定代表人采取限制高消费措施，在实质上是对特定股东的处罚，这在某种程度上与股东有限责任存在冲突。

股东责任主要为出资、权利滥用及清算的责任。在执行阶段，股东责任

---

① 参见蔡立东：《论法定代表人的法律地位》，载《法学论坛》2017 年第 4 期。

② 参见［美］斯蒂芬·M. 班布里奇、M. 托德·亨德森：《有限责任——经济与法律分析》，李诗鸿译，上海人民出版社 2019 年版，第 16 页。

多与出资有关,且其责任承担的范围也应限定在出资范围之内。对这类法定代表人采取限制高消费措施,无疑突破了股东的有限责任,超出了出资责任范围,加重了此类股东责任。

另外,《公司法》是由全国人大常委会发布的,而《限高规定》只是最高人民法院发布的司法解释,在效力阶层上,《公司法》作为上位法优于后者。

(二)适用无限期限制高消费措施与比例原则不相称

比例原则广泛用于民商事领域,主要包含适当、必要与均衡三方面的内容,精髓在于"禁止过度",保障相关主体的权利与自由不被过度干预,捍卫私法领域中的自治价值。

之所以能否对法定代表人适用限制高消费措施的问题存在法理争议,是因为限制高消费措施在一定程度上限制了适用对象的人身自由和消费等权利。① 法律责任承担应以行为人违法行为或违约行为为基础,②若对集合身份型法定代表人采取限制高消费措施,即使不是由其直接清偿法人所负债务,也给其带来诸多不便,这无疑是法定代表人对法人履行不能承担责任的表现。此时,需考察法定代表人在经营管理过程中是否有违背义务的行为。

对于有限责任公司的法定代表人来说,受信义务和忠实义务为内部义务;而注意义务具有外部性,要求其按照商业规则谨慎经营。根据注意义务,法定代表人既要对公司负责,也要对交易对象、债权人等第三人负责。③ 所以,法定代表人是否承担责任,应首要考察其是否有违注意义务。

我国《民法典》第62条④规定了法定代表人责任的构成要件。首先,该条规范对象仅限于法定代表人的职务侵权行为;其次,该条成立前提是其加害行为符合侵权责任构成要件。此外,在责任承担方式上,法定代表人不对外承担责任,而是先由法人承担,再向法定代表人追偿。追偿范围应当限定在

① 参见杨小甜:《限制高消费存在的问题及建议》,载《人民法院报》2016年4月20日,第8版。

② 参见张文显主编:《法理学》(第5版),高等教育出版社2018年版,第168页。

③ 参见施天涛:《商法学》,法律出版社2014年版,第225~235页。

④ 《民法典》第62条规定:"法定代表人因执行职务造成他人损害的,由法人承担民事责任。法人承担民事责任后,依照法律或者法人章程的规定,可以向有过错的法定代表人追偿。"

法人承担财产责任的范围内。[①] 在执行阶段对法定代表人采取限制高消费措施,在某种程度上是将法人债务清偿责任向法定代表人转移,将法定代表人的内部责任趋于外部化,这与法定代表人责任承担方式存有一定出入。

另外,单一身份型法定代表人没有公司股权,仅作为有限责任公司聘任的管理人员从事公司的经营管理事务,其对公司的控制权和管理权,主要来自董事会或是股东会的授权。单一身份型法定代表人的主要义务是谨慎经营,其承担的责任类型属于内部性责任,责任范围一般难以扩张至外部。同时,其承担责任的方式也较为单一,一般表现在薪资升降与职位去留。同时,董事会、股东会对单一身份型法定代表人经营管理具有监督权,重大投资、经营决策更是需要经董事会、股东会的同意方可作出。换言之,单一身份型法定代表人难以享有与集合身份型法定代表人同等的对公司的控制权,其对公司经营失败、债务履行不能负有的责任天然地低于集合身份型法定代表人。因此,若在执行时不考虑这种客观差异,当然相同地适用限制高消费措施不仅有违比例原则,更不符合有责性原则的基本要求。

(三)无限期限制高消费措施与其目的有所背离

在终结本次执行案件中,被执行人无可供执行财产的情况是普遍存在的。在我国未实际执结案件中,被执行人根本无履行能力的案件约占执行案件总量的40%。案件最终未能实际执行完毕,其本质上属于当事人面临的商业交易风险与法律风险,对于这类案件需要当事人和全社会给予充分理解。[②] 限制高消费措施的制度目的在于预防被执行人财产不当流失,同时通过限制其部分消费行为形成执行震慑力。

终结本次执行的前提是被执行主体无任何可供执行财产,此时对法定代表人采取限制高消费措施,已难以实现限制债务人处置财产的目的,执行震慑力大大降低,却仍限制其从事特定消费行为的自由选择权。此时,该限制的主要作用在于通过对其的惩戒来安抚申请执行人情绪,缓解在执行不能时

① 参见任文静:《论法人对法定代表人的追偿权——〈民法总则〉第62条的理解与适用》,载《沈阳大学学报(社会科学版)》2018年第2期。

② 参见《人民法院执行工作报告(白皮书)》,载《人民法院报》2016年3月19日,第2版。

对法院所产生的对立情绪,以降低执行不能所带来的信访压力。另外,这种限制亦不利于法定代表人积极参与企业的生产管理和企业经济能力再生,与当前优化营商环境、推动高质量发展的宗旨相抵触,最终不利于申请执行人债权的实现。

四、修正选择:法定代表人限制高消费措施适用制度的路径选择

目前,失信惩戒制度虽取得一定成效,但也存在一些问题,该制度与保障人权、比例原则、公平原则等,需要严肃对待。[①] 在当前"弱法人、强法定代表人"的公司治理模式下,法定代表人滥用权力现象屡见不鲜。[②] 由于法定代表人对公司债务的发生及其履行负有一定责任和义务,[③]故对其适用限制高消费措施符合有责性要求。而且,适用限制高消费措施也有利于消减和安抚申请执行不能时申请执行人的对抗情绪,因此又具有必要性。为修正限制高消费措施制度运行偏差,消减法定代表人适用限制高消费措施的负面影响,促进限制高消费措施制度功能的发挥,须构建限制高消费措施限缩适用制度体系。

(一)限缩适用的主要内容

限缩适用的主要内容就是缩小适用范围和限制适用期间。首先,应当缩小限制高消费措施的适用范围。例如终结本次执行案件的单一身份型法定代表人,在商业规则判断上不存在重大过失或过错的,就可豁免该类法定代表人。该类法定代表人应对涉诉债务发生、经营不善不存在个人管理过错等负举证责任。其次,从司法实践看,在公司案件中,股东特别是控股股东、法定代表人滥用公司法人人格制度,利用法人的独立人格将应由其承担的交易风险转嫁给债权人的现象较多。[④] 而且上述法定代表人收益较高,对公司经

① 参见朱宁宁:《发挥失信惩戒功效应适度且合法》,载《法制日报》2019年6月18日,第5版。

② 参见曹兴权、荣振华:《公司代表人制度"法定性"的弱化——法律与社会良性互动视角的分析》,载《北方法学》2013年第1期。

③ 参见张民安:《公司契约理论研究》,载《现代法学》2003年第2期。

④ 参见王守春:《公司法人人格否认制度在执行程序中的适用》,载《学术交流》2016年第12期。

营负有更多注意义务。因此要体现比例原则和责任自负原则,明确并缩短法定代表人适用的期限。

(二)限缩适用的价值考量

其一,要处理好维护股东有限责任原则与保障申请执行人权益的关系。股东有限责任原则是公司作为独立法人的核心特征。① 在执行阶段既要追求申请执行人权益的快速实现,也要尊重股东责任有限原则、考虑比例原则。应在责任自担场域下,基于商业判断规则去审视法定代表人对公司经营及其债务的发生和履行不能是否存在重大过失或过错,最终根据责任大小确定限制高消费措施的适用期限。

其二,要处理好申请执行人权益与被执行人权益的关系。执行阶段当事人双方地位存在明显不对等性,在保障申请执行人权益的同时,也不能忽视被执行人基本权益的保护。要平衡双方利益,做到执行措施强度与执行目的相适应。一是被执行人及其抚养家属的基本生存权、受教育权等基本权利,应优于债权。② 二是在对法定代表人采取限制高消费措施时更要注重利益的平衡,要根据其有无管理过失及过失大小,对法定代表人限制高消费的期间进行适当调整。

(三)限缩适用起始时间的确定

法定代表人适用限制高消费措施存在较大的随意性。一是时间节点选择。在团队细化分工模块化作业的背景下,一些案件一经进入执行实施团队,即可采取限制高消费措施,在时间选择上具有极大随意性。二是期限问题。终结本次执行案件中,作为被执行人的法人在事实上已经接近破产,但由于"执转破"运转机制不畅通,多数案件没能进入破产程序,导致其法定代表人长期处于限制高消费状态。因此,限缩适用需要规范措施采取的时间节点,即限制高消费措施的最早起始时间及最晚截止时间。

---

① 参见刘俊海:《现代公司法》,法律出版社 2015 年版,第 324 页。

② 参见李继:《失信被执行人权利保护的路径选择——基于执行行为正当性的探讨》,载《政法论坛》2018 年第 9 期。

最高人民法院《关于在执行工作中进一步强化善意文明执行理念的意见》指出,要严格规范适用纳入失信名单和限制消费措施。各地法院可以根据案件具体情况,对于决定纳入失信名单或者采取限制消费措施的被执行人,可给予其 1 ~3 个月的宽限期。所以对法定代表人采取限制高消费措施的最早开始时间应不早于传票载明的日期,可根据执行进展情况和实际需要,在传票载明的日期起的 1 ~3 个月内采取限制高消费措施。不早于传票载明的日期在于保障债务人的知情权,以告知其不履行法律文书所确定义务的不利后果,也给被执行人履行义务留出必需的时间。另外,作为被执行人的公司在案件执行程序终结前履行所负法律义务或与申请人达成和解协议,且申请人同意对其法定代表人解除限制高消费措施的,要及时解除。

(四)限缩适用期间的选择

限制高消费措施的最晚截止时间涉及最长期限问题。一旦对公司法定代表人采取限制高消费措施,会有两种情况出现:第一种情况是迫于限制高消费措施对法定代表人的限制,被执行人或是法定代表人代为履行所负法律义务。此种情况是督促被执行人及其法定代表人履行义务的手段。义务一经履行就丧失了强制执行的基础,所有执行措施应立即解除,因此对法定代表人采取限制高消费措施的期限一般是短暂的。第二种情况是法院穷尽调查措施仍未发现有可供执行财产的,终结本次执行程序,将被执行人纳入失信名单,并对其法定代表人采取限制高消费措施。同时,个人破产失权制度也是对被执行人履行不能的惩戒。深圳已于 2020 年 8 月正式通过了《深圳经济特区个人破产条例》,首次以条例的形式明确建立个人破产制度,但这仅属于地方性法规,在国家层面上还没有个人破产制度。不过事实上,我国现阶段采取的限制高消费措施已具有失权制度的重要特征,①也是我国未来个人破产法制必不可少的内容。

对被执行人为公司的法定代表人采取限制高消费措施,在本质上是对被执行人的法定代表人的限权。基于责任自负原则,在发生履行不能或执行不

---

① 参见毛琳:《个人破产程序中债务人权利的限制与恢复》,载《山东法官培训学院学报》2019 年第 4 期。

能时，作为被执行人的自然人较之被执行人为公司的法定代表人所负责任更重。自然人为被执行人在履行不能时尚有对其失权期限的限制，所以举重以明轻，对责任更轻的法定代表人的适用限制高消费措施的期限也应当进行一定限制。

基于公平、正义的朴素观念，对公司的法定代表人适用限制高消费措施的期限，可参考个人破产失权制度的期间限制。失权期限制度之目的在于平衡债权人心态，并对债务人实施一定惩戒，提高其经营能力。[①] 对失权制度进行期限限制，一是基于公平正义和比例原则的考量，二是体现了社会对被执行人履行不能的宽容和谅解，三是有利于债务人的经济再生和债务履行。香港特别行政区破产法第30条[②]是关于解除破产的规定。根据该条规定，首次破产的，可在破产之日起满4年后自动解除破产责任；非首次破产的，最长年限为破产之日起满5年。《深圳经济特区个人破产条例》中失权免责考察期为3年，该规定因期限过短而饱受争议，为此不少深圳市人大常委会委员建议延长期限。[③] 鉴于当前社会信用体系还不够完善等客观原因，我国个人破产失权期限可安排为5~8年，对于二次破产的个人可以适当延长。[④] 为平衡债权人与被执行人的法定代表人之间的权益，因执行不能而对被执行人的法定代表人采取限制高消费措施的期限可限制在5年以内。

另外，考虑集合身份型与单一身份型法定代表人在风险负担、潜在收益及对履行不能责任承担等多方面的差异，应建立分级分类惩戒机制。或可尝试集合身份型法定代表人限制高消费措施最长期限为5年，单一身份型法定代表人限制高消费措施最长期限为3年。《深圳经济特区个人破产条例》中对个人履行债务不能，也只设定了3年的免责考察期，这样的制度安排也是责

---

① 参见李宏伟：《我国构建个人破产制度的现实困境与法治对策》，载《中州学刊》2019年第11期。

② 香港特别行政区《破产条例》第30条第2款规定："以前从未破产的人符合条件，在交代清楚资产及负债后，可在破产之日起满4年后，在无反对情况下，自动解除破产责任。曾破产多于一次的个人，年限为破产之日起满5年。"

③ 参见李舒瑜：《深圳经济特区个人破产条例公开征求意见》，载《深圳特区报》2019年6月3日，第3版。

④ 参见毛琳：《个人破产程序中债务人权利的限制与恢复》，载《山东法官培训学院学报》2019年第4期。

任追究比例原则的客观要求。同时,还应建立守信激励机制,法定代表人积极恢复被执行人经营生产,并对债务履行起到实质作用的,可根据情况进一步压缩法定代表人适用限制高消费措施的期限。

(五)限缩适用的制度保障

法定代表人限缩适用限制高消费措施制度,较现行执行程序中的责任有所减轻,为充分发挥限制高消费措施的制度功能和执行震慑力,应建立配套规则为限缩适用提供制度保障。重点在于加大执行程序中变更法定代表人的打击力度。实务中,恶意变更法定代表人规避执行行为有以下特点:一审败诉后变更法定代表人居多,变更后对执行造成直接影响,变更目的在于规避执行。[①] 规范法定代表人的变更行为是法定代表人限缩适用限制高消费措施运行良好的基础,防止限缩适用后恶意变更法定代表人给制度运行带来的冲击。在执行阶段,要考察其变更法定代表人程序是否合法、是否对执行产生实质影响。重点关注进入审判阶段后法定代表人变更行为,如果公司无正当理由或者程序不合法地变更法定代表人以规避执行,则仍应对变更前的法定代表人适用限制高消费措施。

(六)法定代表人的权利保障与权利救济

首先,限制高消费措施的目的在于防止被执行人财产的不当减损,法定代表人依然有权利实施高消费行为,但前提是必须消费个人自有财产,而非公司财产。法律赋予了被执行人单次解除权,但单次解除权的审查标准、程序不够明确,导致单次解除权在执行实务中运行不畅,严重影响了其制度功能。因此,需要激活单次解除权的实践运用,保障法定代表人在限制高消费状态下以个人财产从事高消费行为的权利。

其次,限制高消费措施应在到期后自动解除。限缩适用要与责任风险承担规则相适应,其核心在于期间上的有限性和适当性,因而自以终结本次执

---

① 参见李文超:《恶意变更法定代表人规避执行的司法认定与规制路径——基于对三类规制方式与四种裁决思路的研究》,载任重执行主编:《民事程序法研究》第16辑,厦门大学出版社2016年版,第175页。

行方式结案后,对集合身份型和单一身份型法定代表人采取的限制高消费措施应分别在实施满 5 年、3 年后自动解除。

最后,对被冒名担任法定代表人采取限制高消费措施后,该类个人应当有权申请解除,但其需就冒用事实承担举证责任。一旦认定该类个人确因被冒名担任法定代表人而被采取限制高消费措施,要及时解除对其的限制措施。

五、结　语

限制高消费措施是执行震慑措施,对推进执行工作、快速实现申请人现实利益和构建社会信用体系具有重要意义。现行司法实践中对法定代表人适用限制高消费措施,也存在一些不足。因此,需对限制高消费措施制度进行修正,以回归制度目的,更好地发挥制度功能。贯彻善意文明执行理念,构建法定代表人限制高消费措施限缩适用的制度体系或可成为修正法定代表人适用限制高消费措施的路径选择。

附件:

《关于法定代表人限缩适用限制高消费措施若干规定(建议稿)》

第一章　总　则

第一条　【制定目的】为规范人民法院在强制执行有限责任公司过程中,对被执行人法定代表人、主要负责人、其他影响债务履行的直接责任人员进行限制高消费措施的行为,依照《中华人民共和国民事诉讼法》的有关规定,制定本规定。本规定仅适用于被执行人为有限责任公司。

第二条　【基本概念】限缩适用就是要缩小法定代表人适用限制高消费措施的适用范围,对部分符合条件的人予以豁免,明确并缩短限制适用的期间。

第三条　【基本理念】对法定代表人采取限制高消费措施要落实善意文明执行理念,平衡申请执行人与被执行人法定代表人的利益。

第二章 基本内容

第四条 【比例原则】对法定代表人采取限制高消费措施的期限选择要符合比例原则,不同身份类型的法定代表人应有所区分,不得采取无限期限制措施。

第五条 【程序启动】限制高消费一般由申请执行人提出书面申请,经人民法院审查决定;必要时人民法院可以依职权决定。

第六条 【程序审判】人民法院决定限制高消费的,应当向被执行人发出限制高消费令。限制高消费令由人民法院院长签发。限制高消费令应当载明限制高消费的期间、限制措施、法律后果等内容。

第七条 【起始时间】对法定代表人采取限制高消费措施的最早时间,不得早于传票载明的日期,可根据法定代表人的配合程度,在传票载明的日期后一至三个月内灵活采取。

第八条 【措施解除】被执行人履行义务或申请人同意解除被执行人法定代表人限制高消费措施的,人民法院应当立即解除。

第九条 【激励机制】法定代表人积极恢复被执行人生产经营,对申请执行人利益实现具有实际作用的,可申请缩短限制期间或是解除限制措施。人民法院依申请和实际情况决定是否同意其申请。

第三章 制度保障

第十条 【规范变更行为】法院可以依职权或是依申请执行人的申请,对变更法定代表人的行为进行审查,对于恶意变更行为依照相关规定处理。

第十一条 【打击恶意变更行为】无正当理由、程序不合法变更法定代表人规避执行的,人民法院除可追加对变更前法定代表人采取限制高消费措施外,可对行为人处以1万元以上到10万元以下的罚金。

第四章 救济体系

第十二条 【单次解除权】被执行人被限制高消费后,其法定代表人、主要负责人、影响债务履行的直接责任人员、实际控制人以因私消费为由提出以个人财产从事消费行为,经审查属实的,应予准许。

第十三条 【自动解除】终结本次执行程序后,集合身份型法定代表人被采取限制高消费措施采取5年后、单一身份型法定代表人被采取限制高消费措施3年后自动解除。

第十四条 【冒名救济】被冒名人有权申请解除限制高消费措施,但须就冒用事实承担举证责任。经审查确为冒名注册的,人民法院要立即解除限制措施。

第五章 附 则

第十五条 【附则】本规定自发布之日起施行。

理论纵横

破产衍生诉讼中管理人诉讼主体地位之辨析

王东旭*

摘要:管理人在破产衍生诉讼中的主体地位有二,分别为"管理人代表债务人参加诉讼"和"管理人以自己的名义参加诉讼"。现有法律制度未明确二者的区分标准,致使实务中适用混乱,从理论根源分析管理人两种不同的诉讼参与制度更有助于化解争议。就"管理人代表债务人参加诉讼"而言,其源于《公司法》中对法定代表人和清算组职责的规定,但上述主体不同的法律性质决定该种制度借鉴经不起推敲。因此,参考诉讼代理制度既能融洽地缓和理论上的矛盾,也能避免诉讼代表人概念使用出现混淆。法定诉讼担当制度则为管理人以自己名义提起实体权利义务归属于他人的诉讼提供了理论基础。以管理人被赋予的职权和破产法价值理念为着眼点,能使管理人诉讼地位得以精确区分。

关键词:管理人;诉讼代表;诉讼代理;诉讼担当;诉讼主体地位

一、研究缘起:法律对管理人诉讼主体地位界定不够清晰

破产法的立法宗旨在于公平清理债权债务,保护债权人和债务人的合法权益,从而维护社会主义市场经济秩序。因此,破产程序的设计要综合考量债务人和债权人等多方主体利益的平衡。管理人在履行破产清算以及对债

* 江苏省常州市新北区人民法院执行局法官助理,法律硕士。

权人公平清偿职责的过程中,不可避免地会面临涉及各方破产参与主体的纠纷,通过诉讼方式解决此类纠纷的过程便为破产衍生诉讼。

我国破产法理论框架下的破产衍生诉讼通常非以破产程序审理,其产生的请求权基础也存在差异,有些破产衍生诉讼的请求权基础来自《企业破产法》,例如,破产撤销权、破产抵销权、取回权、管理人对待履行合同的解除权等;有些破产衍生诉讼的请求权基础来自《企业破产法》之外的法律,例如,关于合同履行或违约责任的纠纷、管理人为追讨债务人应收款而提起的诉讼等。[①] 根据法律规定,在不同请求权基础的破产衍生诉讼中,破产管理人的诉讼法律地位也会有所区分。如在追缴未履行的出资或者返还抽逃的出资本息的纠纷中,管理人应当代表债务人提起诉讼,其诉讼法律地位为债务人的诉讼代表。[②] 在追回债务人财产的纠纷中,管理人有权以自己的名义提起诉讼,其诉讼法律地位应当是诉讼当事人。[③] 然而对于个别类型的诉讼案件,法律并未明确规定管理人应以何种诉讼主体地位参与其中,只使用了"管理人有权请求法院……"的含糊表述。[④]《企业破产法》第 25 条第 1 款规定:"管理人履行下列职责……(七)代表债务人参加诉讼、仲裁或者其他法律程序……"有学者提出,"这可以说是《企业破产法》对管理人在涉及债务人的民事诉讼中诉讼地位的一般规定"[⑤]。而且,司法解释又规定了大量管理人作为诉讼当事人的情形,不仅使管理人诉讼法律地位丧失统一性和逻辑性,还造成破产实务中管理人确定起诉名义时无章可循,因诉讼主体不适格而被法院裁定驳回起诉的案件比比皆是。然而,学界对管理人诉讼主体地位的研究文献和资料可谓凤毛麟角,笔者经法律检索可得,系统研究管理人诉讼地位的论文仅 3 篇。因此,无论在理论界还是在司法实践,进一步明确管理人诉讼法律地位的问题亟待引起重视。

---

① 参见方达跨境破产研究小组:《跨境破产中若干重要问题的实务操作及建议》,载《人民司法》2020 年第 25 期。

② 参见最高人民法院《关于适用〈中华人民共和国企业破产法〉若干问题的规定(二)》第 20 条。

③ 参见最高人民法院《关于适用〈中华人民共和国企业破产法〉若干问题的规定(二)》第 17 条。

④ 参见《企业破产法》第 32 条。

⑤ 吴兴武:《浅议破产管理人的民事诉讼地位》,载《洛阳理工学院学报(社会科学版)》2011 年第 10 期。

二、实践问题:类案不同判的情形时有发生

为直观反映立法空白如何影响司法实务,并探寻在不同类型的破产衍生诉讼中法院认可正当当事人的倾向,笔者以“民事案件”“破产法”“第二十五条”“管理人”“适格”为关键词,在中国裁判文书网检索到 327 篇裁判文书,总结如表 1 所示。

表 1　2015 年 1 月至 2021 年 6 月各级人民法院对破产衍生诉讼当事人的认定状况

序号	案由	《企业破产法》及其司法解释对当事人的规定	《民事案件案由适用要点与请求权规范指引》对当事人的规定	法院裁判文书数量/篇	
				以管理人为当事人	以债务人为当事人
1	请求撤销个别清偿行为纠纷	管理人	管理人	5	0
2	请求确认债务人行为无效纠纷	管理人为当事人	管理人为当事人	4	1
3	对外追收债权纠纷	未明确规定	未明确规定	6	5
4	追收未缴出资纠纷	债务人为当事人	债务人为当事人	1	7
5	追收抽逃出资纠纷	债务人为当事人	债务人为当事人	0	2
6	追收非正常收入纠纷	未明确规定	未明确规定	2	3
7	破产债权确认纠纷	债务人为当事人	债务人为当事人	0	20
8	取回权纠纷(包括一般取回权纠纷和出卖取回权纠纷)	债务人为当事人	债务人为当事人	0	2
9	破产抵销权纠纷	管理人为当事人	管理人为当事人	0	1
10	破产撤销权纠纷	管理人为当事人	管理人为当事人	3	0
11	损害债务人利益赔偿纠纷	债务人为当事人	管理人为当事人	1	2
12	管理人责任纠纷	管理人为当事人	管理人为当事人	13	0

续表

序号	案由	《企业破产法》及其司法解释对当事人的规定	《民事案件案由适用要点与请求权规范指引》对当事人的规定	法院裁判文书数量/篇	
				以管理人为当事人	以债务人为当事人
13	管理人解除权纠纷	未明确规定	未明确规定	1	5

注:由于采样数量较大,笔者剔除了189篇基层人民法院的法律文书,并经过阅读梳理,排除无效重复,筛选出了84篇最高人民法院、高级人民法院和中级人民法院的裁判文书。同时,笔者参考了最高人民法院出版的《民事案件案由适用要点与请求权规范指引》中对"与破产有关的纠纷"的分类,并列举了该规范指引中对于包含管理人在内的诉讼主体的具体讲解。

如表1所示,无论是法律规定还是司法实践,对于"管理人在破产衍生案件中的诉讼地位"这一问题的结论明显既不确定,也不统一。尤其是对于法律及司法解释尚未明确的规定,如对外追收债权纠纷、追收非正常收入纠纷等,法院在适用规定过程中摇摆不定,类案而结论相左的情况屡见不鲜。即使有明确规定,司法实践中也时有理解错误而适用法律混乱的情形。更何况,破产衍生诉讼案由类型众多,对于规定何者为诉讼当事人缺乏足够的理论支撑。

为进一步了解司法实践对管理人诉讼主体地位所采的态度,笔者选取了一部分与现行司法解释规定相左的裁判文书展开分析,发现法院的裁判依据和说理解释大同小异。不认可管理人诉讼主体地位的,法院往往依照最高人民法院《关于适用〈中华人民共和国公司法〉若干问题的规定(二)》第10条第1款,认为法人在注销之前具有民事主体资格,以及《企业破产法》第25条,认定管理人代表债务人进行诉讼。① 认可管理人诉讼主体地位的,法院通常以既有明确规定由管理人提起诉讼的司法解释为依据作出相应裁判。在对何者有资格起诉规定模糊的纠纷诉讼中,法院倾向从有利于保护债权人利益和国家财产的原则出发,并本着减轻当事人诉累的原则,认为由管理人代表债

① 李某珍、陈某破产抵销权上诉案件,四川省泸州市中级人民法院(2020)川05民终1691号二审民事判决书。

务人参加诉讼抑或是管理人独自提起诉讼都未尝不可。① 其中的矛盾之处似乎一眼便窥：一方面，法院看重法人民事主体地位而不可剥夺其诉讼主体地位；另一方面，法院却在个别破产诉讼案件中否认法人诉讼当事人能力，其背后的理论依据何在？同样令人疑虑的是，以上裁判文书中频频出现“管理人作为诉讼代表人”字眼，其与法定代表人或清算组代表法人诉讼能否归于同一性质？“代表法人诉讼”的理论根基是什么，公司法体系下的“代表法人诉讼”能否圆融地承接到破产法体系下，从而赋予管理人此项“代表诉讼”职责？笔者将对以上问题展开研究和论述。

三、“管理人代表债务人参加诉讼”的诉讼地位分析

（一）“管理人代表债务人参加诉讼”的理论根源探索

根据法律规定，当法人作为当事人时，其具体的诉讼活动是由法人的法定代表人实施的。② 法定代表人作为法人的机关，是以法人的名义实施诉讼行为，其效果归属于该法人。通常法律文书中在表明法人当事人的同时，会进一步列出其法定代表人的信息。应当注意的是，法人的代表人不是诉讼代理人，不是独立于法人的主体，其诉讼中的行为就是法人的行为。③ 当公司出现解散事由需要清算时，如何列明诉讼当事人在学界存有争议：有学者认为，依据民事诉讼的诉讼担当理论，清算组对企业法人的财产及相关清算事务享有管理处分权，并由此获得诉讼实施权，可以自身名义起诉或应诉。④ 有学者从法人资格的角度出发，认为公司解散后、清算终结前，法人主体资格依旧存续，具备诉讼能力；而清算人并非独立的法律主体，是清算中公司的法定代表机关和清算业务执行机关，其不具备承担民事责任之能力，当然亦不具以自身名义起诉或应诉的能力。⑤ 除学界争议外，相关司法解释对于清算组是否

---

① 曾国昌追偿权上诉案，河南省平顶山市中级人民法院二审民事判决书，(2013)平民二终字第536号；汕头市韵星化纤制品厂有限公司对外追收债权上诉案，山西省高级人民法院二审民事判决书，(2015)晋商终字第43号。

② 参见《民事诉讼法》第48条。

③ 参见张卫平：《民事诉讼法》(第4版)，法律出版社2016年版，第174页。

④ 参见张卫平：《民事诉讼法》(第4版)，法律出版社2016年版，第141页。

⑤ 参见李建伟：《公司法学》(第4版)，中国人民大学出版社2018年版，第142～143页。

具备诉讼当事人资格的态度由前至后发生了明显反转:早期的司法解释,如1988年最高人民法院《关于贯彻执行〈中华人民共和国民法通则〉若干问题的意见(试行)》第60条以及1992年发布的最高人民法院《关于适用〈中华人民共和国民事诉讼法〉若干问题的意见》第51条,直接规定了清算组可以自己的名义参加诉讼。各地法院据此基本认可破产企业清算组的诉讼主体资格。直至2008年出台的最高人民法院《关于适用〈中华人民共和国公司法〉若干问题的规定(二)》第10条彻底否定了此前规定,指出注销前债务人法人资格并未丧失,在民事关系的处理上,以自己的名义参与诉讼,具体由清算组作为代表人参加。如此一来,司法解释关于清算法人的性质的规定与原《民法通则》第40条①的规定相融通。该条实际上承认了清算法人的民事主体资格,进而促使《企业破产法》将破产中法人与清算法人视为同性质主体,明确了管理人诉讼主体的定位向清算组靠齐,即"代表债务人参加诉讼、仲裁或者其他法律程序"②。可以说,立法者在对破产程序债务人的地位的安排上延续了公司清算时的思维。

(二)清算组和管理人的法律地位比较

笔者认为,不能简单草率地把破产管理人的地位等同于公司清算组。实际上,同样是公司进入停止运行阶段,清算组和管理人在涉及公司民事诉讼时的主体地位有着根本不同,不能简单参照类推。

1. 清算组的法律地位分析

就代表公司的清算组而言,首先,清算中的公司作为民事主体的地位仍然存在,只是停止运营,不再从事经营活动。清算组作为负责清理公司债权债务和相关资产的机构,不能离开破产企业而独立存在。其实际上属于破产企业内部的特殊表意机关和执行机关,职能类似法定代表人或董事会等企业内部机构,涉及公司的诉讼自然应由清算组作为代表参与其中。其次,清算组作为公司代表的地位虽然来自法律规定,但公司在设立之初一般都会在章程中规定清算组的组成。《公司法》第183条也规定,有限责任公司的清算组

---

① 原《民法通则》第40条规定:"法人终止,应当依法进行清算,停止清算范围外的活动。"

② 《企业破产法》第25条第1款第7项。

由股东组成，股份有限公司的清算组由董事或者股东大会确定的人员组成，可以说公司的清算组体现了公司的自治精神，其更多是为股东的利益工作。这也佐证了其身份相当于法定代表人，可以代表法人参与诉讼。最后，清算组不属于《民事诉讼法》第51条规定的民事诉讼当事人类型（公民、法人和其他组织）。清算组的性质及功能决定了其不属于公民和法人的范畴。至于其是否属于《民事诉讼法》规定的“其他组织”的范畴，可以结合有关民商事诉讼中其他组织的规定标准来认定。最高人民法院《关于适用〈中华人民共和国民事诉讼法〉的解释》第52条对“其他组织”规定了4个法律特征：(1)合法成立；(2)有一定的组织机构；(3)有一定的财产；(4)不具备法人资格。显然清算组并不具备上述条件。同时，该条还列举了其他组织的8种典型类别，而清算组并不具备其列举的典型类别抽象出的共同性质，所以，破产企业清算组也不应被理解为法律认可的“其他组织”。既然清算组无法成为民事诉讼的当事人，便只能代表法人起诉或应诉。综上，清算组本身不具备诉讼当事人能力，仅能代表清算法人参加诉讼，作为诉讼代表其性质类似于法定代表人。

2. 破产管理人的法律地位分析

确定管理人在破产衍生诉讼中的诉讼地位，归根结底离不开对管理人法律地位的界定。管理人的法律地位往往关系破产法中诸多问题的现实存在，只有对其法律地位给予清晰的定位，才能据此确定其他利害关系人的地位，进而确定其职责范围，进行适当的权力分配。① 可以说，管理人法律地位得以确定后，其在相关诉讼中的地位争议就不会成为问题了。

然而关于管理人法律地位问题，学界向来众说纷纭。英美法系国家中占主导地位的学说是信托说，其以信托理论为基础。德国存在的学说主要有“代理说”、“破产财团机关说”（又称“财团代表说”）、“机构说”（又称“职务说”）3种。其中，“代理说”将管理人定性为债务人或债权人的代理人，但由此赋予管理人的法律地位之从属性便使其丧失本应具备的中立地位，因而该说在理论上探讨较少。“破产财团机关说”认为债务人财产因破产宣告而成为以破产清算为目的而存在的独立财产，这些财产被整体人格化后，则形成

① 参见张军：《论破产管理人的法律地位》，载《武汉大学学报》2012年第4期。

类似财团法人性质的破产财团,管理人是其法定代表机关。该学说因能较好体现出管理人在破产程序中的实际作用与功能而为部分学者支持。[①]“机构说”通常专指“私机构说”,私机构是德国法上对遗产管理人、强制执行管理人、破产管理人等概念加以抽象而形成的上位概念。有学者对“机构说”持赞同态度,认为“私机构”法律地位相当于“信托受托人”,在该学说下,管理人多以自身名义从事以管理及处置有关财产为中心的相应行为。[②]之所以关于管理人地位的各个学说纷然杂陈,笔者认为,主要是由于不同国家的破产制度对破产法中的相关事项定位不一,如对破产财团法律人格的认可、对管理人行为后果的承担、对破产债权的确认等,而我国《企业破产法》对这些制度未作任何规定,因而才会呈现上文所述将管理人法律地位的定性同清算组混同的局面。虽然学界关于法律地位的探讨莫衷一是,但在争论之后,潜伏其后的另一更具实益性的问题得到普遍共识,即关于管理人的法律性质的认定,学界最终达成统一认识并概括出管理人的独立性与中立性两大特征,这足以使理论与司法实践稍稍融洽,起码让破产管理人作为债务人的法定代表人的观点[③]不攻自破。清算组作为清算法人的表意机关和执行机关,需要从属于法人,其与破产管理人的法律性质相去甚远。因此,“将管理人代表债务人参加诉讼”理解为类似于清算组或是法定代表人代表法人参与诉讼,显然与学界总结的管理人独立性与中立性的法律性质相背离。既然如此,管理人无法如清算组代表债务人参加诉讼,同时出于对债务人主体地位的尊重又不能以自己名义代为之,那么应在破产衍生诉讼中将管理人置于何处?管理人的诉讼地位应当寻找何种进路加以探析?笔者认为,或许可以借鉴诉讼代理人制度作为切入点。

(三)“管理人代表债务人参加诉讼”的解释进路

上文从管理人的法律地位和性质出发,论述管理人代表诉讼和清算组代表诉讼并非同质行为,其实还可以从诉讼中止制度加以说明。《企业破产法》

---

① 参见王欣新:《破产法》(第4版),中国人民大学出版社2019年版,第77页。

② 参见许德风:《破产法论——解释与功能比较的视角》,北京大学出版社2015年版,第259页。

③ 参见柯善芳、潘志恒:《破产法概论》,广东高等教育出版社1988年版,第144~145页。

第20条规定，人民法院受理破产申请后，已经开始而尚未终结的有关债务人的民事诉讼或者仲裁应当中止；在管理人接管债务人的财产后，该诉讼或者仲裁继续进行。此为破产法体系下关于诉讼中止制度的特别规定，其应当建立在《民事诉讼法》对诉讼中止一般规定的立法框架之下以保持法律体系的统一。但是，按照《民事诉讼法》第153条的规定，并不存在一方更换法定代表人导致诉讼中止的情形。若将管理人代表诉讼解释为类似法定代表人的职责，则与《民事诉讼法》的一般规定无法圆融。

在涉及债务人的诉讼中，法院的判决书往往将管理人列为债务人的"诉讼代表人"。《民事诉讼法》规定的诉讼代表人是指为了便于诉讼，由人数众多的一方当事人推选出来，代表其利益实施诉讼行为的人。诉讼代表人制度以共同诉讼制度为基础，并吸收了诉讼代理制度的机能。[①] 此外，没有其他主体可以成为诉讼代表人。但在司法实践中，普遍存在追随《企业破产法》第25条将管理人称为"诉讼代表人"的做法，无形中使诉讼代表人概念的使用出现了混淆。可见在涉及债务人的民事诉讼中，管理人之"诉讼代表人"的称谓应当停止。既然如此，管理人代表债务人诉讼将如何恰当解释？

依笔者所见，《企业破产法》中"管理人代表债务人参加诉讼"背后的理念应当是管理人作为诉讼代理人，代债务人进行民事诉讼活动，更进一步明确，此时管理人应当类似于法定诉讼代理人。所谓法定诉讼代理人，是指"根据法律规定代理无诉讼行为能力或限制民事行为能力的当事人进行民事诉讼活动的人"[②]。其最基本的特征在于，代理权的取得不是基于当事人的委托，而是根据法律的直接规定。与之相似的是，破产管理人的产生也源自法律直接规定，其对债务人企业接管的职责和权能由法律赋予。在我国，法定诉讼代理人是为了补充无民事行为能力的人或限制民事行为能力的人在诉讼能力上的欠缺而设置的，因此法定诉讼代理是一种全权代理。众所周知，自然人民事行为能力因受到年龄、智力和精神状况的制约而被划分为3类。那么法人之间的民事行为能力是否也受某因素影响而有所区别？答案应当是肯定的。虽然法人的民事权利能力抽象了法人之间各种能力、财产及其他差

---

① 参见张卫平：《民事诉讼法》（第4版），法律出版社2016年版，第153页。

② 江伟主编：《民事诉讼法》，中国人民大学出版社2008年版，第161页。

异,从而确认了法人作为民事主体资格这一同等的质的共性,但是法人的民事行为能力则是具体的,其受到自身意思能力的决定。只不过与自然人不同,法人的意思能力主要取决于其资金与机关等因素。根据意思能力的不同,法人的民事行为能力可以划分为完全民事行为能力、限制民事行为能力和无民事行为能力。其中,无民事行为能力法人是指民事主体的资格仍然存在,但不能以自己的名义独立从事民事活动的法人,而导致法人无民事行为能力的主要原因是其进入破产程序。破产程序中的法人虽然仍具有民事权利能力,但其机关已停止工作,故已无意思能力,不能通过自己的意思和行为独立实施民事行为。为处理破产程序中法人原有的债权债务关系,管理人必须代理法人进行必要的民事活动,并代理其参加诉讼。① 另外,《民事诉讼法》第153条规定,一方当事人丧失诉讼行为能力,尚未确定法定代理人的,诉讼程序中止。若把破产程序中的债务人企业认定为丧失诉讼能力的一方当事人,把管理人认定为法定诉讼代理人,则《企业破产法》第20条规定的诉讼中止事由刚好与《民事诉讼法》第150条形成概括性的契合。

然而,我国法律体系下的法定诉讼代理权产生的基础是实体法上的监护权,被代理人也仅限自然人范畴。依据现行法律规定,无法将法定诉讼代理制度适用于破产衍生诉讼中。伴随中国社会转型和家庭结构的变迁,民事诉讼中常出现无诉讼行为能力的当事人没有法定代理人,或者虽有法定代理人但却与之存在利益冲突的情况,因此建立特别诉讼代理人制度的理念获得广大学者支持。② 一些大陆法系国家还将法人或非法人团体的代表人或管理人的确定,当作确定诉讼法上特别诉讼代理人的情形,如意大利《民事诉讼法》第78条、第79条、第80条对特别保佐人制度作出了具体规定,对无诉讼行为能力人、法人或者非法人社团的诉讼权益进行保护。③

(四)初步判断标准:直接利害关系理论

"管理人代表债务人诉讼",与法定代表人或清算组代表企业参加诉讼,

① 参见程思良:《论法人的民事能力》,载《西南政法大学学报》2005年第5期。

② 参见王福华:《指定特别诉讼代理人制度的实践理性》,载《法学论坛》2014年第6期。

③ 参见刘铭珺:《我国民事诉讼中特别代理人制度研究》,武汉大学2020年硕士学位论文,第6~7页。

并非同一性质的行为。在破产程序中尊重债务人企业诉讼主体地位的前提下,认定其丧失民事行为能力,从而赋予管理人诉讼代理权,是所谓“管理人代表诉讼”的应有之义。在探析“管理人代表诉讼”的性质之后,何种诉讼需以破产企业名义提起而管理人作为诉讼代理人参加,应当更易分辨。对于债务人作为相对人一方的普通民事纠纷引发的诉讼,尤其是破产受理前已经开始而尚未终结的诉讼,笔者认为,应当以债务人作为诉讼当事人。原因在于,民事诉讼中,确定诉讼当事人最关键的因素是直接利害关系,该理论强调只有因自己的权利受到侵犯或与他人发生争议而提起诉讼的人及相对方,才是诉讼中的当事人。① 考虑到债务人法人在注销前民事主体地位仍存续,其作为直接利害关系人应当以自己的名义进行诉讼。有学者指出,在破产程序中,法院、债权人、管理人是程序的主角,作为债务人的公司,已经完全失去了对其财产原有的支配权,其在名义上虽有自己的名称,但作为法人存在的主要条件已经消失,在这种情况下不应将破产债务人拖入诉讼程序。② 笔者认为,这种观点没有准确认识到破产法的宗旨,破产程序的设计目的不仅是让债权人获得公平受偿,还在于让债务人体面地退出市场,其包含的理念体现了对债务人企业注销前民事主体地位的尊重,债务人当然是破产程序中的重要主角。此外,构建破产和解与破产重整等破产预防程序,无疑都是以债务人具备主体资格为前提的。这些程序中遇到争讼性事务时,没有理由把债务人拒于审理程序之外。③

四、“管理人以自身名义参加诉讼”的诉讼地位分析

(一)理论基础——诉讼担当制度

管理人以自己名义起诉或应诉,意味着其在相关诉讼中作为当事人适格。所谓当事人适格,是指对具体诉讼中的诉讼标的具有实施诉讼行为并请求法院作出判决的法律资格,这种法律资格也被称为诉讼实施权或诉讼遂行

① 参见李峣:《论诉讼担当的制度缘由》,载《法学杂志》2016年第3期。
② 参见冀宗儒、钮杨:《破产管理人民事诉讼地位错位之分析》,载《河北法学》2016年第4期。
③ 参见韩长印、郑金玉:《民事诉讼程序之于破产案件适用》,载《法学研究》2007年第2期。

权。[①] 早期确定当事人适格最关键的判断标准是实体法上的利害关系。据此标准,凡是在实体法律关系中作为直接的民事主体的当事人,便是适格的当事人,具有诉讼实施权。并且这种实体的关联性与判决的拘束范围是一致的,使当事人、利害关系人与裁判拘束力形成"三位一体"的稳定局面。[②] 如上文所述,债务人企业进入破产程序后,与其直接相关的民事纠纷需通过民事诉讼程序审理,虽然债务人丧失了对财产的处分权并且被管理人接管了全部事务,但其民事主体资格未消亡,作为纠纷的直接利害关系人,其当然是诉讼中的适格当事人。即使破产程序已经开始,债务人作为民事主体仍有可能需要参与市场交易,债务人为该单一权利义务关系一方当事人,由此引发的普通民事诉讼也以债务人作为一方诉讼主体,管理人此时的诉讼地位类似法定诉讼代理人。此为以实体法上的利害关系作为诉讼主体资格判断的直接体现。

上述传统判断标准,主要适用于实体关系单一且通过个别性司法救济即可应对的民事纠纷。然而在现代社会中,大量扩散性利益、集合性利益、社会性利益等随着社会的发展而层出不穷,这使个别性司法救济的有效性锐减。在某些特殊情形下,一些民事主体会丧失其所享有的民事权利与义务的管理处分权。与此同时,该民事主体本享有的诉讼实施权也会随管理处分权的丧失而受到限制,并由其他被赋予管理职权的主体代为行使诉讼实施权。以破产撤销权纠纷为例,对于债务人个别清偿行为,管理人有权撤销并追回财产。[③] 债务人作为个别清偿行为的实施主体,对此具有实体法上最直接的利害关系,但其显然不能成为破产撤销权诉讼的一方主体,因为债务人进入破产程序便丧失了对其财产的管理处分权,更无法主张撤销自己的行为,只能由管理人以自己名义提起诉讼主张撤销。管理人之所以可以行使撤销权,不是基于其自身享有此项民事权利,而是基于法律规定的职权,包括对破产财产的管理职权。[④] 由此可见,传统的以实体利害关系作为当事人适格判断的机制愈加难以应对新型利益纠纷,因而现代型诉讼、集团诉讼、团体诉讼等新

---

① 参见[日]新堂幸司:《新民事诉讼法》,林剑锋译,法律出版社 2008 年版,第 204 页。

② 参见李峣:《论诉讼担当的制度缘由》,载《法学杂志》2016 年第 3 期。

③ 参见《企业破产法》第 32 条。

④ 参见王欣新:《破产法撤销权研究》,载《中国法学》2007 年第 5 期。

型诉讼制度相继诞生。[①] 在这些新型诉讼制度中,起诉者并非总是存在自己的利益,诉讼实施权人也不要求具有独立的实体法上之利害关系,其更多是为保护某种实体权益而被赋予相应的职权,如检察机关提起的公益诉讼、政府提起的生态损害赔偿诉讼等。由此,汤维建教授将实体权益保护认定为当事人适格的判定标准之一。据其论述,实体权益保护标准是指根据实体法的规定或当事人的赋权所产生的、为获得保护他人合法权益提起和进行诉讼的权能之标准。这种根据立法的特别规定或当事人的赋权而成为正当当事人的制度,被称为诉讼担当制度。[②] 诉讼担当分为法定的诉讼担当和任意的诉讼担当两种形式。所谓法定的诉讼担当,是指根据法律明文规定,基于实体法律秩序管理上的目的或基于职务上的原因,赋予特定第三人诉讼实施权,由第三人就他人之间的实体权利义务关系以自己的名义进行诉讼,该第三人属于适格当事人。然而这也意味着与原权利义务之争议事项或主体无关的第三人可以行使本应属于他人所有的诉权,有打开私权滥用大门之风险。因此,立法者只有在经过足够充分且正当的价值衡量的基础上,才能赋予非实体权利义务归属主体以诉讼实施权,并在此基础上保留、限制或者剥夺实体权利义务归属主体的诉讼实施权,以衡平诉讼担当人、诉讼被担当人以及相关利害关系人的实体权益保护与正当程序保障。在此意义上,具有法定管理职能的破产管理人应当属于法定的诉讼担当类型。

(二)管理人作为适格当事人的正当性构建

有些学者将法定诉讼担当类型化为为了担当人的法定诉讼担当与为了权利义务归属主体的法定诉讼担当。前者是为了自己利益或所代表之人的利益,第三人就诉讼标的之权利义务被赋予管理处分权能,并基于此进行诉讼担当的情形;而后者则指在实体权利义务归属主体不能或不适于实施诉讼但又存在解决有关该权利义务之纠纷之必要而由在法律上一般负有保护职责的人进行诉讼的情形,此时的担当人亦被称为职务当事人,即实体法规定

---

① 参见李峣:《破产管理人的诉讼地位》,载《北京政法职业学院学报》2017 年第 2 期。

② 参见汤维建:《当事人适格的判断机制》,载《法律适用》2021 年第 7 期。

的为了管理他人权利义务的职业当事人。[①] 破产管理人的法定诉讼担当类型应当属于后者。

法定诉讼担当制度为管理人行使债务人诉权提供了理论基础,而管理人诉权之正当性仍需要通过赋予管理人的职权和破产法制度设计背后的价值理念加以构建。首先,破产管理人的基本职责在于全面接管破产财产,并对其进行保管、清理、估价、处理和分配,确保破产财产充分、公平地向债权人清偿。该制度的有效运行可以避免债务人的财产随着破产而陷入管理上的混乱,亦可以避免债权人的债权因破产事实遭受损害。相对债务人或债权人而言,管理人基于其管理职权而充当诉讼当事人更有助于纠纷的及时有效解决,否则类似主张撤销个别清偿行为、债务人行为无效等诉求便无从寻得救济途径。其次,破产管理人的职责不仅是要在依法的前提下,使债权人利益最大化,同时要妥善做好破产企业员工安置工作,还要兼顾让债务人企业体面退出市场的考虑。可以说,管理人管理过程中的目的是争取多方利益的实现,带有一定公益色彩,在某种程度上其和检察机关以担当人身份参与公益诉讼的理论基础相一致。破产法的基本价值理念在于稳定市场经济秩序,维护社会公共利益,因此当权利义务归属主体无法参与诉讼或者参与诉讼会损害社会公共利益时,需要赋予管理人诉讼实施权以替之。最后,债务人企业进入破产程序后,个别清偿不再发生,债权人若想通过诉讼主张权利,需要以全体债权人的名义,如此一来便会使其诉累不堪。同时,破产程序中相关制度如撤销权、解除权、确认债务人行为无效等为破产法所特有,并由管理人行使而直接作用于债务人,而债务人作为上述实体权利义务归属主体,存在无法通过诉讼代理等其他类似制度加以弥补的实际诉讼能力或者诉讼动力不足。考虑到债权人和债务人在破产程序中难以成为诉讼当事人参与解决纠纷,不得不由管理人代为实施诉讼实施权。

赋予管理人以诉讼实施权也是世界各国破产法的惯常做法,这一做法使管理人可以在相关诉讼中独立成为原告或被告。如日本《破产法》第162条规定,“就破产财团的诉讼,以破产财产管理人为诉讼当事人”;德国《支付不能法》第85条与第86条规定,“破产宣告时债务人的主动诉讼与被动诉讼均

① 参见黄忠顺:《论法定诉讼担当的理论类型》,载《六盘水师范学院学报》2012年第1期。

由管理人承接，成为诉讼当事人”①。

（三）管理人诉讼主体地位精细化区分标准

管理人以实体权益保护标准而使当事人适格的正当性构建完毕，更为关键且切实的问题在于，破产衍生诉讼类型如此纷繁，如何进一步准确划分以管理人为诉讼当事人的诉讼和以债务人为诉讼当事人的诉讼？其内在蕴含的法理逻辑如何圆满自洽？

根据上文论述，当事人适格之判断标准有二：一是实体法上的直接利害关系；二是为保护实体权益而享有的管理职权。对于涉及实体利害关系的诉讼，债务人作为该法律关系中直接的民事主体被赋予诉讼实施权，应当成为诉讼当事人参与其中；对于需要管理人实施相应职权干预的诉讼，依据诉讼担当理论，应当由管理人获得诉讼实施权参加诉讼。由此一来，根据当事人适格的判断机制，管理人的诉讼地位似乎也能得以划分，然而细究起来，这种划分标准过于宽泛，显然经不起推敲。广义上讲，管理人在破产程序中的任何活动都是在行使其管理职权，而与破产有关的纠纷也多以债务人作为实体法律关系一方民事主体，各类破产衍生诉讼都不同程度地包含以上两个判断标准，该如何进一步精确划分？私以为，破产诉讼中究竟以何为当事人，体现的是尊重破产债务人民事主体地位以及管理人为实现破产法目的而履行职权这两种价值理念之间的权衡，划分标准便在于每一类诉讼应当更多倾注以上哪一种价值基础。典型地，对于破产受理后发生的普通民事诉讼，理应尊重债务人民事主体资格，根据实体利害关系理论赋予其诉讼实施权；对于着重体现管理人职权和破产法价值观的诉讼，应根据法定诉讼担当理论赋予管理人诉讼实施权。因此更为直观的区分方法是，识别出哪些破产派生诉讼能够明显体现破产法特有的制度设计，因为这类诉讼往往直接蕴含破产法赋予的价值理念。譬如，债权人利益的终极保护、对全体债权人公平清偿、对债务人进行必要的挽救等制度的价值目标都需要由管理人职权来承载与实现，对于其在履行管理职权过程中引发的诉讼，笔者称为“管理人行使职权的诉讼”。这些职权很大一部分源于民商法范畴，又因被赋予破产法价值理念而

① 参见李峣：《破产管理人的诉讼地位》，载《北京政法职业学院学报》2017年第2期。

与正常的民商法相关制度有较大差别,如个别清偿行为的撤销权、待履行合同解除权等。此外,破产程序中,债务人作为民事主体也会涉及以实体权利义务纷争为内容的一般民事诉讼,此类诉讼不会因为债务人进入破产程序后而发生变化。也就是说,即使债务人未被受理破产,该类诉讼仍应当由债务人作为一方当事人正常进行。其牵涉得更多的是对债务人民事主体地位的肯认,同时又不涉及管理人特有的破产法职责,管理人仅作为类似法定诉讼代理人的身份参加诉讼,笔者称这类诉讼为“涉及债务人的诉讼”。

根据上述划分标准,确定“管理人行使职权的诉讼”,首先,要明确破产程序中哪些属于只能由管理人实施的职权。比较典型的有管理人的撤销权,管理人行使撤销权的涉诉交易在民法的范畴内并无撤销依据,因为民法规范保护的是当事人意思自治。但当债务人进入破产程序后,相关制度就要发生变化,破产法首先保护债权人的利益,即使已经完成的交易,若不符合破产法公平清偿债务和避免减少债权人可供分配财产的目的,也应当被撤销。显然主张这种撤销权利的主体应当是管理人,而不能是债务人或者债权人。其次,与之相似的还有拒绝抵销权、解除权以及确认债务人行为无效并主张返还债务人财产的权利,这些管理人职权都可以在民法体系中寻得权利原型,又被赋予浓重的破产法价值色彩,管理人行使该类职权引发的诉讼,即便最终的权利义务归属主体为债务人,也需要列管理人为诉讼当事人。此外,若债务人的有关人员不履行法定义务,比如,未及时履行破产申请义务,导致债务人主要财产、账册、重要文件等灭失,致使管理人无法执行清算职务,给债权人利益造成损害的,此为对管理人履行管理职责的侵害,应当由管理人提起诉讼。《企业破产法》还规定了管理人履行职责不当引发的诉讼,其无疑应当由管理人作为被告。综上,管理人以自身名义参与诉讼的纠纷包括如下:请求撤销个别清偿行为纠纷、请求确认债务人行为无效纠纷、破产抵销权纠纷、破产撤销权纠纷、管理人解除权纠纷、债务人有关人员不履行清算配合义务纠纷、管理人责任纠纷。

“涉及债务人的诉讼”的典型特征在于,其所涉及的相关权利不会因为破产程序的发生而与民法或公司法范畴的权利有所不同,其体现的价值理念更多在于对债务人民事主体资格的尊重,以及对于认定当事人适格的传统判断标准的追寻。以管理人追缴债务人企业股东未缴纳出资职责为例,追缴股东未缴纳出资本就属于公司法范畴中法人或其他股东的权利，若法人未破产，以此发生的诉讼毫无疑问应当以法人为诉讼当事人。[①] 即使到了破产程序中，股东的出资义务并未改变，只是因为破产债务人已资不抵债，股东需要缴纳其所认缴的出资而不受出资期限的限制。[②] 这一点即便没有在破产法中有所规定，通过最高人民法院《关于适用〈中华人民共和国公司法〉若干问题的规定(三)》第13条也完全能推理得出，因此其并非破产法特有的制度设计，债务人企业应基于实体法上的直接利害关系而成为诉讼当事人，管理人为其诉讼代理人。同样如此的还有对外追收债权纠纷、追收抽逃出资纠纷、追收非正常收入纠纷、取回权纠纷、破产债权确认纠纷、损害债务人利益赔偿纠纷等。这类纠纷并不会因为债务人被受理破产而与民商法中的规定脱节，只是为了体系完整统一而被规定在破产法律制度中，与其相关的诉讼都应当列债务人为诉讼当事人。

五、结　　语

由于缺乏对管理人法律地位的一般性规定，管理人诉讼主体地位也被蒙上一层神秘面纱。从众说纷纭中窥得管理人应当具备的法律性质，有助于将其同清算组的诉讼地位区分开来。诉讼代理制度的再行完善，似乎更能将“管理人代表诉讼”解释融通。至于“管理人成为诉讼当事人”则应当以法定诉讼担当制度为理论基石，其诉讼实施权的正当性基础离不开破产制度的设计宗旨以及管理人的管理权责，管理人职权更是区分“管理人作为诉讼当事人”和“管理人代表参加诉讼”的重要判断依据。虽然试图明确管理人诉讼主体地位对于权利义务纠纷的解决并无太多实体法层面的益处，但其牵扯民事诉讼法律体系大厦构建的地基性理论以及破产法律制度的诸多价值理念，不可不明。或许当有一天管理人法律地位达成共识时，才能更加真切地看清管理人诉讼地位的“庐山真面目”。

---

① 参见最高人民法院《关于适用〈中华人民共和国公司法〉若干问题的规定(三)》第13条。

② 参见《企业破产法》第35条。

有限责任公司清算义务人范围的构建

谭雨欣*

摘要:关于清算义务人的范围,存在股东与董事之争。将清算义务人的范围在股东与董事之间做全有或全无的一元论,存在股东有限责任制度的根基受到威胁、董事权责不匹配、小股东权益受损等弊端。因此,在现代公司治理结构下,基于有限责任公司控制权的分析,在公司"两权分离"实现董事控制的条件下,董事当然具备承担清算义务的能力,其应成为当然的清算义务人。但当公司治理结构发生异化时,股东对公司的所有权异化为控制权,其应成为选择性的清算义务人。在司法实践中,应重点审查涉案董事或股东是否享有对公司直接的控制权,以及其未及时履行启动清算义务与所造成损失之间的因果关系,进而确定其是否应当实际承担清算义务。

关键词:清算义务人;直接控制权;有限责任公司;董事;股东

清算义务人,是指法人解散后依法负有启动清算程序义务的主体,其义务在于根据法律规定及时启动相应的清算程序以终止法人。① 清算人,在我国通常被称为清算组,是指具体负责清算事务的主体,其义务在于依照法定程序进行清算。②

1988 年最高人民法院《关于贯彻执行〈中华人民共和国民法通则〉若干问题的意见(试行)》(已失效)第 57 条规定:"以企业法人的有关主管机关为清

---

* 江苏省南京市玄武区人民法院法官,法律硕士。

① 参见刘敏:《公司解散清算制度》,北京大学出版社 2010 年版,第 299 页。

② 参见江必新、夏道虎主编:《中华人民共和国民法典重点条文实务详解》(上),人民法院出版社 2020 年版,第 13 页。

算义务人。"1993年《公司法》颁布实施后,为明确公司解散后的清算义务人,最高人民法院及各地方法院都作出了实践探索,但仍对清算义务人范围的界定不一。2002年最高人民法院规定,清算义务人为企业的投资者或者主管部门。[①] 2003年广东省和江苏省规定了股东为有限责任公司的清算义务人。[②]

2008年颁布实施的最高人民法院《关于适用〈中华人民共和国公司法〉若干问题的规定(二)》(以下简称《公司法司法解释(二)》)第2条、第18条、第19条,虽未明确使用清算义务人这一概念,但条文规定如果有限责任公司股东、股份有限公司的董事和控股股东、实际控制人未履行义务或怠于履行义务的,应当承担相应责任。从条文的实质内容来看,则是对清算义务人作出了规定。

2012年最高人民法院发布指导性案例9号"上海存亮贸易有限公司诉蒋某东、王某明等买卖合同纠纷案",从法律适用的角度统一裁判尺度认为:有限责任公司股东、股份有限公司的董事和控股股东,应当依法在公司被吊销营业执照后履行清算义务,不能以其不是实际控制人或者未参加公司实际经营管理为由,免除清算义务。2020年12月29日,最高人民法院《关于部分指导性案例不再参照的通知》明确,9号指导性案例不再参照。

2020年《民法典》第70条第2款延续了原《民法总则》第70条第2款的规定:"法人的董事、理事等执行机构或者决策机构的成员为清算义务人。法律、行政法规另有规定的,依照其规定。"

自最高人民法院《公司法司法解释(二)》颁布以来,涉及清算义务人不当履行清算义务给公司或债权人造成损失所引发的民事纠纷案件数量逐年上升。据统计,2008~2018年,江苏省该类案件年均增长率达63.93%。[③] 浙江省该类案件2017年案件数量是2011年的34.3倍。[④] 由于《民法典》第70条

---

① 参见最高人民法院《关于审理解散的企业法人所涉民事纠纷案件具体适用法律问题的规定(征求意见稿)》第11条。

② 参见广东省高级人民法院《关于企业法人解散后的诉讼主体资格及其民事责任承担问题的指导意见》第4条、第9条,江苏省高级人民法院《关于审理适用公司法案件若干问题的意见(试行)三》第87条、第88条。

③ 参见张俊勇、翟如意:《有限责任公司清算义务人主体问题研究》,载《法律适用》2019年第19期。

④ 参见梁上上:《有限公司股东清算义务人地位质疑》,载《中国法学》2019年第2期。

延续了原《民法总则》第70条的规定,其规定的有限责任公司清算义务人主体范围与《公司法司法解释(二)》第18条的规定存在冲突,因此司法实践中关于清算义务人主体范围的厘定对于实体案件审理有重大意义。

一、现存有限责任公司清算义务人主体范围

现阶段,对于有限责任公司清算义务人的主体范围主要有两种主流观点。一是认为基于公司人格否认说及现有《公司法》的制度设计,股东是有限责任公司清算义务人的适格主体。二是认为现代公司制度的基础是所有权与经营权的分离,董事直接控制公司的经营管理,且董事对公司负有忠实勤勉义务,董事应当成为清算义务人的适格主体。

(一)全体股东作为清算义务人

1.“公司法人人格否认说”

股东的有限责任并非绝对的,超出合理界限就要受到限制。[①] 现代公司制度是舶来品,在中国传统家族观念的影响下难免会“水土不服”。在较长的时间内,中国有限责任公司的运行难以实现所有权与经营权的严格分离。相反,公司股东无论在名义上是否担任公司的董事、监事、高级管理人员,在实质上都会因为公司经营状况直接影响其切身利益而深入参与公司经营。特别是在股东权益受损时,更加难以严格执行现代公司制度的规定,导致公司人格难以完全独立。公司人格混同具有隐蔽性,为保护债权人利益,由股东负担清算义务人的责任具有合理性。

2.“侵权责任说”

股东清算义务之债属于侵权之债,即债权人因股东未履行或怠于履行的行为而遭受财产损失,应当承担民事责任。[②] 清算义务人未履行清算义务,导致公司财产、账册和重要文件损失,最终导致债权人利益不能实现,其侵权行为的客体是债权人的债权。我国虽然对侵害债权没有明确规定适用侵权损

---

① 参见刘德良:《未经清算而解散公司的法律责任研究》,载《社会科学》2001年第5期。

② 参见杨立新:《侵权法论》(上),人民法院出版社2013年版,第499页。

害赔偿，但确立债权侵权制度也不是没有立法依据。债权作为一种基本的民事权利，也可以构成侵权行为的客体。[①]

3. 现有制度设计弥补控制权丧失的漏洞

现行《公司法》规定，决定公司解散的权力由股东会享有。有限责任公司的股东，如果其表决权比例无法达到10%以上，便不具备召开股东会的权利；即便股东会召开，在未经2/3以上表决权的股东同意的情况下，有限责任公司的小股东亦不能实现以公司内部决议发起公司清算的目的。但依据《公司法司法解释（二）》第7条的规定，在公司出现解散事由的法定期限内未成立清算组的，公司股东有权申请人民法院指定清算组对公司进行清算。这一规定弥补了小股东对公司缺乏控制权的漏洞，成为有限责任公司全体股东承担清算义务的正当性依据。

（二）全体董事作为清算义务人

1. 现代公司治理结构中董事对公司享有实际的经营管理权

在现代公司制度设计中，股东是公司财产的提供者，对公司享有所有权，但远离对公司直接的运营控制。[②]《公司法》规定，董事会能够制订公司的年度财务预算方案、决算方案；制订公司的利润分配方案和弥补亏损方案；决定公司内部管理机构的设置等。由此可见，董事实际享有公司的经营管理权，直接控制着公司的财务账册和重要文件。

2. 董事对公司负有忠实勤勉义务

在我国的司法理论和审判实践中，公司与董事之间存在聘任和接受聘任的合意，应认为董事和公司之间存在委托合同关系。董事会负有实施股东会决议的法定职权。在公司发生解散事由后，股东提议召开股东会本来属应然状态，但实践中仍主要有赖于董事会或执行董事召集股东会，启动清算的召集程序也主要是由董事会或执行董事负责。故由董事承担清算义务责任更为合适。

---

① 参见黎淑兰、王丽娜：《公司清算义务人相关问题研究》，载《人民司法》2012年第7期。

② 参见北京大学法学院与北京市第三中级人民法院课题组：《公司清算义务人责任案件审判实务问题调研》，载《商事审判指导》2016年第4辑。

3. 董事义务涵盖清算义务

公司解散后,由于公司的法律人格并未消灭,董事与公司之间的委任法律关系仍然存在。公司解散并不导致董事的注意义务与忠实义务发生改变,也不改变公司董事会的组成与人数。公司清算过程中,清算人的任务是清理法人的债权债务,而解散前的董事的任务是管理法人事务,从事经营活动,二者的行为身份不同但工作内容相同。① 在清算组成立之前,董事仍须代表公司履行尚未了结的事务,行使董事会的相关职权。在公司出现解散事由后,董事应当按照法律规定杜绝不利于公司的经营活动并维系公司财产安全,妥善处理公司的债权债务关系,并及时依法启动清算程序。公司解散时的清算义务就是董事在公司存续过程中某一阶段的注意义务,与董事在公司运营过程中的注意义务没有本质区别。② 从启动清算程序到清算组处理债权债务的行为,可以解释为公司在特殊时期的经营管理行为。因此,当公司解散事由出现后,董事作为清算义务人是其忠实勤勉义务在公司解散阶段的自然延伸与必然要求,清算义务包含于董事义务内容。

二、有限责任公司清算义务人一元论的弊端

学界对于清算义务人范围的争议,几乎是将股东和董事作为一对互斥关系,做全有或者全无的一元论。但综观司法实践,仅将股东或者仅将董事纳入有限公司清算义务人范围都有其弊端。

(一)股东一元论下的弊端

1. 股东有限责任制度的根基受到威胁

公司是企业法人,有独立的法人财产,享有法人财产权。公司以其全部财产对公司的债务承担责任。股东的主要义务是按期足额缴纳公司章程中规定的认缴出资额,不得抽逃出资。股东全面真实履行了出资义务后,原则上就不用再对公司经营过程中发生的债务承担额外责任,此乃股东有限责任

① 参见江平主编:《法人制度论》,中国政法大学出版社1994年版,第161页。

② 参见梁上上:《有限公司股东清算义务人地位质疑》,载《中国法学》2019年第2期。

的基本原则和基石。对于公司的财务状况和经营情况,股东有权通过查阅公司账簿或参加股东会的形式进行掌握。股东作为清算义务人,会直接让股东的投资行为处于一种风险状态,存在动摇有限责任制度基础的嫌疑。①

2. 现代公司治理结构被破坏

现代公司理念由股东会中心主义日益向董事会中心主义转移。《会计法》第 4 条规定:“公司的负责人对公司会计资料的完整性负责。”《企业破产法》第 15 条规定:“债务人的法定代表人或财务管理人员应当妥善保管账簿等。”股东并无保管财务资料的法定职责。在有限责任公司中股东参与公司管理是通过股东会进行的,股东会是公司的权力机构,职权受到《公司法》的规制,且股东也并非通过个别行为来行使公司权利。因此,由股东承担清算义务不符合现代公司治理结构的制度设计。

(二)董事一元论下的弊端

1. 造成“傀儡”董事权利义务不对等

基于股东承担有限责任公司的出资义务,享受公司经营成果,公司经营状况的好坏直接影响其利益,即便当有限责任公司股东与公司董事、监事、高级管理人员身份发生分离时,股东严守公司制度的可能性仍较低。而非股东董事作为公司聘用人员很难干预股东直接控制公司的经营行为,在此情况下,仍由董事承担公司的清算义务,则是让董事承担了与其能力和权力不相匹配的义务。

2. 小股东权益仍受威胁

在有限责任公司内部,很多小股东有积极参与公司管理,担任公司的董事、监事、高级管理人员职务的愿望。但在司法实践中,虽然小股东担任公司的董事、监事、高级管理人员,但因大股东或者控股股东对公司特别是财务、人事、销售等关键职位的关键人员的绝对控制,小股东根本无法实际参与公司的管理和决策。如果单纯将股东剥离清算义务人的范围,仅保留董事,当小股东与董事身份重合,那么大股东很可能隐居幕后控制公司,规避成为清

---

① 参见张俊勇、翟如意:《有限责任公司清算义务人主体问题研究》,载《法律适用》2019 年第 19 期。

算义务人,反而由对公司没有实际直接控制权的董事承担与其权利不匹配的义务。

三、有限责任公司控制权的明晰

(一)有限责任公司的控制权的结构性分析

公司控制权,是指公司内部在经济利益上具有关联性的主体决策和支配公司经营管理事项的权利。[①] 在古典企业中,所有权与经营管理权是合一的,所有者同时也是经营决策者。但在现代企业中,其控制权从所有权中独立出来并日益显得重要。公司控制权是基于"所有权与经营权相分离"而产生的。因此,当所有权与经营权发生分离时,便产生了两种对公司的控制,即股东的间接控制和董事的直接控制,也称为股东控制和管理层控制。股东的间接控制是指通过行使股东权利实现对公司的控制,主要表现在股东大会上的表决权以及对剩余收益的索取权。董事的直接控制,是指通过接受股东会的聘任委托,享有对公司的经营管理权,而对公司产生的直接控制。从本质上判断,股东对公司享有的控制仍然体现的是所有权的权能,而董事则体现为对公司的控制权。

控制权的静态结构会因为公司性质的不同而有所不同。相比起股份有限公司,传统理论认为有限责任公司的控制权与所有权存在较大程度的重合。对于小股东来说,其所有权与控制权是相分离的,转变为索取股权收益的股东。然而对于大股东来说,其所有权与控制权存在重合的可能性,可以通过获得管理公司的控制权进而支配企业。

但现代公司理论认为所有权与控制权的分离,以及控制权的正当行使可以避免控制者滥用权利的道德风险与关联交易,实现公司控制权正当行使与公司绩效的正相关。此外,大量的司法实践发现,现阶段有限责任公司的治理开始逐步走向"两权分离",由股东聘任专业的管理和经营人员成立董事会或确定执行董事专门对公司进行管理经营。即便发生有限责任公司所有权与控制权相重合的情形,亦是通过控制权的合理安排及控制权资源的动态配

---

① 参见雷玉德:《论公司控制权的制度约束》,载《理论探讨》2006 年第 6 期。

置实现。

(二)有限责任公司控制权与所有权的分离

传统理论认为有限责任公司强调的是其人合性,较大程度上可能产生所有权与控制权的重合,而股份公司则偏重资合性,认为所有权与控制权当然分离。在实践中,有限责任公司和股份有限公司虽然是两种不同的公司形态,但在资本规模和股东人数上存在大范围的交集。2013 年 12 月 28 日,全国人大常委会对《公司法》作出修正,将公司注册资本实缴登记制度改为认缴登记制,取消了公司注册资本最低限额制度,简化了登记事项和登记文件。目前,除了股东人数的上限不同,两种公司形态的差异日益缩小。

对比《公司法》对有限责任公司与股份有限公司制度的规定趋同。① 股东会都是权力机构,必须制定定期会议制度,股东的表决和分红只能按出资比例进行分配;董事会是公司必设机构,股东少规模小的有限责任公司可设置一名执行董事,但对于董事职权是法定的;要求设置监事会或监事来行使监督职责。由此来看,天然认为有限责任公司所有权与控制权重合缺乏现实土壤。

(三)董事控制权的确立

目前,世界各国的公司法都将公司的经营管理权交由董事会,而股东只保有资产收益、重大事项决策和选择管理者的权利。例如,英国 1985 年《示范公司章程》第 70 条、美国《示范公司法》第 8.01 条(b)、法国《公司法典》等都规定,所有公司权利应当由董事会行使或在它的许可下行使,公司业务和事务也应当在它的指导下经营管理。② 我国《公司法》第 37 条、第 46 条规定,股东会有决定公司经营方针和投资计划,选举和更换非由职工代表担任的董事、监事,审议批准董事会报告,审议批准公司的年度预算方案、决算方案等职权;董事会有决定公司的经营计划和投资方案,制订公司的年度财务预算

---

① 参见李清池:《公司清算义务人民事责任辨析——兼评最高人民法院指导案例 9 号》,载《北大法律评论》编辑委员会编、夏戴乐主编:《北大法律评论》第 15 卷,北京大学出版社 2014 年版。

② 参见王纯强:《有限责任公司清算义务人主体的界定》,载《人民司法》2021 年第 1 期。

方案、决算方案,决定公司内部管理机构的设置,决定聘任公司经理及其报酬,制定公司基本管理制度等职权。上述规定从立法上实际赋予了董事对公司的控制权,通过对公司的控制来掌握公司的经营状况、资产状况、财务账册等重要文件,并及时召集股东会。

四、清算义务人范围的重构

有限责任公司清算义务人范围从主管机关为清算义务人发展到董事与股东之争,到目前为止仍未有明确定论。根据前述分析,将股东和董事在有限责任公司清算义务人范围划分中认定为互斥关系将显现出不同种类和不同程度的弊端。在有限责任公司公司治理走向"两权分离"的背景下,标准公司治理结构下由董事享有对公司的控制权,但司法实践中不乏有股东所有权异化为控制权的情形,清算义务人的主体范围则显现出了当然性和选择性的区别。

(一)明晰清算义务人的权责

清算义务人的主要义务包括:第一,选任清算组。选任清算组是启动公司清算的核心任务,这一事项影响公司股东和债权人利益的保护,关系整个市场退出机制的正常运行。公司进入清算程序后,原则上就不可以再继续进行业务相关的经营行为,所以需要清算组来做好善后工作以结束公司的生命,只有选任了合适的清算组成员,这些事务才能顺利进行。选任清算组成员理应是启动清算主体应负义务。第二,善意保管公司主要财产、账册及重要文件的义务。公司的账册、重要文件中记载公司经营及项目账款往来的信息,若保管不慎丢失或毁损,将导致公司的清算工作无法正常进行。从公司解散到清算人的产生期间存在一个空档期,此时公司已经解散但清算人的选任还未完成。公司的清算义务人应当保证在这段时间妥善管理保存上述财物,不随意处置、私吞、侵占这些财物,保证财物不出现毁损、灭失的情况。

经由上文分析可知,清算义务人负选任清算组以及善意保管公司主要财产、账册及重要文件的义务。在确定清算义务人主体范围时一个最直接最根本的标准就是有能力承担上述两项义务以顺利启动清算程序。

(二)清算义务人的当然主体

现代公司制度设计的初衷,即是让股东通过股东会对公司产生间接的控制权,让董事享有经营管理权利,由此对公司产生最直接的控制,并衍生出董事的各项权利义务,包括职位权利、信义义务等。这使董事当然有能力承担清算义务人的权责。

董事在享有对公司直接控制权的同时,还对公司负有忠实勤勉的义务,《公司法》第147条对此予以明确规定。忠实勤勉义务,是指作为公司管理人员,应以公司利益作为自己从事相关法律活动时的根本准则,在利益冲突时优先考虑公司利益,避免公司的利益在法律活动中受损。董事理应在公司进入清算阶段前负有相应职责,若董事在公司解散后未及时组织、成立清算组,使公司的财产陷入无人管理状态或被公司股东恶意处置,从而导致公司财产流失以及债权人的损失,则当然违反忠实勤勉义务。

董事参与公司的经营管理,对公司信息的掌握较全面与深入,知道公司现状与所处的环境。公司法定代表人、财务管理人员以及经营管理人员负有保管账簿的职责义务,而这些人员多为有限责任公司的董事会成员。可见,在规范的公司治理格局下,股东不参与经营管理,收集公司信息的渠道有限,条件限制更多。更有很多小股东需要通过行使股东知情权来实现对公司经营状况的了解。所以由董事担任有限责任公司的清算义务人,更易于及时发现公司所出现的解散事由及现实状况,进而通过启动公司清算程序,避免公司陷入"僵尸"状态,更有助于债权人利益的保障。

当然清算义务人在多数大陆法系公司法中被称为"法定清算人",是指当公司解散事由发生时,直接当然具有清算义务人身份的主体。德国、日本、瑞士、韩国的有限责任公司与股份有限公司均将董事规定为法定清算人。① 因此,由董事担任清算义务人是其与公司间合同附随义务的体现,也是董事忠实勤勉义务的内在要求。

---

① 参见柯芳枝:《公司法论》,中国政法大学出版社2004年版,第504页。

(三)清算义务人的选择性主体

公司是一种法人组织,自身无法表达意思和实施行为,公司治理必须依赖于自然人的思想和行为。股东所有权与公司经营权发生分离,是公司制度设计的理想状态。但多年的司法实践表明,股东所有权完全可能异化为控制权。有限责任公司规模小、股东人数少,因此在有限责任公司内部,基于股东承担有限责任公司的出资义务,享受公司经营成果,公司经营状况的好坏直接影响其利益,即便有限责任公司股东与公司董事、监事、高级管理人员身份发生分离,股东严守公司制度的可能性仍然较低。此时公司治理结构可能发生异化,股东对公司所有权异化为控制权。

对公司享有直接控制权的股东,通过股东与董事身份的分离实现规避承担启动清算义务的目的,增加了大股东在公司经营陷入僵局时,放任公司以"僵尸"状态"逃废债"的风险。与此同时,担任公司董事的小股东,虽因为董事身份成为清算义务人,却无能力承担启动清算的任务,使自身陷入权责不匹配的境地,公司有限责任与债权人利益之间的平衡难以为继。

最高人民法院民法典贯彻实施工作领导小组主编的《中华人民共和国民法典总则编理解与适用》对于《民法典》第 70 条进行条文解释时认为,法人执行机构或者决策机构直接负责法人的运营,了解法人运行状况,要求其承担清算义务具有职权上的便利性,可以有效防止公司财产的流失,进而保护债权人等利害关系人的利益。法人虽有一定的财产,但并不当然具有出资主体;即使有出资主体,其承担的也是出资义务,要求所有出资主体承担清算义务并不妥当。上述规定系属一般性规定,对于特定类型法人的清算义务人,允许法律、行政法规另行规定。例如,对于有限责任公司与股份有限责任公司,如果《公司法司法解释(二)》第 18 条有特殊规定,应依照以上规定认定有限责任公司与股份有限公司的清算义务人。[①] 根据上述内容可知,在法律适用上,最高人民法院也并没有"一刀切"地将股东剥离清算义务人主体范围,仍可适用《公司法司法解释(二)》的相关规定。因此,当公司治理结构发生异

---

① 参见最高人民法院民法典贯彻实施工作领导小组:《中华人民共和国民法典总则编理解与适用》,人民法院出版社 2020 年版,第 359 页。

化时，股东应当成为清算义务人的选择性主体。

（四）清算义务人的实体审查

在清算义务人范围重构的基础上，清算义务人以董事为原则，以股东为例外。但在司法实务中，当然的清算义务人是否应当实际承担清算义务人责任，即目前《公司法司法解释（二）》规定的清算赔偿责任及连带清偿责任，则应在司法审判中侧重审查其是否对公司享有实质的直接控制，并采取举证责任倒置的方式。

1. 审查被告对公司是否享有实质的直接控制

承担清算责任的前提是清算义务人怠于履行清算义务，未在法定期限内成立清算组，存在相应过错，而怠于履行清算义务的前提是清算义务人具备履行清算义务的可能。前文充分分析了清算义务人应当对公司享有实质的直接控制权，才有可能完成选任成立清算组，善意保管公司主要财产、账册及重要文件的义务。如果对公司没有实质的直接控制，则不具备履行清算义务人相关义务的可能，失去了承担清算赔偿责任及连带清偿责任的基础。因此，司法实务中不宜仅基于董事身份认定其具备承担清算责任的权利和能力，而应实质审查董事对公司是否享有实质的直接控制。

2. 审查采取举证责任倒置的方式

清算义务人对公司债务承担连带责任，需要清算义务人存在怠于履行义务的情形，即需要清算义务人存在过错，同时过错与债权人损失之间需存在因果关系。在司法实践中，债权人与清算义务人对公司财产信息的了解与掌握程度不对等，所以债权人很难就清算义务人过错以及因果关系承担举证责任。实务中，应当采取举证责任倒置的方式，即只要债权人证明存在未在法定期限内开始清算的情形后，则由清算义务人举证证明自己对未能及时清算的事实是否存在过错，以及过错与损失之间的因果关系。由此及彼，债权人同样对公司治理的实际情况难以掌握，债务人是严格按照现代公司制度治理，还是存在公司治理结构的异化，债权人是否对公司享有实质的直接控制等信息相对封闭。故对公司实质直接控制权的审查亦应采取举证责任倒置。

五、结　　语

虽然《民法典》第 70 条第 2 款已认定法人的董事为清算义务人,但所提及的“另有规定”又显得不够明确。有限责任公司清算义务人的范围应进一步明确,以化解当前法律及有关司法解释对有限公司清算义务人范围认定时存在矛盾。为了明确有限责任公司清算义务人的范围,平衡保护股东与债权人的利益,应依据公司直接控制理论,对有限责任公司清算义务人范围进行重新界定,认定董事是当然的清算义务人。在公司治理结构的异化情况发生,股东对公司享有实质的直接控制时,股东是选择性的清算义务人。同时,明确司法实践中对清算义务人承担清算责任的审查规则,将有利于完善我国强制清算制度,畅通市场主体的退出渠道。

到期债权执行制度的困境与出路

叶文飞*

摘要：随着市场经济的发展及申请执行人法治意识、经济意识的增强，法院在执行被执行人财产过程中除执行传统的财产（如银行存款、不动产、动产等）外，对到期债权这种特别的财产权的执行也在日益增加。但到期债权执行制度施行至今近30年未作实质性修改，其在适用中存在的问题亟须解决。到期债权执行制度在适用过程中存在多重困境：到期债权的判断标准模糊致使制度精神被弱化，对第三人异议审查的标准模糊致使制度执行难以落实，相关权利人的救济途径竞合致使申请执行人的权利公平被削弱等。但完善到期债权执行制度对保障申请执行人等债权人的合法权益、为法治化营商环境提供司法保障等方面具有重要意义。因此，应当结合到期债权执行制度的立法精神以及最高人民法院相关案例等进行实证分析，进而完善到期债权的相关法律规范：明确到期债权判断标准、完善执行程序中应送达文书的类型、赋予执行法院对第三人异议的形式审查权、确定相关权利人救济的唯一途径等，以保障权利的实质公平、公正。

关键词：到期债权；适用困境；完善规范；异议形式审查

到期债权的执行制度从1992年施行至今已30余年，2022年最高人民法院《关于适用〈中华人民共和国民事诉讼法〉的解释》（以下简称《民事诉讼法司法解释》）虽对1992年最高人民法院《关于适用〈中华人民共和国民事诉讼法〉若干问题的意见》进行了修正吸收，但对于到期债权执行制度的规定并无

* 广东省珠海市金湾区人民法院法官，法律硕士。

实质修改。在具体操作层面,1998 年发布的最高人民法院《关于人民法院执行工作若干问题的规定(试行)》(以下简称《执行工作规定》)中对被执行人到期债权的执行的规定适用至今,亦未作任何修改。以上两个司法解释共 10 余条关于到期债权的规定自施行以来为到期债权的执行提供了法律依据支撑。但随着市场经济的发展,其滞后性以及适用过程中的问题也逐渐凸显,而到期债权制度的设立对巩固“基本解决执行难”成果又具有重要意义。为此,本文通过梳理到期债权执行制度在司法实践中的困境,分析完善该制度的必要性,最后提出完善该制度的建议,以使到期债权在司法实践中更好地发挥其价值作用。需要注意的是,本文探讨的是执行程序中到期债权的执行问题,至于到期债权的诉讼保全问题并不在本文讨论之列。

一、到期债权执行制度在司法实践中的困境

(一)到期债权的判断标准模糊致使制度精神被弱化

在现行法律体系下,我国暂无对“到期债权”的法定定义,这就使到期债权的判断标准模糊,很多申请执行人在未确定申请执行标的是否为到期债权的情况下,即向执行法院申请强制执行。司法实践中,很多申请执行人通过登录如全国建筑市场监管公共服务平台等各类平台网站,查找被执行人受托承包的工程信息、招投标信息、合同登记信息、施工许可信息等作为被执行人对第三人享有到期债权的线索,并提交法院申请执行。考虑到现行规定赋予了第三人提异议的权利,很多法院都会将申请执行人提交的该线索按到期债权的程序予以执行。债权人提交财产线索供法院执行无可厚非,但到期债权的执行须向第三人直接送达履行通知等法律文书,这就意味着法院须对每条财产线索中的第三人进行现场走访、调查,投入大量人力、物力。因此,到期债权判断标准的模糊、申请执行门槛低,在一定程度上造成了司法资源的浪费。

司法实践中,很多法官、律师、学者对到期债权的判断标准也颇有争议。有观点认为,应当从狭义的角度理解到期债权,即在期限上债权已经到期,即为到期债权。也有观点认为,应当广义地理解到期债权,即到期债权应当符合两个条件:一是该债权期限上已届满;二是该债权的付款条件(如有)已成

就。还有观点认为，判断执行标的是否为到期债权，应当以第三人与被执行人签订的合同为准。笔者认为，第三种意见应是判断到期债权的最佳标准，但问题是如何审查合同。申请执行人能提供相关合同当然最好，但很多情况下，申请执行人并非合同缔约方，让其提供合同实在有点强人所难。

基于以上种种原因，到期债权的执行逐渐丧失了其立法时被赋予的价值，法院在很多情况下对到期债权的执行都流于形式：既然申请执行人提供了声称为到期债权的线索申请执行，法院就依法向第三人送达履行通知，第三人只要在指定期间内提出异议，执行法院即不再执行，该线索至此即执行完毕，对各方当事人均有所交代即可。

（二）对第三人异议审查的标准模糊致使制度执行难以落实

《民事诉讼法司法解释》第 499 条第 2 款规定，第三人对到期债权有异议，申请执行人请求对异议部分强制执行的，人民法院不予支持。《执行工作规定》第 47 条规定："第三人在履行通知指定的期间内提出异议的，人民法院不得对第三人强制执行，对提出的异议不进行审查。"可见，《民事诉讼法司法解释》和《执行工作规定》对第三人就到期债权在指定期间内（《执行工作规定》第 45 条第 2 款第 3 项所述的"收到履行通知后的十五日内"，下同）提出的异议规定的是不审查原则。① 但该怎么理解"不进行审查"？《执行工作规定》第 48 条规定："第三人提出自己无履行能力或其与申请执行人无直接法律关系，不属于本规定所指的异议。第三人对债务部分承认、部分有异议的，可以对其承认的部分强制执行。"从该规定看，实际上对第三人提出的异议还是需要审查，起码需通过审查方能确认是否属于该条规定的"第三人提出自己无履行能力或其与申请执行人无直接法律关系"两种情况。在司法实践中，无论是当事人还是执行法院，很多人对就到期债权履行通知所提异议的审查标准无法确认或不敢确认，给司法实务工作带来较大困扰。

首先，第三人滥用异议权阻却执行程序。司法实践中很多第三人往往紧

① 本文所述对第三人异议的审查，并不包括对第三人就生效法律文书确定的到期债权所提异议的审查，因为此类到期债权已无争议，即使第三人作出否认，也不影响法院的执行。另外，本文所述的对第三人所提异议的审查或审查权，是指执行法院的执行机构对异议的审查或审查权。

抓《执行工作规定》第 47 条规定,在收到履行通知后随即向执行法院提出异议。因为对第三人来说,其只需要在指定期间内向执行法院提交书面材料,甚至只需向执行干警口头提出异议,并在执行笔录中签名确认,对到期债权提出实体异议,即可产生阻却到期债权执行程序的效果,甚至无须进行初步证明。

其次,各地法院做法不统一,执行欠规范。面对第三人的上述做法,执行法院几乎束手无策,只能停止对该到期债权的执行程序。当然,司法实践中也不乏思维及做法相对激进的执行法院,对第三人提出的异议进行实质审查。如河北省保定市中级人民法院在执行申请执行人雄县农村信用合作联社与被执行人雄县某家用手套厂、王某某借款合同纠纷案中,向第三人送达履行通知后,第三人在指定期间内提出异议,其对该债权没有予以否认,但提出其已向债权人履行完毕该到期债权等方面的异议。河北省保定市中级人民法院所审查事项并非第三人所提出异议是否为在指定期间内提出,而是就第三人提出的异议内容进行了实体审查,并最终驳回第三人异议请求。后第三人向河北省高级人民法院提出复议,河北省高级人民法院同样未就第三人所提异议是否为在指定期间内提出进行审查,而是就第三人提出的复议内容进行实质审查,并最终驳回复议申请。

最后,第三人向最高人民法院提出申诉,最高人民法院认为,第三人的异议并未否认生效判决确定的债权,而是对债权确定之后发生的履行情况提出异议,该异议涉及实体争议内容,不属于《民事诉讼法司法解释》第 499 条和《执行工作规定》中规定的到期债权异议,不宜通过执行程序解决;并认为,根据《执行工作规定》的相关规定,法院对该异议不应进行审查,亦不得对第三人进行强制执行,故裁定撤销河北省高级人民法院、河北省保定市中级人民法院的裁定。①

(三)相关权利人的救济途径竞合致使申请执行人的权利公平被削弱

首先,相关权利人是指除第三人之外的案外人,亦即《民事诉讼法司法解释》第 499 条第 2 款所述的“利害关系人”,比如主张是该到期债权的真实权

① 参见最高人民法院执行裁定书,(2020)最高法执监 52 号。

利人的主体等。需要注意的是,《民事诉讼法司法解释》第 499 条第 2 款规定的"利害关系人"并非《民事诉讼法》第 232 条中的"利害关系人",而是《民事诉讼法》第 234 条中的"案外人"。在江苏省高级人民法院《执行异议及执行异议之诉案件办理工作指引(三)》第 24 条第 4 款中也规定,《民事诉讼法司法解释》第 499 条第 2 款规定的"利害关系人"包括但不限于:案涉债权受让人、无追索权的保理合同债权人、有追索权的保理合同债务人、应收账款质权人、实际施工人。

其次,《民事诉讼法司法解释》第 499 条第 2 款规定了相关权利人的救济途径:如果相关权利人对该到期债权有异议的,可以按照《民事诉讼法》第 234 条的规定,通过案外人异议、案外人异议之诉等程序进行救济。在该条规定制定过程中,对于相关权利人救济途径的讨论,曾出现过两种意见。一种意见认为,与第三人一样,应当赋予相关权利人异议权,规定若相关权利人提出异议的,则人民法院不得强制执行该债权。另一种意见则认为,相关权利人应通过案外人异议之诉的途径进行权利救济。该条文在实践中面临的问题是第三人滥用异议权,导致该制度效用难以发挥。如果再增加只要相关权利人提出异议就停止执行的规定,那么该制度就基本丧失了存在的价值。最终《民事诉讼法司法解释》采纳了第二种意见。①

即便如此,相关权利人的救济途径仍不可避免地出现了竞合。在司法实践中,相关权利人会依照《民事诉讼法司法解释》第 499 条的规定通过案外人异议程序进行救济,但救济的结果可能并不符合预期,即使通过执行异议之诉之路径,其仍可能面临败诉的结果。在此情形下,相关权利人可能会同时选择在执行法院之外有管辖权的法院或仲裁委员会等裁决机构以第三人(或及被执行人)为被告或被申请人,就同一标的提起诉讼或仲裁。该诉讼或仲裁的结果可能将最终支持相关权利人的诉讼或仲裁请求,进而该权利人即可凭生效裁决书在其他具有管辖权的法院申请强制执行。因两个执行法院信息不对称,将存在后执行法院将该标的执行完毕,致使到期债权的执行法院面临标的无法执行的可能。这就是相关权利人救济途径的困境,或者我们可

---

① 参见最高人民法院修改后民事诉讼法贯彻实施工作领导小组编著:《最高人民法院民事诉讼法司法解释理解与适用》,人民法院出版社 2015 年版,第 1328 ~ 1329 页。

称其为相关权利人救济的“竞合地带”。

二、规范到期债权执行制度的必要性

虽到期债权在执行中问题渐显,但该制度的设立仍具有重要意义,并亟须完善、规范。首先,到期债权的规范化执行有利于保障债权人的合法权益。到期债权的财产权属性增加了市场主体合法权益实现的可能性。我国虽暂无对到期债权的法定定义,但从我国《民事诉讼法》及相关司法解释看,到期债权的财产权属性是毋庸置疑的。基于文义解释分析,到期债权本质上是到期的,且给付条件已成就可随时支付对价的债权,其跟存款、动产、不动产等一样,是可执行的财产权。此外,正因为到期债权具有财产权属性,《民事诉讼法司法解释》第 485 条及第 499 条、《执行工作规定》第七章等规定才赋予了其可执行性。在执行程序中,作为市场主体的申请执行人,如能提供被执行人的到期债权线索,被执行人或能主动申报到期债权,那将大大降低执行不能的风险,从而提高申请执行人实现其合法权益的可能性,并在更大程度上有利于巩固“基本解决执行难”的成果。

其次,到期债权的规范化执行系营商环境法治化建设的重要环节。最高人民法院在 2017 年印发的《关于为改善营商环境提供司法保障的若干意见》中提出,为改善投资和市场环境,营造稳定公平透明、可预期的营商环境,加快建设开放型经济新体制提供更加有力的司法服务和保障,要加强执行工作,充分保障胜诉当事人合法权益的实现。该意见要求,要完善执行法律规范体系,规范执行行为。到期债权的规范化执行正是规范执行行为、为改善营商环境提供司法保障的重要一环。

三、完善规范:到期债权执行制度的出路

(一)明确到期债权标准

因债权种类繁多,立法中不宜在相关规定中对到期债权的外延进行界定,但我们可对其内涵作出原则性的规定。考虑到申请执行人提交被执行人对第三人享有的到期债权线索的详尽性有限,我们可在司法解释中确定到期

债权的标准,即到期债权应满足以下条件:第一,该债权的给付期限届满;第二,该债权的给付条件成就。

实际上,最高人民法院在司法实践中也持此观点。最高人民法院在审理申诉人浙江某控股有限公司申诉北京市高级人民法院(2019)京执复195号执行裁定案,评述该案中对第三人的执行是否为对债权的执行时提出,根据第三人向执行法院出具的《关于协助执行拆迁补偿款的函》,第三人承认在符合一定条件的情况下将向被执行人支付一定数额的金钱,因此,被执行人对第三人享有附条件的金钱给付债权,该案对第三人的执行,系对被执行人对第三人享有的债权之执行,依法应当适用对债权执行的法律规定。并且,最高人民法院在认定执行法院的执行措施是否合法时,适用的是《民事诉讼法司法解释》及《执行工作规定》中对到期债权的规定。①

此外,从《民事强制执行法草案》(2021年4月讨论稿)第207条规定的金钱债权的收取方法及第209条规定的债权拍卖变卖的条文可知,草案也采用了到期债权应满足期限届满及付款条件成就的标准,但遗憾的是该标准未能明确规定在草案中。

(二)完善执行文书类型:应同时向第三人送达冻结裁定及协助执行通知等文书

为确保到期债权的可执行性,执行法院在为执行到期债权而向第三人直接送达履行通知时,应当同时直接送达冻结到期债权的执行裁定书及协助执行通知书。早在1998年《执行工作规定》施行时,就有人提出执行到期债权必须制作裁定书,理由是:通知仅仅是把事项告诉对方,在执行程序中,一般都是以裁定书作为具有法律效力的文书。② 该观点言之有理,但并不全面。在笔者看来,法院在执行到期债权时应当同时向第三人送达冻结到期债权的执行裁定书及协助执行通知书。其内在缘由主要有以下两点。

其一,确保法院在对第三人异议作出审查前,到期债权标的不被第三人恶意转移。履行通知作为执行法院依法作出的法律文书,自然具有强制性法

---

① 参见最高人民法院执行裁定书,(2020)最高法执监123号。

② 参见吴晓星、许森林、刘俊:《浅谈被执行人到期债权的执行》,载《法律适用》2000年第10期。

律效力,但履行通知仅系通知第三人直接向申请执行人履行其对被执行人所负的债务,在很多情况下第三人往往通过提出异议意图阻却法院的执行程序,执行法院在短期内未能确定该标的是否可执行。因此,在此之前,应当首先确保该标的不被恶意转移。虽然《执行工作规定》第45条规定履行通知应当包含"不得向被执行人清偿"的内容,但严格而言,该规定并不发生《民事诉讼法》及其司法解释意义上冻结的法律效力。根据《民事诉讼法》第二十一章"执行措施"中的规定,法院冻结被执行人的财产,应当作出裁定。另外,《民事诉讼法司法解释》第485条规定了查封、冻结不同财产的期限。因此,在确定标的是否可执行前,对标的作出冻结措施更有法律保障。

其二,如第三人在指定期间内并不否认该债权标的的真实性,仅就该标的未到期或付款条件未成就提出异议,则执行法院对该标的作出冻结措施对债权人的意义就更不言而喻了。在该标的的付款期限到期前或付款条件成就前,该冻结可视为对该标的的预冻结,有利于最大限度地保障申请执行人的合法权益。如北京市高级人民法院在审理北京某房地产开发有限公司申请复议北京市第二中级人民法院(2019)京02执异43号执行裁定案中亦提出,被执行人对第三人享有未到期债权的,执行法院可以依法冻结,待债权到期后依照到期债权予以执行。①

(三)赋予执行法院对第三人异议的形式审查权

按现行规定,第三人提出异议后执行法院无法继续执行的,申请执行人仍可通过代位权诉讼继续对到期债权主张权益。这种做法也的确是公平价值的最佳体现,但这在一定程度上削弱了执行程序的效率价值。为避免第三人滥用到期债权异议权,并规范执行程序,应对《执行工作规定》第47条进一步完善,规范对第三人异议的审查标准。

在此之前,我们应先明确第三人对到期债权履行通知所提异议应无形式要求。《执行工作规定》第46条规定:"第三人对履行通知的异议一般应当以书面形式提出,口头提出的,执行人员应记入笔录,并由第三人签字或盖章。"可见,第三人对履行通知提出的异议是以书面形式为原则,但对于书面材料

① 参见最高人民法院执行裁定书,(2020)最高法执监123号。

的名称、形式等并无要求，可以采取异议书、意见、复函等多种形式。最高人民法院在审理申诉人浙江某控股有限公司申诉北京市高级人民法院(2019)京执复195号执行裁定案中即采用了此观点。在该案中，第三人收到履行通知后在指定期间内向执行法院进行了回函。最高人民法院认为，根据第三人的回函内容，可以认定第三人对债权执行提出了异议。[①] 另外，《执行工作规定》第46条并不要求第三人所提异议须以书面形式提出，可为口头提出并签字或盖章确认。实际上，基于对权利主体程序权利的保障要求，第三人接到执行法院发出的履行通知后，应当有权提出异议，因为任何人在经司法程序确认承担法律义务之前，都应获得充分、有效的抗辩机会，否则这种确认缺乏正当性。因此在决定对代位执行第三人采取强制措施之前，须赋予第三人抗辩的权利，也正因如此，也无必要再对第三人抗辩的形式提出更多的要求了。

在明确第三人对到期债权履行通知所提出的异议无形式要求后，应当进一步赋予执行法院对第三人异议的形式审查权。《执行工作规定》第48条实质上已赋予了执行法院一定的审查权，因为只有经过审查，方能确定第三人提出的异议是否属于其无履行能力或其与申请执行人无直接法律关系的情形。进言之，执行法院应当如何进行形式审查？

首先，应当明确执行法院作出审查的最早时间为指定期间届满后。《执行工作规定》第47条未对第三人在指定期间就履行通知提出异议的次数等进行限制，且从立法精神分析，执行法院应当在指定期间内给予第三人充分的机会对到期债权的执行提出抗辩。司法实践中不乏出现一些执行法院在15日的指定期间内对第三人提出的异议进行审查处理(如答复第三人等)后，第三人再次或多次提出其他异议，进而执行法院与第三人不断函件沟通的情形。这在很大程度上影响了司法效率。因此，应当在《执行工作规定》中进一步明确法院对第三人提出的异议作出审查的最早时间为指定期间届满后。如此一来，执行法院便可在指定期间届满后对第三人在指定期间内提交的所有异议材料进行形式审查，无须收到材料即作出反应，并且前文已解决了执行法院在作出形式审查前执行标的不被第三人恶意转移的问题。

其次，执行法院在进行形式审查时，应当首先审查第三人所提异议是否

① 参见最高人民法院执行裁定书，(2020)最高法执监123号。

属于“自己无履行能力或其与申请执行人无直接法律关系”的两种情形。如是,则不属于《执行工作规定》所指的异议,执行法院可继续执行;如否,则进一步审查第三人提出异议时所附证据材料。如第三人提交的证据材料从表面看证明的是其所提出的到期债权标的确有争议,则执行法院应停止审查,并不得强制执行;如第三人仅提出异议,而未提交相关证据材料,或提交的证据材料明显不能证明所提异议事项,则执行法院可驳回第三人异议,继续执行。这里需要注意以下几点:第一,第三人如对到期债权的履行通知确有异议,应当同时提交相关证据。第二,执行法院在该形式审查阶段不应对证据的“三性”进行实质认定,仅应作形式审查,即善意推定第三人所提交证据具有真实性、合法性,并通过对关联性进行初步认定,以确定第三人所提交证据是否明显不能证明异议事项。第三,所谓“确有争议”,是指对标的债权债务关系是否存在有争议,如合同的订立、生效、履行情况等影响合同实现的事实;如债权债务关系存在,则对其数额多少,是否已经清偿、抵销或者免除等情况有争议。第三人提出的这种异议是实体法上的异议,而法院在执行过程中并不具有确认实体法律关系的权力,所以不能对第三人提出的异议进行审查。在这种情况下,法院应当终结该到期债权的代位执行程序,对到期债权不得强制执行,申请执行人可通过代位权诉讼继续主张合法权益。

(四)确定相关权利人救济的唯一途径:通过限制权利多样性保障债权人权利公平

当相关权利人通过另案程序将到期债权标的受偿完毕时,实际上已经损害了其他可能的权利主体的合法权益,如申请执行人即丧失了对到期债权执行的公平机会。正常而言,救济途径的多样性本是对权利人的有力保障,但在多个权利主体主张的权利客体为同一标的时,应当保障权利实现的公平公正(起码应当达到机会公平)、平衡各方利益。我们应当正确理解并把握对到期债权执行的制度精神,在保证申请执行人生效法律文书确定的债权实现的同时,也要保障第三人、相关权利人的合法权益。在同一标的所涉权利主体包括申请执行人、被执行人、第三人及相关权利人等情形下,对该标的的权属、可执行性等问题均应当在同一司法环境中解决,而这种同一司法环境则应由执行法院建立。因此,应进一步确定相关权利人权利救济的唯一途径,通过限制相关权利人在救济途径选择上的多样性以保障各方主体的权利公平。

1. 完善《民事诉讼法司法解释》第499条关于相关权利人救济的规定

应当如何确定相关权利人权利救济的唯一途径？关键在于应当完善《民事诉讼法司法解释》第499条第2款中“利害关系人对到期债权有异议的，人民法院应当按照民事诉讼法第二百三十四条规定处理”的规定。可将其修正为：“相关权利人如对到期债权有异议的，可以且仅能按照民事诉讼法第二百三十四条规定主张权利，而不应通过在其他有管辖权的法院提起诉讼或在其他有管辖权的仲裁委员会提起仲裁等其他途径解决，否则相关权利人应当承担相应法律后果；如第三人对相关权利人非按照民事诉讼法第二百三十四条规定主张权利有过错的，不得向相关权利人清偿，并应当承担相应法律后果。相关权利人按照民事诉讼法第二百三十四条规定主张权利的，人民法院依该规定处理；相关权利人通过其他途径解决的，人民法院、仲裁委员会等裁判机构应当不予支持。”

2. 相关权利人另循途径救济、第三人未履行告知义务均应承担相应法律后果

关于相关权利人应当承担的法律后果，应参照《民事诉讼法》第114条的规定，适用罚款、拘留等强制执行措施；第三人应当承担的法律后果，则是指第三人未向执行法院履行告知义务（第三人有义务告知执行法院相关权利人已通过其他途径对该到期债权主张权利），或擅自向相关权利人清偿，造成已向相关权利人履行的财产不能追回的，除在已履行的财产范围内与被执行人承担连带责任外，应当参照《民事诉讼法》第114条的规定承担妨害执行的责任。

相关权利人另循途径救济、第三人未履行告知义务应承担相应法律后果的制度设计，系保障落实相关权利人权利救济唯一途径制度的重要内容。即使相关权利人通过多个途径进行权利救济的结果一致，但如果其在除法定途径外同时另循其他途径救济，而非在“同一司法环境”中解决，则该相关权利人亦应承担相应法律后果，以保障各方主体的机会公平、权利公正。对于第三人来说，因其无论在哪种救济途径中都是被动一方，故应当以其是否有过错为原则确定其是否需承担相应法律后果。

以相关权利人通过另案诉讼对到期债权主张权益为例。在诉讼中,第三人作为被告一方,应当对执行法院负告知义务①,以使执行法院与该诉讼的管辖法院建立信息沟通渠道。如第三人在收到应诉通知后判决作出前告知执行法院,则对该诉讼并无过错,无须承担相关法律后果;如第三人直至判决作出之日仍未向执行法院履行告知义务,则对该诉讼有过错,应当承担相应法律后果。

对相关权利人通过另案诉讼的法院来说,如该法院已知悉到期债权的执行情况,则应驳回相关权利人的诉讼请求。

对相关权利人来说,其诉讼有两种可能:一是因第三人向执行法院履行告知义务后,执行法院将函告诉讼法院到期债权的执行情况。在第一种可能下,诉讼法院应当驳回相关权利人的诉讼请求。二是因第三人未向执行法院履行告知义务,执行法院与诉讼法院信息不对称,对到期债权的诉讼与执行情况互不知情,诉讼将依程序继续进行。在第二种可能下,相关权利人如败诉,则仅需承担上述应承担的法律后果;如胜诉,则除需承担上述法律后果外,还需将在该案中已从第三人处受偿的(含申请强制执行后从第三人处执行到位的)案款向执行法院提存,执行法院视情况对案款进行处理。如相关权利人同时按照《民事诉讼法》第 234 条的规定进行救济并得到法院支持,则执行法院应当中止对该到期债权的执行,并将提存的案款原路返还相关权利人;如相关权利人未同时按照《民事诉讼法》第 234 条规定进行救济或在该救济中的诉讼请求被驳回,则执行法院可继续执行该到期债权,但应扣除相关权利人已提存款项相应的标的金额,并把提存的案款作为在案件执行中执行到位的执行案款予以依法发放。

四、结　　语

到期债权执行制度对债权人合法债权的实现及巩固“基本解决执行难”成果具有重要意义,但该制度制定施行至今已三十余载,其滞后性及对司法

① 在诉讼中,法院将依法送达应诉通知,故本文中对第三人是否知悉相关权利人提起的另案诉讼作“知悉推定”。

实践造成的困扰日益明显。本文梳理了该制度在司法实践中的一些问题:到期债权的判断标准模糊致使制度精神被弱化,对第三人异议审查的标准模糊致使制度执行难以落实,相关权利人的救济途径竞合致使申请执行人的权利公平被削弱。并且,提出应当完善到期债权的相关法律规范,即明确到期债权判断标准、完善执行程序中应送达文书的类型、赋予执行法院对第三人异议的形式审查权、确定相关权利人救济的唯一途径等,以保障权利的实质公平、公正。囿于笔者理论水平有限,本文中的建议并不十分严谨周全,但希望本文能引起实务界和理论界更多的关注与研究,为司法实践提供有益的指导。

论合法占有执行标的之排他性权益

——以房抵债案外人排除执行的优先性来源

刘　欣*

摘要:案外人通过以房抵债方式对执行标的享有的权益是否可以排除执行,在司法实践中一直存在两种截然不同的认知。支持排除执行的观点往往将以房抵债协议区别于房屋买卖合同,由此判定案外人对执行标的享有的仅是与申请执行人相同的金钱债权。此种观点忽略了近年来司法实践对期后以物抵债已经逐渐采纳诺成合同的认识,案外人依据以房抵债协议对不动产享有的权益性质与买卖合同项下并无不同,在合法占有执行标的的情况下,此种债权请求权具有一定的物权性质。这种认识相较"物权期待权说"以及"事实物权说",更符合我国目前的司法实践,是对以房抵债案外人排除执行效力的更优解释进路。

关键词:案外人执行异议;期后以物抵债;债权物权化

债务人以全部责任财产对债务承担清偿责任,债权人为实现履行期届满的金钱债权,在债务人的货币财产不足以全部清偿时,可以选择执行债务人其他形态的财产。司法实践中经常出现的情况是,此类债务人已经丧失了一定的清偿能力(甚至在未来的一段时间内将具备破产原因),此时,不同债权人对于债务人责任财产的争夺呈现"先下手为强"的态势,并且往往在执行程序中分别以申请执行人和案外人的身份狭路相逢;至于哪一方能笑到最后,

---

* 北京恒都律师事务所律师,法学硕士。

争议焦点基本均会集中在执行依据所认定的权益与案外人对执行标的享有的权益之间。

以房抵债协议,正是案外人对作为不动产的执行标的享有权益的重要来源之一;而案外人以房抵债所形成的权益能否足以排除强制执行,也已成为执行异议之诉中最具争议的法律适用问题之一。本文尝试总结近年来最高人民法院对上述问题的不同裁判观点,梳理各地区高级人民法院为解决上述问题提出的各种司法意见,并结合物权法理论对该问题的法律适用作出评述。

一、以房抵债排除执行的司法实践现状

(一)案外人排除执行不动产诉讼请求的构成要件

我国执行异议之诉制度的创立和发展离不开各级人民法院的积极探索和推动。《民事诉讼法》于2007年修正时,第一次在法律层面将案外人执行异议确立为执行异议之诉,而该制度后续主要由最高人民法院以司法解释的方式在随后的十余年中不断完善。目前,执行异议之诉制度包括案外人(申请执行人)执行异议之诉、执行分配方案异议之诉、追加被执行人异议之诉三种基本类型(如未特别说明,本文所指执行异议之诉即案外人执行异议之诉)。

执行异议之诉的诉讼请求与审理内容相对固定,核心在于认定案外人对执行标的享有的权益能否排除执行。因此,执行异议之诉性质上属于形成之诉,判决结果不能产生物权变动的实体法效果,仅可以排除执行措施或变更执行法律关系。①

尽管最高人民法院分别于2004年和2015年颁布的《关于人民法院民事执行中查封、扣押、冻结财产的规定》(最新修正时间为2020年,以下简称《查扣冻规定》)、《关于人民法院办理执行异议和复议案件若干问题的规定》(最新修正时间为2020年,以下简称《执行异议复议规定》)均并非直接适用于执行异议之诉的裁判规则,但是各级人民法院无论采取直接适用、参照适用的方式,还是采取形式上未引用但实质适用的方式,都已经将上述规定中关于

① 参见王毓莹:《执行异议之诉案件的审判理念与裁判思路》,载《判解研究》2016年第3辑。

认定案外人对执行标的享有的权益能否排除执行的裁判规则实际运用到了民事审判中。

具体针对执行标的为不动产的情况，最高人民法院通过《查扣冻规定》第 17 条和《执行异议复议规定》第 28 条确立了案外人作为一般不动产买受人享有足以排除执行的权益之规定，①并在《全国法院民商事审判工作会议纪要》(以下简称《九民会议纪要》)第 127 条中进行了细化。

《九民会议纪要》第 127 条规定："金钱债权执行中，商品房消费者之外的一般买受人对登记在被执行人名下的不动产提出异议，请求排除执行的，《最高人民法院关于人民法院办理执行异议和复议案件若干问题的规定》第 28 条规定，符合下列情形的依法予以支持：一是在人民法院查封之前已签订合法有效的书面买卖合同；二是在人民法院查封之前已合法占有该不动产；三是已支付全部价款，或者已按照合同约定支付部分价款且将剩余价款按照人民法院的要求交付执行；四是非因买受人自身原因未办理过户登记。人民法院在审理执行异议之诉案件时，可参照适用此条款。在实践中，对于该规定的前 3 个条件，理解并无分歧。对于其中的第 4 个条件，理解不一致。一般而言，买受人只要有向房屋登记机构递交过户登记材料，或向出卖人提出了办理过户登记的请求等积极行为的，可以认为符合该条件。买受人无上述积极行为，其未办理过户登记有合理的客观理由的，亦可认定符合该条件。"概言之，在执行程序中对此类案外人进行优先保护的要件包括：一是案外人在查封之前已与被执行人签订合法有效的书面买卖合同；二是案外人在查封之前已合法占有该不动产；三是案外人已支付全部价款，或者已按约支付部分价款且将剩余价款按人民法院的要求交付执行；四是案外人非因自身原因未办理不动产权属转移登记。

在司法实践中，各地法院争议较大的是通过以房抵债协议对不动产享有

---

① 与此相区别的是，案外人作为消费者针对商品房的合法权益排除执行规则，即《执行异议复议规定》第 29 条。消费者对商品房的合法权益最早由最高人民法院《关于建设工程价款优先受偿权问题的批复》(已失效)第 2 条所创设，而在两年后，根据最高人民法院、原国土资源部、原建设部《关于依法规范人民法院执行和国土资源房地产管理部门协助执行若干问题的通知》第 15 条的规定，该合法权益保护的对象扩大至自开发商处受让房屋的所有买受人。在开发商的众多类型债权人中，商品房消费者与施工人、非金融机构出借人等主体不同，基本不存在与开发商通过以物抵债方式购买商品房的情况，因此本文对此部分内容不做讨论。

债权的案外人,是否对该执行标的同样享有足以排除执行的权益。目前,《执行异议复议规定》第 28 条的适用是对此类案外人权益事实认定和说理的前提,因此,案外人是否享有足以排除执行的权益最直观地体现为人民法院是否在执行异议之诉中适用该条。

(二)“否定说”:以房抵债既不能适用《执行异议复议规定》第 28 条亦不能排除执行

持“否定说”的观点认为,案外人通过以房抵债协议对执行标的享有的债权不具有物权效果,不享有足以排除执行的权益,对于此类诉讼请求原则上不予支持,[①]因此不适用《执行异议复议规定》第 28 条的规定。

在“葫芦岛市某房地产开发有限公司与孙某、葫芦岛恒某混凝土搅拌有限公司执行异议之诉案”[②]中,由于《执行异议复议规定》在审理时尚未出台,该案合议庭成员适用《查扣冻规定》判定,案外人对物的占有是形成物权期待权的必要条件,尽管以房抵债协议项下债务人交付房屋具备占有要素,但是仍不能如同消费者购房债权一般,对抵债物产生物权期待权(而且本案亦无在案证据证明案外人实际占有了案涉房屋)。

如果说上述案例并未对《执行异议复议规定》第 28 条的适用给予明确答复,那么“某银行股份有限公司包头分行、贾某执行异议之诉案”则是以指令再审的方式直接认定原审二审法院关于该条适用属于法律适用错误,该案合议庭成员重申了以房抵债协议是以消灭金钱债务为目的,而房产的交付仅是该协议的履行方式,并不足以形成优先于一般债权的利益,不能据此产生物

---

① 参见山东省高级人民法院民一庭:《重磅 | 山东高院民一庭:执行异议之诉案件审判观点综述》,载微信公众号“山东高法”2018 年 4 月 9 日,https://mp.weixin.qq.com/s/WwHBDLKrCKnWMN6jWXV3xQ。

② “本院认为,以物抵债协议首先以消灭金钱债务为目的,而物的交付仅为以物抵债的实际履行方式,此即与最高人民法院《关于人民法院民事执行中查封、扣押、冻结财产的规定》所规定的基于买卖而产生物权期待权具有基础性的区别。因而,基于以物抵债而拟受让不动产的受让人,在完成不动产法定登记之前,该以物抵债协议并不足以形成优先于一般债权的利益,不能据此产生针对交易不动产的物权期待权。就本案而言,恒某公司依据其与中某公司之间签订的抵债协议而产生的权利仍未超过债权之维度,并无任何物权化之属性。”参见最高人民法院民事裁定书,(2016)最高法民申 3620 号。

权效果。[①]

与最高人民法院上述观点相似,“王某与杨某案外人执行异议之诉案”、“李某与陈某申请执行人执行异议之诉案”以及“房某与陈某申请执行人执行异议之诉案”[②]所体现的裁判观点均为在完成房产登记前,以物抵债协议仅为原债务的替代履行,并不足以得出其优于一般债权的结论。

(三)“肯定说”:以房抵债可以适用《执行异议复议规定》第28条并据此排除执行

持“肯定说”的观点则认为,以物抵债协议同样具有类似物权期待权的排他效果,因此应当适用《执行异议复议规定》第28条的规定,判定案外人的权益是否足以排除执行。

在“王某、环某国际贸易(天津)有限公司等案外人执行异议之诉案”[③]中,尽管最高人民法院没有直接适用《执行异议复议规定》第28条,但是其实质上参照该规定,认定作为旧债的民间借贷合同以及作为新债的抵债协议均

---

① “本案双方当事人之间的以物抵债协议,不能体现双方买卖房屋的真实意思表示,只是债务人履行债务的变通方式,不必然地引起房屋权属的变动……以物抵债协议约定的交付房产,是以消灭金钱债务为目的的债的履行方式,在完成房屋变更登记之前,以房抵债协议并不形成优于其他债权的利益,且破坏了债权平等受偿的原则,损害了其他与某置业之间存有债权债务关系的当事人的合法权利救济途径,故不能认定依据以房抵债协议而产生的物权期待权及物权本身。”参见最高人民法院民事裁定书,(2017)最高法民申1769号。该案合议庭成员在王某与青岛某投资控股有限公司执行异议之诉案、魏某与青岛某投资控股有限公司执行异议之诉案中阐述了同样的裁判观点。参见最高人民法院民事判决书,(2017)最高法民终356号;最高人民法院民事判决书,(2017)最高法民终354号。

② 参见河北省邯郸市中级人民法院民事判决书,(2020)冀04民终1567号;山东省烟台市中级人民法院民事判决书,(2018)鲁06民终5550号;山东省烟台市中级人民法院民事判决书,(2018)鲁06民终5549号。

③ “环某公司一、二审均未出庭应诉,没有提供相关证据支持王某的观点,仅凭王某提供的借款合同和收据,不足以证明其为环某公司的债权人……王某二审中提交了其与联某公司签订的两份商品房买卖合同,其中对于案涉两套房屋价格的约定分别是225万元和345万元,与王某主张的其对环某公司享有的债权数额不同。而且,两份合同中有关付款形式与付款时间部分均为空白,从中无法看出王某向联某公司购买案涉房屋与其主张的环某公司以上述房产抵债一事之间的联系……王某仅主张其在2001年9月28日以通知的方式要求环某公司及联某公司办理过户。此后直至2014年6月25日王某提起执行异议,在十三年的时间内,王某未以任何方式主张自己的权利,该行为亦有悖常理。”参见最高人民法院民事判决书,(2016)最高法民终113号。

未达到证明标准,[①]并且认定案外人对于案涉房屋未及时过户具有较大的过错。

与"葫芦岛市某房地产开发有限公司与孙某、葫芦岛恒某混凝土搅拌有限公司执行异议之诉案"不同的是,在"李某、郭某等执行异议之诉案"[②]中,该案合议庭成员认为案外人基于抵债协议对案涉房屋的占有或使用与一般的房屋买受人没有区别,因此在认定抵债协议有效性的情况下,根据《执行异议复议规定》第28条对以房抵债中的占有作进一步释义。

除针对执行标的为较常见的房产外,在"九江某集团有限公司、国某等执行异议之诉案"[③]中,该案合议庭成员亦适用《执行异议复议规定》第28条认定案外人是否合法占有《债务抵顶转让协议书》所涉土地,以及是否因自身原因未办理土地使用权过户。

在地方司法实践[④]中,"王某与江苏某建设工程有限公司、兴化市某置业有限公司民间借贷纠纷执行异议"、"戴某与江苏某建设工程有限公司、兴化市某置业有限公司民间借贷纠纷执行异议"、"江苏某建设集团有限公司与江苏某置业有限公司建设工程施工合同纠纷执行异议"[⑤]以及"陈某与松原市某建设工程有限公司、松原市某房地产开发有限责任公司案外人执行异议

---

① 针对以物抵债协议与原合同之间的关系,司法实践中与理论学说上一直有"有债务更新说"与"新债清偿说之别",本文采《九民会议纪要》第44条所主张的"新债清偿说"观点,即认为该案中同时存在民间借贷合同和抵债协议新旧两债。参见最高人民法院民事审判第二庭编著:《全国法院民商事审判工作会议纪要理解与适用》,人民法院出版社2019年版,第303页。

② "借款的当事人郭某及崔某,经协商约定以案涉房产抵偿部分债务,意思表示真实,不违反法律、行政法规的强制性规定,内容合法有效……本院认为,《最高人民法院关于办理执行异议和复议案件若干问题的规定》第二十八条规定的'占有'应理解为对不动产的支配和管理。一般认为,拿到不动产的钥匙,即应视为对房屋已经有事实上的支配权和管理权。被申请人郭某在案涉房屋买卖合同签订后即拿到了房屋钥匙,应视为已经'占有'案涉房屋。据此,李某则提供的物业公司明细不足以推翻郭某实际占有案涉房屋的事实。"参见最高人民法院民事裁定书,(2018)最高法民申387号。

③ 参见最高人民法院民事裁定书,(2018)最高法民申939号。

④ 相关人民法院均在执行异议阶段即直接适用了江苏省高级人民法院针对执行异议之诉中常见法律问题(包括以物抵债)出台的司法文件,详见下文介绍。但是依然存在人民法院适用法律错误的情况。

⑤ 参见江苏省兴化市人民法院执行裁定书,(2019)苏1281执异87号;江苏省兴化市人民法院执行裁定书,(2019)苏1281执异86号;江苏省盱眙县人民法院执行裁定书,(2019)苏0830执异36号。

之诉案”,[①]所体现的裁判观点均为案外人依据抵债协议对执行标的享有的权益足以排除申请执行人的强制执行申请。

二、以房抵债形态下的案外人权益分析

(一)房屋买卖合同与以房抵债协议的区别是否影响案外人对不动产的权益

1. 以物抵债的分类和性质

(1)以物抵债的分类

一般而言,以房抵债协议或者说以物抵债,是指债务人与债权人约定以债务人或经第三人同意的第三人所有的财产折价归债权人所有,用以清偿双方债务的协议。[②] 根据抵债协议与原合同的订立时间、履行程度等因素,可以将以物抵债分为 4 类:债务履行期限届满前的以物抵债(以下简称期前以物抵债)、债务履行期限届满后的以物抵债(以下简称期后以物抵债)、执行程序中当事人合意的以物抵债、财产无法拍卖或变卖的以物抵债。[③]

(2)以物抵债的性质

房屋买卖合同与以房抵债协议的最大区别在于,前者是直接以不动产所有权的转移为合同目的订立的协议,而后者则是通过不动产所有权的转移实现当事人其他合同目的的协议。当案外人分别依据房屋买卖合同与以房抵债协议提出执行异议时,此种区别是否导致案外人对执行标的具有的权益性质的不同,与我国历年来司法实践对以房抵债的认识具有直接关系。

如果认为以房抵债协议是实践合同,那么在案外人尚未取得作为抵债物

---

① 尽管松原市中级人民法院没有在裁判文书中直接适用吉林省高级人民法院的司法文件说理(详见下文介绍),但是同样并未采纳申请执行人引用(2017)最高法民终 356 号民事判决书以说明以物抵债协议不适用《执行异议复议规定》第 28 条的观点。参见吉林省松原市中级人民法院民事判决书,(2019)吉 07 民初 90 号。

② 参见江苏省高级人民法院 2014 年 4 月 25 日出台的《关于以物抵债若干法律适用问题的审理纪要》第 1 条“关于以物抵债行为的界定”。

③ 参见施磊、徐鲁嘉:《以物抵债的合同效力及适用条件——漫谈〈九民纪要〉第 44、45 条》,载微信公众号“邦信阳中建中汇”2019 年 12 月 12 日,https://mp. weixin. qq. com/s/glv7Fq6ROPpahKJ0FGQB3Q。如未特别说明,后文所指以物抵债或以物抵债协议均指期后以物抵债。

的房屋等不动产的所有权时，以房抵债协议尚未成立，案外人与被执行人之间的民事关系仍为原债权债务相关合同关系。[①] 因此，在被执行人的其他债权人对抵债物采取保全或执行措施时，案外人对于抵债物不具有任何实际的民事权益。

如果认为以房抵债协议是诺成合同，那么其在不具有其他无效事由的情况下已经成立，案外人与被执行人之间的民事关系已经由案外人向被执行人主张金钱债权变为案外人向被执行人主张对抵债物所有权变动的非金钱债权。因此，在被执行人的其他债权人对抵债物采取保全或执行措施时，作为以房抵债债权人的案外人对抵债物的民事权益，实际上与作为房屋买卖合同债权人的案外人没有任何区别，二者均是要求被执行人将作为抵债物的房屋等不动产的所有权转移登记至案外人名下。

由此可见，以房抵债协议性质的认定是判断案外人是否有权排除执行的前提。

2. 期后以物抵债合同性质的观点变化

针对以物抵债的司法实践，最高人民法院的态度在近年来发生了一定的变化，最为明显的一点则是对期后以物抵债合同性质的认识历经了从实践合同到诺成合同的转变。

根据我国传统的民法理论通说，以物抵债协议属于实践合同；这种学理观点对司法实践的影响以“成都市国土资源局武侯分局与某(蛇口)成都房地产开发有限责任公司、成都某实业开发有限责任公司、海南某科技实业开发总公司债权人代位权纠纷案”[②]为代表。该公报案例中关于“代物清偿协议系实践性合同”的裁判规则亦逐渐成为最高人民法院的主流司法观点，即在受

① 例如，“……而设立以物抵债的目的在于消灭旧的金钱之债，以物抵债作为履行原来金钱之债的方法，其债权人享有的本质上仍然是金钱之债，不应优先于另一个金钱之债”。参见最高人民法院民事审判第二庭编著：《〈全国法院民商事审判工作会议纪要〉理解与适用》，人民法院出版社2019年版，第304页。又如，“……同时，之所以要对买受人物权期待权进行保护，实际上隐含的理念是，物之交付的债权优先于金钱债权，而抵债协议的目的是消灭金钱债，不应优先于另外一个金钱债权的实现”。参见江必新、刘贵祥主编，最高人民法院执行局编著：《最高人民法院关于人民法院办理执行异议和复议案件若干问题规定理解与适用》，人民法院出版社2015年版，第429页。

② 参见成都市国土资源局武侯分局与某(蛇口)成都房地产开发有限责任公司、成都某实业开发有限责任公司、海南某科技实业开发总公司债权人代位权纠纷案，载《最高人民法院公报》2012年第6期。

让人取得抵债物的物权之前,以物抵债协议未成立。然而这一观点在之后的发展中发生了改变。

如果说指导案例 72 号“汤某、刘某龙、马某太、王某刚诉新疆鄂尔多斯彦海房地产开发有限公司商品房买卖合同纠纷案”是自上述公报案例以来,最高人民法院关于以物抵债协议性质裁判观点的首次重大变化,[①]那么公报案例“通州某集团有限公司与内蒙古某房地产有限责任公司建设工程施工合同纠纷案”则明确地将以物抵债协议定性为诺成性合同。[②] 2015 年 10 月 8 日,最高人民法院审判委员会及合议庭成员在前者中着重探讨了期后以物抵债与流押、让与担保的关系,在认定案涉以物抵债协议依法成立的前提下,并未采纳关于该协议属于合同法或物权法无效情形的主张;2016 年 12 月,合议庭成员则直接在后者中否认了以物抵债协议属于实践性合同的观点。

2019 年 11 月 8 日,最高人民法院最终在《九民会议纪要》第 44 条中对期后以物抵债协议的性质采纳了诺成性合同的观点;与 2016 年 11 月 21 日的最高人民法院关于印发《第八次全国法院民事商事审判工作会议(民事部分)纪要》的通知(以下简称《八民会议纪要》)第 17 条相比,本条更进一步地明确了以物抵债协议的效力。[③]

其实早在 2015 年 12 月 24 日,最高人民法院已在《关于当前商事审判工作中的若干具体问题》中,强调了期后以物抵债协议的合同效力不受抵债物

---

① 参见最高人民法院《关于发布第 15 批指导性案例的通知》(法〔2016〕449 号),最高人民法院指导案例 72 号(2016 年)。

② “以物抵债,系债务清偿的方式之一,是当事人之间对于如何清偿债务作出的安排,故对以物抵债协议的效力、履行等问题的认定,应以尊重当事人的意思自治为基本原则。一般而言,除当事人明确约定外,当事人于债务清偿期届满后签订的以物抵债协议,并不以债权人现实地受领抵债物,或取得抵债物所有权、使用权等财产权利,为成立或生效要件。只要双方当事人的意思表示真实,合同内容不违反法律、行政法规的强制性规定,合同即为有效。”参见通州某集团有限公司与内蒙古某房地产有限责任公司建设工程施工合同纠纷案,载《最高人民法院公报》2017 年第 9 期。

③ “《八民会纪要(民事部分)》对于‘以房抵债’协议的性质问题没有明确规定,第 17 条只是从正面明确对完成产权变更手续的‘以房抵债’协议,当事人没有正当理由不能主张无效或可变更可撤销,但不能因此得出‘以房抵债’协议没有完成产权变更手续即不发生效力的结论,毕竟,合同不生效与合同无效系不同层次的概念。”参见杜万华主编:《第八次全国法院民事商事审判工作会议(民事部分)纪要理解与适用》,人民法院出版社 2017 年版,第 324 页。

是否交付给债权人的影响,①在没有明确法律规定的情况下,不宜对《八民会议纪要》第 17 条作反向解释,认为该纪要在观点上与讲话精神上并不一致。②自《九民会议纪要》之后,对以物抵债协议性质的认识应当统一,更重要的是,要把握这种统一认识背后对于债务人之债权人以及债务人相关之第三人的利益平衡。总体而言,尊重当事人意思自治、鼓励合同交易、维护债权人利益,是现代民法尤其是商事交易相关法律的重要价值取向。③

综上所述,目前,在我国的司法实践中对于以房抵债协议已经普遍采取诺成合同的性质认定。因此,案外人依据此等协议对作为执行标的的抵债物享有的权益,与依据房屋买卖合同对执行标的享有的权益并无区别。

(二)案外人对执行标的不动产享有的权益为何种性质

1. "事实物权说"

不动产物权变动,即物权的设立、变更、转让和消灭,通常需要通过特定的公示方式产生法律效力,主要意义在于确定物权的归属、保护交易的安全

---

① 对于抵债物已经交付给债权人的情况没有争议。对于在抵债物尚未交付给债权人的情况下,法院是否应当对抵债物履行清算程序的问题,如果认为应当履行清算程序,则对以物抵债协议的性质采让与担保的观点。对此,最高人民法院在指导案例 72 号中已有讨论。也有观点认为,"因以物抵债约定系事后达成,所以不会对债务人造成不公平,故无须履行上述程序,债权人可以就抵债物直接受偿"。

② "2016 年 11 月 30 日公布的《八民会纪要(民事部分)》(以下简称《纪要》),并未体现杨某的上述讲话精神,关于以房抵债,只有区区两条,即第 16 条和第 17 条,均与讲话精神无关……再对照杨某在会上关于以物抵债讲话的侧重点,不能不承认,一年后下发的《纪要》,比之会议上的讲话精神已有重大改变。"参见熊健、金民安:《困境与出路:执行异议之诉中的以物抵债——对执行异议复议规定第 28 条适用范围的研究 | 泽大原创》,载微信公众号"泽大律师"2019 年 9 月 19 日,https://mp.weixin.qq.com/s/ggGtvkqjbyA8qAGpQV1TrQ。可见,如果只是简单地对比条文,很容易得出《八民会议纪要》"改变甚至退步"的观点,从而忽略了法律或司法解释一贯的制定特点。在对该纪要第 17 条的条文释义中,最高人民法院在对比了对以物抵债协议采实践性和诺成性的不同法律效果以及利益平衡之后,认为"在现行法律没有明确规定的情况下,应充分尊重当事人意思自治,将之解释为诺成性合同并非没有空间。房屋所有权是否完成变动,房屋是否交付仅涉及债是否已经获得清偿的问题,不应影响'以房抵债'协议的生效"。参见杜万华主编:《第八次全国法院民事商事审判工作会议(民事部分)纪要理解与适用》,人民法院出版社 2017 年版,第 324 页。

③ 司法实践中往往忽略的是,公报案例(2011)民提字第 210 号裁判文书对以物抵债协议采实践性的初衷,同样是维护债权人成都港某公司及其债权人武侯国土局的利益。尽管实践性的以物抵债协议对于原债构成债务更新,但是在《债权债务清算协议书》在履行前,某局公司对成都港某公司原有的 3481.55 万元金钱债务并不消灭。因此,武侯国土局有权代位行使成都港某公司基于以物抵债协议对某局公司享有的金钱债权。这在保护债权人利益上达到了与新债清偿一样的效果。

与交易秩序、提高交易的效率。以物权法定原则为视角,我国《物权法》(已失效)和《民法典》对不动产物权的变动以登记生效主义为一般情形,将例外情形规定为法律保留项。

"法律另有规定的除外"主要包括3种情况:[①]第一,依法属于国家所有的自然资源。由于国家所有权依法不能进行转移,也不可能设立新的所有权,并且有些自然资源也无法进行登记,所以可以不进行登记。第二,非基于法律行为发生的物权变动。例如,因人民法院、仲裁委员会生效的法律文书和人民政府的征收决定而产生的不动产物权变动,自该法律文书或征收决定生效之日起发生法律效力;因事实行为而产生的不动产物权变动,自该事实发生之日起发生法律效力。第三,结合我国农村地区各类型不动产实际情况,并未规定相应不动产物权变动一概以登记为生效要件。例如,针对宅基地使用权,只是强调已经登记的宅基地使用权转让或消灭的,应当及时办理变更登记或注销登记;针对土地承包经营权,采取的是登记对抗主义,而该权利自土地承包经营权合同生效时即设立。[②]

此外,还有一些权利虽然不为我国物权法律规范所承认,或暂时没有纳入其调整范围,但在日常生活及司法实践中仍被视作物权或具有物权效力的权利。这一现象多发生在城镇房屋交易市场,实践中存在不少非买受人的原因而未登记的房屋,最典型的权利人就是已经合法占有使用建筑物专有部分但尚未依法办理物权登记的商品房业主。

同理,案外人依据《执行异议复议规定》第28条对被执行人名下不动产所享有的权益同样具有物权性质。此种事实物权的认定确实影响了我国不动产登记簿的公信力,对现行不动产物权变动规则造成了一定冲击。但必须承认的是,这种认定其实在法律解释上符合真实权利状态对于不动产登记簿权利推定的修正,在社会效果上"对于增强人民群众对法律公平的信心无疑

---

① 参见黄薇主编:《中华人民共和国民法典物权编释义》,法律出版社2020年版,第12页。

② 也有学者从《民法典》物权编对真实物权的公示标准、事实标准和意思标准3种判断标准的角度,对包括不动产类型在内的各种物权提供用以解决物权归属困惑一般性的理论方案。参见常鹏翱:《〈民法典〉中真实物权的判断标准》,载《浙江工商大学学报》2020年第5期。

具有特殊的意义”①。

尤其是考虑在我国物权法律规范缺乏取得时效制度的情况下，长期、和平、自主占有的不动产的状态无法通过现行法得到救济。② 即便在城镇房屋交易市场，由于不少非商品房权属状态并未完全清晰，长期以来采取交付取得不动产所有权的规则，③一些案外人在出现纠纷前对不动产物权变动的登记生效主义理解并不深刻，如果不加区分一律准许强制执行，实则冲击了此类权利人对于房屋真实权利状态的朴素认识，不利于社会稳定。

2. 物权性债权请求权

“物权期待权说”和“事实物权说”虽然可以赋予案外人对执行标的不动产享有一定排他性的权益效力，但是在法理上均存在着不同程度的体系性解释缺陷。笔者认为，针对不动产提出转移登记的请求权虽然产生于买卖、以房抵债等合同，但是在权利人已经合法占有不动产的情况下，该请求权具有物权性质，其法律性质明显区别于与该不动产相关的其他金钱债权。

具体而言，虽然基于债的相对性，债权人地位平等，但占有人之权利却具有排他性和对世性，④与本权结合的占有还具有一定程度的权利归属内容，法理上占有人对于其占有之保护权能，可以达到所有人对占有之保护的强度，因此超越了债权权能的范围。因此，尽管占有并非不动产物权变动的法定公示形式，但买受人基于变更所有权的意思长期、持续以及和平地占有、使用不

---

① 江必新、刘贵祥主编，最高人民法院执行局编著：《最高人民法院关于人民法院办理执行异议和复议案件若干问题规定理解与适用》，人民法院出版社 2015 年版，第 422 页。

② 参见庄加园：《不动产买受人的实体法地位辨析：兼谈〈异议复议规定〉第 28 条》，载《法治研究》2018 年第 5 期。

③ 参见许德风：《不动产一物二卖问题研究》，载《法学研究》2012 年第 3 期。

④ 也有学者称其为“绝对的占有权”，占有人可以对抗其自身以外的其他权利人。尽管有权占有源于形式多样的权利基础（本权），但是正是借助于占有表征，源于本权的占有权发生了质变，更接近于所有权的对世效力（绝对性）。说它接近于所有权意味着它还不是所有权，而是在所有权与其依附的本权之间的一种中间权利。参见彭诚信、岳耀东：《房屋多重转让中权利保护顺位的确立依据与证成——以“占有优先保护说”为核心》，载《山东社会科学》2012 年第 5 期。

动产,该种行为本身对社会亦能起到一定的公示作用。[①]

其实回归到"买卖不破租赁"的民法传统观点中,承租人对不动产所享有的租赁债权已经在一定程度上实现物权化从而产生对抗第三人的效力,此种债权物权化的正当性之一即源于上述"占有公示说"。[②] 因此,在买受人已经因买卖合同合法占有不动产的情况下,有学者主张,"买受人的权利地位如承租人一样发生了变化,由买卖契约所产生的纯粹债权人地位向对物的适用与直接支配转变。买受人已经实际享有不动产之适用收益,并承担标的物意外灭失的风险。因而,通过类推适用租赁权的物权化而赋予已占有的买受人之准物权保护,并无不当"[③]。

此外,亦有学者针对同样具有物权性质的"借名买房"不动产转移登记请求权,以"动态体系论"作为债权物权化的理论基础。动态体系论的基本构想是特定化一定领域内发挥作用的诸要素,通过诸要素的动态协同作用说明各个法律规范、法律效果及其变迁,并将其正当化。[④] 在对"借名买房"不动产转移登记债权的动态体系评价中,可选取合同效力、可归责性、占有状况、价款支付以及生存利益等要素作为评价此类债权物权化的方面,并辅以原则性示例给予不同要素特定权重。[⑤]

我国目前已有不少司法解释、司法文件以及司法案例逐渐接受了不动产转移登记债权请求权具有物权性质的观点。

例如,从单个不动产转移登记请求权的诉讼时效来看,一般而言,诉讼时

---

① 最高人民法院在《八民会议纪要》第24条的条文释义中指出:"债权和物权作为交易过程的两种权利状态,买受人要么受到债权的保护,要么受到物权的保护,即所谓交易过程中当事人的权利状态处于'非此即彼、或有或无'的局面。但是,社会经济是复杂多样的,不会按照逻辑的推演严丝合缝,形式主义物权变动模式并非完美的制度设计,也存在一定的缺陷,某些债权物权化即为其例。"参见杜万华主编:《第八次全国法院民事商事审判工作会议(民事部分)纪要理解与适用》,人民法院出版社2017年版,第290页。

② 租赁权之物权化在于"租赁物之占有具有公示功能,其间固有社会政策与经济政策之考量,但租赁客体之有体性,及因其履行必由债权人占有之事实特征亦为物权化所必须的存在根基"。参见黄茂荣:《债法总论》(第2册),中国政法大学出版社1993年版,第274页。转引自陈永强:《未登记已占有的房屋买受人的权利保护》,载《环球法律评论》2013年第3期。

③ 陈永强:《未登记已占有的房屋买受人的权利保护》,载《环球法律评论》2013年第3期。

④ 参见[日]山本敬三:《民法中的动态系统论——有关法律评价及方法的绪论性考察》,解亘译,载《民商法论丛》2002年第1期。

⑤ 参见张力、莫杨燊:《论借名买房者对强制执行的排除》,载《中国不动产法研究》2020年第2辑。

效抗辩所适用的对象系债权请求权，这一适用的权利范围的限制目前已经为最高人民法院《关于审理民事案件适用诉讼时效制度若干问题的规定》第1条所确立。有观点认为，鉴于不动产转移登记请求权的物权性质，不宜适用诉讼时效制度对其进行调整；①如果权利人要求办理转移登记的请求权因诉讼时效期间届满而消灭，那么必将导致该不动产长期处于归属不清或者权利真空之状态，即不动产的占有使用者对该不动产缺少产权证书，而持有该不动产权属证书者并未真正地对其进行利用。② 此种观点同样在“中山市某体育用品有限公司、中山市某企业资产经营有限公司合同纠纷案”③中得到了最高人民法院的认同。

再如，从数个债权人对同一不动产主张转移登记请求权来看，不同请求权的优先性需要结合债权人对该不动产的合法占有事实综合判断。针对“一房数卖”的情形，最高人民法院在《九民会议纪要》第15条中明确指出，当数买受人均未取得登记时，比较合适的解决方案是将系争不动产的所有权赋予取得占有的买受人；④类似地，最高人民法院在《关于审理涉及国有土地使用权合同纠纷案件适用法律问题的解释》第9条中亦明确指出，当各方均未办理土地使用权变更登记手续时，优先支持已先行合法占有投资开发土地的受

---

① “如果出卖人已经将房屋交付买受人，则买受人请求出卖人移转房屋所有权（办理房屋所有权登记）不仅有买卖合同的依据，亦有其作为房屋合法占有人的基础，故该请求权不应受诉讼时效制度调整。”参见辛正郁：《交房、办证与诉讼时效》，载最高人民法院民一庭编：《中国民事审判前沿》2005年第1集，法律出版社2005年版，第197～217页。

② “这种‘分离’状态不但对真正的权利人不利，而且还会纵容出卖人拖延办证或根本不予协助办证等不法行为，从而使标的物得不到正常的利用，这显然与诉讼时效制度的立法本旨相背离。”参见史智军：《不动产买卖中的诉讼时效问题研究——以房屋买卖合同纠纷为视角》，载《法律适用》2015年第11期。

③ “过户登记请求权具有物权请求权性质，是为了使其对涉案资产的物权状态得以圆满，不适用诉讼时效的规定。”参见最高人民法院民事判决书，(2020)最高法民再115号。

④ 当然，有观点同样强调，权利人对不动产合法的占有体现了事实物权的特征。“从法律物权与事实物权区分的角度分析……出卖人将标的房屋交付买受人占有，则买受人取得了事实上的权利，可以据此补办登记手续。同时，由于其他买受人虽与法律物权人（出卖人）有合法的债权关系，但尚未通过不动产登记取得物权，所以第三人在物权法中也就没有确定的地位，就不能对抗事实权利人。”参见杜万华主编：《第八次全国法院民事商事审判工作会议（民事部分）纪要理解与适用》，人民法院出版社2017年版，第299～300页。亦有观点更进一步地将交付房屋解释为物权行为。“交付房屋占有乃是基于开发商和买受人之间的转移所有权的合意，这就是一个物权行为……在接受交付之后，买受人的占有是基于所有权的占有。”参见孙宪忠：《房屋买卖交付而未登记的法律效果分析》，载《人民法院报》2005年2月2日，第8版。

让方关于转让方履行办理土地使用权变更登记等合同义务的请求。

因此,在特定债权物权化的趋势中,合法占有不动产债权人的转移登记请求权具备比其他转移登记债权人更高的优先性。对于已经针对同一不动产签订相应合同的债权人而言,优先顺位尚不及合法占有的债权人,更遑论该不动产权人的一般金钱债权人。故举重以明轻,合法占有不动产债权人的转移登记请求权更加优先于其他债权人的金钱债权。

应当注意到的是,最高人民法院在"郭某、陈某等执行异议之诉案"中对原审法院关于"宋某对案涉幼儿园所享有的权利足以排除强制执行并无不当"的认定理由,在一定程度上也已认可了结合占有事实后的以物抵债债权,优先于或能够排除仅概括指向债务人责任财产的金钱债权的观点。①

综上,对于同一执行标的不动产上的申请执行之金钱债权与案外人对该不动产享有的转移登记之债权,后者的清偿顺序优先于前者,亦可以排除前者对于该不动产的执行。此种解释路径既可以避免对于德国法上物权期待权理论移植的不足,又可以避免事实物权实践对于我国物权法定原则的冲击。

三、结论及建议

笔者认为,案外人以房抵债所形成的权益在满足《执行异议复议规定》第28条的构成要件时,完全具备支配性、排他性的法律效果,因此足以排除申请执行人对抵债物的强制执行。然而在具体适用时,还应当注意如下问题。

(一)对"案外人已与被执行人签订合法有效的书面买卖合同"作扩大解释

在适用《执行异议复议规定》第28条认定案外人以房抵债所形成的权益时,应当对"案外人已与被执行人签订合法有效的书面买卖合同"中的"买卖"

---

① "第三,根据原审查明的事实,宋某已经实际占有并使用案涉幼儿园,案涉幼儿园房产的《房屋所有权证》亦一直由宋某保管。第四,从请求权内容上看,宋某享有的办理权属变更登记手续的请求权直接针对案涉幼儿园房产,而郭某、陈某对实达公司的债权为金钱债权,并未指向特定的财产,且宋某享有的请求权形成时间远远早于郭某、陈某的请求权时间。"参见最高人民法院民事裁定书,(2018)最高法民申1842号。

和有效性。[①] 然而,这种观点仅仅是在执行异议之诉中回避了对于抵债协议的审理。换言之,以虚假诉讼形式出现的以物抵债在任何审理程序中均会涉及;更有甚者,当事人会直接伪造消费者购房人身份对执行标的主张权益排除执行。[②]

笔者认为,相较其他审理程序,执行异议之诉不仅能够更加全面地保护申请执行人的合法权益,同时也可以避免以物抵债中的案外人因在该程序中失去对执行标的辩论的机会,继而在其他程序中面临"一事不再理"的窘境。[③] 根据最高人民法院《关于适用〈中华人民共和国民事诉讼法〉的解释》第309条的规定,案外人如果认为其依据以物抵债协议对执行标的不动产的权益足以排除申请执行人的执行措施,那么其应当承担包括证明以物抵债协议真实性、有效性及履行情况在内的多项举证责任,并从以下方面把握此类案件的审理工作:

第一,对以物抵债协议真实性、有效性及履行情况进行审查的前提在于

---

① 例如,《执行异议复议规定》第28条规定,"原本拟将抵债受让人也纳入物权期待权人的保护对象,但不少法院反映,实践中以物抵债的问题比较复杂,尤其是对于案外人与被执行人恶意串通倒签抵债时间以排除其他债权人、使受让人偏颇受偿的问题突出,尚无鉴定合同确切签订时间的有效技术手段,抵债又不需要支付具体价款,无法通过其他证据来判断抵债合意的真伪……"。参见江必新、刘贵祥主编,最高人民法院执行局编著:《最高人民法院关于人民法院办理执行异议和复议案件若干问题规定理解与适用》,人民法院出版社2015年版,第429页。又如,"鉴于不少法院反映,实践中以物抵债的问题比较复杂,尤其是案外人与被执行人恶意串通倒签抵债时间以排除其他债权人执行、使受让人偏颇受偿的问题突出,在难以确切认定合同签订时间,且又难以认定当事人存在恶意串通的情况下,只能对以物抵债采取较为谨慎的态度,认为其债权人不能基于这两条规定对抗债权人的执行"。参见最高人民法院民事审判第二庭编著:《全国法院民商事审判工作会议纪要理解与适用》,人民法院出版社2019年版,第304页。

② 最高人民法院第二巡回法庭和黑龙江省高级人民法院分别对涉及虚假诉讼的某建设集团有限公司与黑龙江某房地产开发有限公司及63名被冒名购房者执行异议之诉系列案件作出宣判,并公布了对63件系列虚假诉讼案件合计罚款6300万元和涉嫌刑事犯罪线索移送的决定。参见云南省高级人民法院:《【关注】罚款6300万,新中国成立以来处罚最重的虚假诉讼系列案件在第二巡回法庭宣判!》,载微信公众号"云南高院"2020年12月13日,https://mp.weixin.qq.com/s/RxbjJ2lCBE5rbVT3z9rBPw。

③ 相较其他普通程序,执行异议之诉普通程序杜绝了对以物抵债协议进行调解的可能性,符合《九民会议纪要》第44条第2款关于人民法院不宜出具调解书对该协议予以确认的规定。

准确把握以物抵债协议的性质。① 就此而言，江苏省高级人民法院、江西省高级人民法院均强调“以房抵债协议不违反《八民会议纪要》精神”，而在《九民会议纪要》出台之后，各地区人民法院更应当严格甄别期后以物抵债与流押、让与担保的关系，而非一概模糊地否认以物抵债协议的效力。

第二，关注以房抵债协议的签订、履行等环节是否存在明显违背经验法则的情况。例如，黑龙江省高级人民法院明确要求辖区法院注重对房屋买卖协议是否存在“倒签”，买受人与出卖人之间是否存在恶意串通、逃避债务等情况进行审理；吉林省高级人民法院明确要求注重对抵债的不动产价值与原债务数额合理对应，且经清算债务数额已确定的情况进行审理；江苏省高级人民法院明确要求对以房抵债协议不存在规避执行或逃避债务、损害申请执行人或其他债权人利益的情形进行审理。

第三，对于常见的案外人基于建设工程价款与被执行人订立以房抵债协议的情况，可以借鉴江苏省高级人民法院《关于审理建设工程施工合同纠纷案件若干问题的解答》的有关规定，关注案外人是否系建设工程承包人或实际施工人、案外人享有的工程价款与抵债标的的价值是否相当等问题。

① 目前，已有不少地方人民法院引用最高人民法院指导案例72号以及(2017)最高法民申2480号民事裁定书，在肯定以物抵债协议诺成性的前提下进一步认定了案涉抵债协议的真实性、有效性。参见甘肃省高级人民法院民事判决书，(2020)甘民终227号；山东省淄博市中级人民法院民事判决书，(2018)鲁03民初142号；重庆市第四中级人民法院民事判决书，(2018)渝04民初359号。也有的人民法院对于以物抵债性质仍采取回避讨论的态度，仅在裁判结果上肯定此类特殊的“买卖合同”能够产生排除执行的权益。参见辽宁省高级人民法院民事判决书，(2018)辽民终47号；四川省高级人民法院民事判决书，(2019)川民终113号。

论先诉抗辩权的实现程序

张　菊*

摘要：现行法对先诉抗辩权的适用范围及适用阶段的认识有待进一步统一，权利实现程序有待进一步加强合理性和全面性，进一步补充责任人顺序履行利益的实现的必要保障。上述问题的解决需要厘清先诉抗辩权的基本概念，梳理我国司法实践现状并分析国内外相关程序的原理及具体规则。基于先诉抗辩权的动态性，其在审判阶段和执行阶段均具有适用空间。虽然两阶段均存在先诉抗辩权有无之判断，但仍存在较大差异。在审判阶段，其诉讼形态应为普通共同诉讼。在执行阶段，通过"三步走"执行模式、先诉抗辩权的执行救济程序以及执行程序中具体的原则与规则保障先诉抗辩权的实现和顺序履行利益的落实。先诉抗辩权实现程序的构建是基于实体、程序和实践多个角度对多重利益予以回应的结果，有利于实体法和程序法的顺利衔接。

关键词：先诉抗辩权；普通共同诉讼；执行救济

先诉抗辩权起源于东罗马帝国优帝一世时期，[①]旨在通过赋予顺序履行利益保护当事人的合法权益。自最高人民法院《关于审理经济合同纠纷案件有关保证的若干问题的规定》(已失效)中第一次规定了普通保证中的先诉抗辩权，至2021年实施的《民法典》在一般保证及先诉抗辩权方面作出重大修改，先诉抗辩权始终仅作为一般保证人专有的抗辩权存在于实体法中，缺乏

---

* 中国政法大学民商经济法学院民事诉讼法学2021级法学硕士。

① 参见汪渊智、侯怀霞：《论保证人的先诉抗辩权》，载《中国法学》1997年第1期。

对先诉抗辩权的体系化认识。实体法层面的误读也进一步影响了程序法层面对于先诉抗辩权的规制,出现了程序规则与实体规则难以契合、程序规则与司法实践大相径庭等情况。先诉抗辩权应当适用于民事诉讼哪一阶段?审判程序中规定的诉讼形态是否能够保障先诉抗辩权的行使?执行阶段应当如何确立执行的步骤、顺序、标准等内容?诉讼程序能否兼顾实体和程序利益,平衡当事人处分权和法院职权,公平地保护各方当事人的利益?这些问题决定了先诉抗辩权在实践中能否实现其保障顺序履行利益和安全秩序的功能。

基于上述问题,本文着力探讨法秩序统一化视角下我国先诉抗辩权的实现程序。尽管我国程序法领域存在相应规范,但仍需要进一步思考和研究。为此,本文基于对先诉抗辩权的体系化理解,分别就民事诉讼的审判阶段和执行阶段进行讨论,进而明确先诉抗辩权的实现程序,实现实体法与程序法的顺利衔接。

一、先诉抗辩权:两个误读及基本概念之厘清

论及先诉抗辩权,学界通说认为先诉抗辩权又称检索抗辩权,指在一般保证中,保证人在债权人就主债务人的财产强制执行而无效果之前,得拒绝清偿主债务的抗辩权。[①]《民法典》也仅在第687条一般保证中明确规定了此项权利,致使先诉抗辩权仅存在于一般保证的语境中。与此同时,实践中不少当事人甚至法官习惯于望文生义,基于“先诉”二字将该权利理解为有关“诉讼的先后顺序”的抗辩权而非“责任履行的先后顺序”的抗辩权。可见,先诉抗辩权的适用范围以及含义都存在一定程度的误读,故本部分致力于澄清上述两个基础问题,以此为基础重构先诉抗辩权。

(一)先诉抗辩权适用范围之澄清

基于先诉抗辩权的发展历史、设立目的及权利效力可知,该权利的本质在于维护责任履行的先后顺序,从而区别于连带保证,保障一般保证中的保

① 参见江平主编:《民法学》(第4版),中国政法大学出版社2019年版,第439~440页。

证人仅就债务承担补充责任。综观《民法典》,与补充责任相伴相随的先诉抗辩权并非仅仅存在于一般保证之中。譬如,就以《民法典》第 1198 条和第 1201 条为代表的侵权补充责任而言,[①]无论是法律还是相关学理都肯定了侵权补充责任人所享有的顺序履行利益以及实现顺序履行利益所必需的先诉抗辩权。[②]

实体法层面,张平华、王圣礼老师指出一般保证和侵权补充责任分别是意定补充责任和法定补充责任,主张一般补充责任视野下的侵权补充责任体系化,并认为"侵权补充责任的先诉抗辩权可以和一般保证责任的先诉抗辩权相对应,进而形成完整的补充责任体系"。[③] 张海燕老师则认为我国补充责任主要包括一般保证责任、侵权补充责任和公司法上的补充责任,[④]先诉抗辩权是补充责任的基本要素之一。更有学者认为补充责任的实践形态有 12 种之多。[⑤] 本文无意讨论补充责任的具体范围,[⑥]更无意比较不同类别的补充责任在发生机理等方面的差异,而是尝试从一般保证责任等的上位概念——补充责任出发,围绕补充责任的本质属性——补充性展开讨论,以便更好地理解先诉抗辩权。

补充责任的补充性应当从程序和实体两个层面进行理解。程序层面体现为补充责任的履行应当遵循先直接责任人后补充责任人的顺序,即顺序履行利益;实体层面则体现为补充责任的直接责任人与补充责任人在责任承担上的地位不同,补充责任的责任范围直接取决于直接责任人的债务清偿能

---

① 除此之外,还有旅游经营者、旅游辅助服务者因第三人侵权中未尽安全保障义务应当承担的补充责任;注册会计师事务所、公证处过失侵权应承担补充责任。

② 参见杨立新:《论侵权责任的补充责任》,载《法律适用》2003 年第 6 期;张平华、王圣礼:《侵权补充责任的独立地位及其体系化》,载《烟台大学学报(哲学社会科学版)》2015 年第 6 期。多位民法学者均肯定了上述观点。

③ 参见张平华、王圣礼:《侵权补充责任的独立地位及其体系化》,载《烟台大学学报(哲学社会科学版)》2015 年第 6 期。

④ 参见张海燕:《民事补充责任的程序实现》,载《中国法学》2020 年第 6 期。

⑤ 参见李中原:《论民法上的补充债务》,载《法学》2010 年第 3 期。

⑥ 故下文所称的补充责任,主要包括立法、司法实践及学理中普遍认可的,能够行使先诉抗辩权的补充责任。

力，特殊情况下还要考虑补充责任人的过错程度等。① 这种补充性需要通过先诉抗辩权保障。应当注意，部分学者主张将补充性理解为“补充债务以主债务为前提”，这种理解是片面的。以《民法典》第 1198 条为例，安全保障义务人基于其过错而承担的补充责任并不以第三人的侵权为前提。可见，上述主张仅考虑了一般保证的情况，并未从体系化的角度思考补充责任，故将其理解为保证的从属性更为恰当。

从体系化角度理解先诉抗辩权具有理论和实践上的必要性。第一，有利于厘清先诉抗辩权的定义和适用范围，实现实体法的体系化，避免该权利局限在一般保证之中。第二，有利于提高先诉抗辩权实现程序的合理性、普适性和统一性，给予充足的程序保障，推动民事诉讼制度的完善，实现民事诉讼法与民事实体法的衔接。第三，有利于补充责任特别是侵权补充责任的权利实现。在实体法和程序法层面肯定并保护侵权补充责任等其他补充责任享有的先诉抗辩权及相关程序权利，能够防止司法实践中补充责任与按份责任、不真正连带责任的混淆，从而保护补充责任人的利益。

（二）先诉抗辩权名称之澄清

除适用范围外，先诉抗辩权的“先诉”二字也存在争议。一方面，根据《民法典》第 687 条第 2 款的规定，一般保证人行使先诉抗辩权的前提之一即主合同纠纷未经审判或者仲裁，故该名称在中国法语境下似乎并无不当之处，上述望文生义之举也具有一定的合理性。但另一方面，宋春龙、邱聪智老师等主张抗辩权针对的是强制执行而非诉讼的先后顺序。“主合同纠纷未经审判或者仲裁”仅仅是出于补充责任的性质而对诉讼过程中事实查明顺序的要求，其与先诉抗辩权无关，也并不意味着债权人不能同时起诉主债

---

① 应当注意的是，侵权补充责任范围的确定这一问题无论在学理上还是实践中都存在争议，如是否需要考虑补充责任人的过错程度、是否需要通过数额或份额划定责任承担上限等。但毋庸置疑的是，无论是何种补充责任，都需要考虑直接责任人的债务清偿能力。

务人及保证人。[①] "先诉抗辩权"一词容易引起误解,故应当改为先执行抗辩权或先索抗辩权。[②]《民事诉讼法》及相关司法解释也肯定了同时起诉直接责任人和补充责任人的做法,并未就先直接责任人后补充责任人的起诉顺序作出强制规定。上述规定的本质在于不能将责任履行顺序与起诉顺序、事实认定顺序混为一谈。司法实践中,立足于实体法的规定和抗辩权的本质,先诉抗辩权也被称为"承担补充赔偿责任"或"赔偿责任"的抗辩权。[③] 同时,《中华人民共和国民法典合同编(草案二次审议稿)》第477条就先诉抗辩权的适用条件作出修改,删除了"主合同未经审判或仲裁",仅规定"一般保证的保证人在就债务人的财产依法强制执行仍不能履行债务前,有权拒绝承担保证责任"。[④] 尽管《中华人民共和国民法典合同编(草案二次审议稿)》的内容并未被采纳,但还是体现了立法机关对"主合同纠纷未经审判或者仲裁"这一条件的思考以及态度上的松动。因此,后一种观点更加合理,即无论"主合同纠纷未经审判或者仲裁"有无以及对其作何理解,这一权利的本质仍是就责任履行顺序先后的抗辩。从精确表达、便于理解的角度,先诉抗辩权或许称为先执行抗辩权或先索抗辩权更妥当,这也有利于减少司法实践中由于望文生义而错误理解、限制当事人程序权利的情况。

(三)先诉抗辩权的概念界定及法律特征

根据以上论述,笔者试图界定先诉抗辩权的定义并分析其法律特征,从

---

① 最高人民法院《关于适用〈中华人民共和国民事诉讼法〉的解释》(以下简称《民诉法解释》)第66条规定:"因保证合同纠纷提起的诉讼,债权人向保证人和被保证人一并主张权利的,人民法院应当将保证人和被保证人列为共同被告。保证合同约定为一般保证,债权人仅起诉保证人的,人民法院应当通知被保证人作为共同被告参加诉讼;债权人仅起诉被保证人的,可以只列被保证人为被告。"由此可见,无论是立法还是司法实践中都并未苛求诉讼的先后顺序,债权人可以选择按照先债务人后保证人的顺序分别起诉,也可以提起共同诉讼。

② 参见宋春龙:《诉讼法视角下的先诉抗辩权研究——兼评民法典各分编草案中的先诉抗辩权》,载《政治与法律》2019年第3期;邱聪智:《新订债法各论》(下),台北,元照出版有限公司2003年版,第521页。

③ 参见曹士兵:《中国担保制度与担保方法》(第3版),中国法制出版社2015年版,第147页。例如,最高人民法院《关于审理经济合同纠纷案件有关保证的若干问题的规定》(已失效)中就规定了先诉抗辩权的内容,但是在名称上将其称为"赔偿责任"。

④ 参见宋春龙、高一凡:《保证合同纠纷诉讼程序的检讨——兼论〈民法典〉实施后保证合同纠纷的诉讼程序》,载《法律适用》2020年第21期。

而为后文的适用程序提供实体法依据。先诉抗辩权应更名为"先执行抗辩权"或"先索抗辩权",①是补充责任人在债权人就直接责任人的财产强制执行而无效果之前,得拒绝清偿债务的抗辩权。

先诉抗辩权具有以下特征:一是先诉抗辩权是实体权利而非诉讼权利。先诉抗辩权是由《民法典》等实体法规定的,用以对抗债权人请求权的实体权利。补充责任人在审判过程中行使先诉抗辩权的效果为法院判决驳回债权人的诉讼请求即实体驳回,而非驳回债权人的起诉。② 这一认定也得到了司法实践的支持。③

二是先诉抗辩权是暂时性抗辩权而非永久性抗辩权。先诉抗辩权仅能在特定情形下,即直接责任人有清偿能力的情况下阻却债权人行使其请求权,这种拒绝给付仅具有阻却性而非消灭性;特定情形消灭后,债权人的请求权仍可以正常行使。④

三是先诉抗辩是权利抗辩而非事实抗辩。权利抗辩是以民法规定的权利为基础的抗辩,⑤故先诉抗辩属于权利抗辩。权利抗辩根源于处分主义,故补充责任人在行使先诉抗辩权的过程中,不仅要主张该权利的要件事实,还要有行使权利的意思表示。⑥ 这也意味着在诉讼过程中,法官不能依据案件事实主动援引补充责任人的先诉抗辩权,其释明也应当以补充责任人存在主张先诉抗辩权的意思为前提。⑦

---

① 由于现阶段法律和司法实践中仍称为先诉抗辩权,出于方便读者理解的角度,下文将仍旧以先诉抗辩权称呼此项权利。

② 参见曹士兵:《中国担保制度与担保方法》(第3版),中国法制出版社2015年版,第147页。

③ 参见最高人民法院民事裁定书,(2002)民四终字第16号。

④ 参见尹腊梅:《民事抗辩权研究》,知识产权出版社2008年版,第159页。

⑤ 部分学者认为,民法上的权利包括形成权和抗辩权;部分学者认为,该权利仅指抗辩权,本文在此不做讨论。

⑥ 参见陈刚:《论我国民事诉讼抗辩制度的体系化建设》,载《中国法学》2014年第5期。

⑦ 参见张海燕:《论法官对民事实体抗辩的释明》,载《法律科学(西北政法大学学报)》2017年第3期。

二、先诉抗辩权行使阶段的分析

(一)先诉抗辩权行使阶段的困境

论及先诉抗辩权的程序内容,首先需要解决的就是先诉抗辩权应当在哪一诉讼阶段行使。这一问题在司法实践中不甚清晰,学界就此也存在诸多讨论,难以达成共识,阻碍了先诉抗辩权的行使和其作用的发挥。

1. 先诉抗辩权行使阶段的实践困境

通过检索中国裁判文书网中先诉抗辩权相关的裁判案例并梳理相关法律条文可知,先诉抗辩权的适用在民事诉讼实践中较为混乱。多数案件在审判阶段并未判断补充责任人是否需要实际履行债务,仅以裁判文书的形式肯定了补充责任人的补充地位,确认了其拥有顺序履行利益。在执行阶段,如果法院无视顺序、径直执行补充责任人财产或错误判断"直接责任人不能履行债务"并执行补充责任人财产时,补充责任人可以通过向执行机构主张抗辩权切实地实现其顺序履行利益。① 然而,部分案件会在审判阶段直接确定补充责任人应当承担的责任及具体责任范围,如判决补充责任人就直接责任人未履行的金额承担责任,执行阶段再无先诉抗辩权的行使空间。② 甚至在侵权补充责任相关案件中出现了补充责任按份化、补充责任不真正连带化的情况,法院无视先诉抗辩权而径直判决补充责任人承担一定比例的债务或责令补充责任人承担全部责任后再向直接责任人行使追偿权。③

综上所述,一方面,由于先诉抗辩权相关法律法规的粗疏,在实践中,特别是在侵权补充责任领域,存在忽视先诉抗辩权而径直分配各方责任的情况。另一方面,法院就"补充责任人是否具有先诉抗辩权/直接责任人是否具有债务履行能力"的判断有时发生在审判阶段,有时却发生在执行阶段。不

---

① 参见陕西省渭南市临渭区人民法院执行裁定书,(2017)陕 0502 执异 25 号。

② 参见宋春龙:《〈侵权责任法〉补充责任适用程序之检讨》,载《华东政法大学学报》2017 年第 3 期。

③ 参见湖南省张家界市永定区人民法院民事判决书,(2018)湘 0802 民初 950 号;上海市闵行区人民法院民事判决书,(2016)沪 0112 民初 12811 号。

同法院对于先诉抗辩权的行使阶段和具体程序不清晰不统一，当事人程序和实体权利难以保障。

2. 先诉抗辩权行使阶段的理论争鸣

就先诉抗辩权的行使阶段问题，学界存在多种观点，笔者简要介绍以下3种。第一种观点为“综合说”。“综合说”主张，在诉讼程序前以及审判、执行程序中均可行使先诉抗辩权。第二种观点为“审判说”。“审判说”主张先诉抗辩权是实体权利，故仅能在审判阶段适用。执行阶段补充责任人拒绝履行并非基于先诉抗辩权，而是基于法律或裁判文书赋予的权利。① 第三种观点为“执行说”。“执行说”认为，先诉抗辩权的阻却事由即“直接责任人不能履行债务”只能在执行程序中确定，审判程序仅仅是对补充责任人的顺序履行利益的确认，并非抗辩权的行使。

上述3种观点均存在不足之处。首先，“综合说”看似周全实则存在概念上的混淆。诉讼开始前这一阶段居于诉讼程序之外，属于私法领域先诉抗辩权的行使，故不应纳入讨论。其次，“审判说”忽视了补充责任的特殊性。裁判文书中对补充责任的确认属于附条件的裁判，即裁判不能直接转化为可执行的内容如承担一定金额的债务，而是需要在执行阶段结合直接责任人的具体情况进行判断和确定，仅审判阶段难以涵盖权利实现的全部过程。最后，“执行说”同样存在片面性。一方面，根据最高人民法院《关于适用〈中华人民共和国民法典〉有关担保制度的解释》（以下简称《担保司法解释》）第26条的规定，执行说否定了“审判程序中对顺序履行利益的确认”也属于先诉抗辩权行使的结果；另一方面，“执行说”仅关注先诉抗辩权顺利行使的情况，当存在《民法典》第687条第2款但书等情形时，先诉抗辩权的行使将在审判阶段受阻，执行阶段无再次主张抗辩权的空间。

（二）先诉抗辩权行使的二阶段——基于先诉抗辩权的动态性

不同学说在本质上就是对不同阶段进行选择和组合，故“先诉抗辩权应当在哪一阶段行使”这一问题可以具体化为“先诉抗辩权是否应在诉讼程序前/审判阶段/执行阶段行使”。要回答这一问题，首先需要理解先诉抗辩权

① 参见程啸：《保证人先诉抗辩权的疑点分析》，载《人民司法》2005年第7期。

异于其他权利之处,即其动态性。

1. 先诉抗辩权的动态性及权利行使的阶段化理解

根据先诉抗辩权的相关法律条文可知,先诉抗辩权并非静态的权利,而是常常处在不确定的状态。是否存在先诉抗辩权行使的空间并不仅仅取决于已知的民事法律关系,更取决于未知的"直接责任人是否具有清偿债务的能力"。这一条件的判断并非一蹴而就、一锤定音,而是需要结合具体情况,或在审判阶段加以确定,或在执行阶段加以确定,故先诉抗辩权也随之具有动态性。

结合上述对先诉抗辩权动态性的理解和分析,先诉抗辩权在审判阶段和执行阶段均可行使,而非简单地将审判阶段理解为责任确定阶段,将执行阶段理解为权利行使阶段。① 实际上,诉讼程序中存在两次对于直接责任人是否具有清偿能力的判断,且两次分别存在于审判阶段和执行阶段(见图1)。直接责任人的清偿能力通常不能在审判过程中完全查明,而是需要法院在执行程序中通过调查并强制执行其财产加以确定。所以在通常情况下,审判阶段仅用于确认补充责任人的顺序履行利益,执行阶段补充责任人仍可以通过主张先诉抗辩权实现其顺序履行利益。在特殊情况下,直接责任人的清偿能力能够在审判中确定,也即有证据证明直接责任人已无清偿能力而非处于不确定的状态,如存在《民法典》第687条第2款但书情况或相关刑事附带民事判决不能履行的情况等,②此时能够直接确定补充责任人已无先诉抗辩权,法院可径直判决其应当承担责任及责任范围,执行阶段无须再行判断直接责任人的清偿能力,补充责任人也不能再主张先诉抗辩权。通过两次判断,一方面能够有效避免程序空转,另一方面更有利于执行阶段强制执行形式化的落实,从而双管齐下提高程序效益。③

① 参见宋春龙:《〈侵权责任法〉补充责任适用程序之检讨》,载《华东政法大学学报》2017年第3期。

② 参见浙江省宁波市江北区人民法院民事判决书,(2011)甬北民初字第1226号。

③ 参见张海燕:《民事补充责任的程序实现》,载《中国法学》2020年第6期。

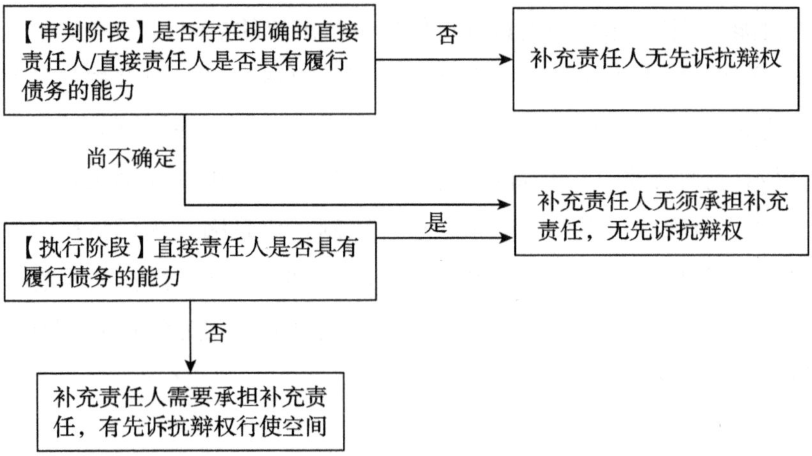

图1　先诉抗辩权在审判阶段与执行阶段的状态

注：本图的前提为补充责任人积极主张其先诉抗辩权，排除以各种形式放弃行使先诉抗辩权的情况。

2. 审判阶段与执行阶段之对比

尽管先诉抗辩权在审判阶段和执行阶段均可行使，但两阶段中直接责任人履行能力的判断标准和判断对象、程序目的、先诉抗辩权行使的表现形态都存在差异，故应当就适用程序进行阶段化分析，并在下文中分别陈述。

审判程序中，程序目的不在于确定直接责任人有履行能力，而在于确认直接责任人无履行能力，从而判定补充责任人无法主张先诉抗辩权。因此，应当由法官判断是否存在能够直接证明直接责任人已丧失履行能力的特殊情况，比如，直接责任人身份不明、人民法院已受理直接责任人破产等。体现在裁判文书中主要为以下两种形态：(1)当难以确认直接责任人是否具有履行能力时，法院会在判决书中确认补充责任人享有顺序履行利益；(2)当能够确定直接责任人无履行能力时，法院会通过判决明确补充责任人应当承担的具体责任范围。

执行程序中，程序目的在于确定直接责任人履行能力的范围，从而判断补充责任人是否需要承担责任及其责任范围。因此，应当由执行法官依据对直接责任人财产强制执行的结果进行判断。具体体现为：(1)如果直接责任人债务履行完毕或全部财产已被强制执行，补充责任人无先诉抗辩权；(2)如果法院并未按照裁判顺序强制执行或强制执行补充责任人时直接责任人仍具有给付能力,则补充责任人具有行使先诉抗辩权的空间。

应当注意,以上程序并不包括补充责任人以各种形式放弃先诉抗辩权的情况。比如,若补充责任人在诉讼过程中从未主张或书面放弃先诉抗辩权,法院可径直判决要求其承担责任;若补充责任人在一审程序中未行使先诉抗辩权,则在二审程序中亦不能主张。这一限制不仅是因为先诉抗辩权是民事实体权利,也是出于民事诉讼法中既判力的需要。再如,当存在具有强制执行效力的公证债权文书时,债权人可以在"主合同纠纷未经审判或者仲裁"的情况下向法院申请强制执行。

三、先诉抗辩权在审判阶段的程序设置

审判阶段的具体程序中,诉讼形态能够最直接且最大限度地影响补充责任人先诉抗辩权的行使和顺序履行利益的实现。因此,诉讼形态的构建成为审判阶段最重要的程序内容,也成为学界广泛争议的焦点。不同诉讼形态中主体的地位和权利义务、适用范围、功能效果等均存在差异,涉及实体和程序两个维度、多个具体面向。① 鉴于上文多围绕先诉抗辩权及相关民事纠纷的性质等实体维度展开讨论,故本部分首先梳理程序维度的具体面向与诉讼形态之间的关系,再结合两维度进行综合考量并加以取舍,以确定适当的诉讼形态。

(一)诉讼形态选择中的多重利益诉求

1. 实体正义价值、程序正义价值和程序效益价值的博弈

诉讼形态作为民事诉讼程序的重要内容之一,应当同时兼顾作为程序外在性价值的实体正义价值,作为程序内在性价值的程序正义价值以及程序效益价值。② 实体正义价值要求法院在诉讼过程中查清案件事实,正确地解释

① 参见张卫平:《双向审视:民事诉讼制度建构的实体与程序之维》,载《法制与社会发展》2021 年第 2 期。

② 参见毕玉谦主编:《民事诉讼法学》(第 2 版),中国政法大学出版社 2021 年版,第 36 ~ 37 页。

和适用先诉抗辩权相关法律法规。程序正义价值侧重程序本身的正义，要求法官中立，保障当事人的程序参与，强调程序安定。程序效益价值侧重提升诉讼效率、简化诉讼程序、节约诉讼费用、实现诉讼经济。比如，在保障当事人的实体权利和程序权利的基础上，通过共同诉讼或第三人制度更便捷和全面地查明案件事实，防止矛盾判决，实现纠纷的一次性解决，从而提高诉讼效率。再如，坚持普通诉讼，保障诉讼的灵活性和当事人的权利。

2. 当事人处分权和法院职权的博弈

诉讼形态的限定在一定程度上会影响当事人实体权利和诉讼权利的行使。根据《民事诉讼法》和《民诉法解释》的规定，必要共同诉讼的当事人必须一并起诉或应诉。当事人没有参加诉讼的，人民法院应当通知其参加，否则将基于当事人不适格而驳回起诉。同时，共同诉讼人诉讼过程中还应当遵循协商一致原则。普通共同诉讼中则就当事人享有的权利义务并无过多限制。第三人制度将第三人限定为对当事人双方的诉讼标的有独立请求权，或虽然没有请求权，但同案件处理结果有法律上的利害关系的人，[①]并对第三人在诉讼中享有的权利作出一定限制。可见一旦错误规定了诉讼形态，则必然限制当事人对程序和实体权利的自由处分，不当赋予法院追加当事人、释明等职权，违反民事诉讼法中的处分原则。

（二）诉讼形态的选择——基于多重利益的衡量

1. 诉讼形态的理论争鸣及评析

论及应当采取何种诉讼形态，学界主要存在以下几种观点：第一种观点主张固有必要共同诉讼，认为其属于不可分之诉。债权人向直接责任人和补充责任人一并主张权利的，人民法院应当将直接责任人和补充责任人列为共同被告；债权人仅向直接责任人主张权利的，可以只列直接责任人为被告；债权人仅向补充责任人主张权利的，人民法院应当通知直接责任人作为共同被告参加诉讼，学界称其为单向的必要共同诉讼。这一观点也得到了《民诉法

---

① 参见《民事诉讼法》第59条第1款、第2款；宋朝武主编：《民事诉讼法学》（第5版），中国政法大学出版社2018年版，第118页。

解释》等相关法规范[①]一定程度的认可。第二种观点主张类似必要共同诉讼，认为补充责任并无共同诉讼的必要性，因此出于避免矛盾判决和保障诉讼灵活性的考量，债权人既可以一并起诉直接责任人和补充责任人，也可以仅起诉直接责任人或仅起诉补充责任人。第三种观点主张牵连必要共同诉讼或预备之诉。部分学者主张，牵连必要共同诉讼是必要共同诉讼的一种新形态，应当适用于诉讼标的不同但当事人之间具有牵连关系的补充责任诉讼中；[②]部分学者主张，债权人应将直接责任人作为先位的被告，将补充责任人作为后位的被告，并视先位之诉的实现情况决定是否需要审理后位之诉。[③]上述观点中还穿插第三人制度的相关讨论，有观点认为，直接责任人或补充责任人应当作为无独立请求权的第三人存在于债权人单独起诉另一方当事人的普通诉讼中，以便更好地查明案件事实；也有观点反对上述主张，认为如果补充责任人或直接责任人作为无独立请求权的第三人，会使自身处于权利义务失衡的状态，不利于其利益的保障。

固有必要共同诉讼的相关观点实际上反映了我国民事诉讼实务的一贯立场和相关变化。以一般保证合同为例，立法最初将其归入固有必要共同诉讼，规定债权人必须以被保证人和保证人作为共同被告起诉，否则诉讼不成立。后为了进一步适应社会经济发展和诉讼实践的需要，将其修改为单向的必要共同诉讼，从而赋予债权人单独起诉直接责任人的权利。然而，一方面，就固有必要共同诉讼这一诉讼形式而言，补充责任并不符合《民事诉讼法》第

---

① 《民诉法解释》第66条规定："因保证合同纠纷提起的诉讼，债权人向保证人和被保证人一并主张权利的，人民法院应当将保证人和被保证人列为共同被告。保证合同约定为一般保证，债权人仅起诉保证人的，人民法院应当通知被保证人作为共同被告参加诉讼；债权人仅起诉被保证人的，可以只列被保证人为被告。"最高人民法院《关于审理民间借贷案件适用法律若干问题的规定》第4条第2款规定："保证人为借款人提供一般保证，出借人仅起诉保证人的，人民法院应当追加借款人为共同被告；出借人仅起诉借款人的，人民法院可以不追加保证人为共同被告。"最高人民法院《关于审理人身损害赔偿案件适用法律若干问题的解释》(部分失效)第6条第2款规定："因第三人侵权导致损害结果发生的，由实施侵权行为的第三人承担赔偿责任。安全保障义务人有过错的，应当在其能够防止或者制止损害的范围内承担相应的补充赔偿责任。安全保障义务人承担责任后，可以向第三人追偿。赔偿权利人起诉安全保障义务人的，应当将第三人作为共同被告，但第三人不能确定的除外。"

② 参见章武生、段厚省：《必要共同诉讼的理论误区与制度重构》，载《法律科学(西北政法学院学报)》2007年第1期。

③ 参见杨连专：《论侵权补充责任中的几个问题》，载《法学杂志》2009年第6期。

55条“诉讼标的是共同的”这一规定，相关学者也未就此进行正面论述。[①] 另一方面，从保障先诉抗辩权、实现补充责任顺序性的角度论证其“单向性”，即肯定单独起诉债务人的可行性而否定单独起诉一般保证人的可行性的做法并不合理。首先，正如本文第二部分所述，先诉抗辩权的本质在于责任履行的顺序性而非起诉的顺序性，故其不应作用于起诉阶段。而且，《民事诉讼法》规定的起诉条件仅要求“有明确的被告”，以不得单独起诉一般保证人为由驳回起诉不符合立案登记制的规定，使法院背负极重的实质审查负担。[②] 其次，先诉抗辩是权利抗辩，权利行使需要当事人主张而非法院径直援引。在补充责任人放弃先诉抗辩权的情况下，此诉讼形式将失去其理论基础。

基于上述不合理性，部分学者主张类似必要共同诉讼理论。该理论的论证路径主要有二：路径一主张弹性化理解诉讼标的，如王亚新老师主张将诉讼标的的含义划分成请求权、法定事由、法律关系和生活事实四个层面，[③]卢佩老师主张，诉讼标的的范围可以通过“案件事实”这一可浮动元素加以控制。[④] 由此，补充责任符合“诉讼标的是共同的”这一条件，能够将其诉讼形态限定在必要共同诉讼中。再基于该诉讼“无共同诉讼的必要”，所以应当适用类似必要共同诉讼而非固有必要共同诉讼。路径二则抛弃了“诉讼标的合一确定”的标准，将“裁判结果合一确定的必要”和“无共同诉讼的必要/适格的独立实施权”作为类似共同诉讼的适用条件。[⑤]

诚然，相比固有必要共同诉讼，类似必要共同诉讼能够在保证纠纷一次性解决的同时保障当事人起诉应诉的灵活性，但其仍存在一定问题。第一，根据我国学界的传统定义，诉讼标的，是指“当事人之间发生争议、提交法院

---

① 例如，汤维建老师认为，类似必要共同诉讼的诉讼标的应当具有同一性或牵连性，其中牵连性表现为并列型、主从型、预备型、连环型4类。补充责任中诉讼标的具有先诉牵连性，但由于先诉牵连性并不属于上述4类，故诉讼形态应为固有必要共同诉讼而非类似必要共同诉讼。参见汤维建：《类似必要共同诉讼适用机制研究》，载《中国法学》2020年第4期。

② 参见安海涛：《保证合同诉讼的程序原理——基于〈民诉法解释〉第66条的分析》，载《华东政法大学学报》2017年第2期。

③ 参见王亚新：《“主体/客体”相互视角下的共同诉讼》，载《当代法学》2015年第1期。

④ 参见卢佩：《多数人侵权纠纷之共同诉讼类型研究——兼论诉讼标的之“案件事实”范围的确定》，载《中外法学》2017年第5期。

⑤ 参见张海燕：《民事补充责任的程序实现》，载《中国法学》2020年第6期。

予以审理并作出裁判的民事法律关系"[①],路径一中的"诉讼标的弹性化"在理论和实践中均不具备合理性。在理论层面,多重标准或弹性标准尽管能够将更多复杂情况纳入类似必要共同诉讼,但也会加剧其不确定性和混乱性,进而导致诉的合并、既判力客观范围的确定等亦陷入混乱和不确定的状态。在司法实践层面,最高人民法院在裁判中倾向将给付之诉中的诉讼标的即民事法律关系视为请求权,[②]弹性化主张无法获得实践层面的认可,且会加剧当前必要共同诉讼扩张化的现象。[③] 反观德日民事诉讼理论和实务,类似必要共同诉讼的适用范围相对狭窄,[④]而非实现复杂纠纷一次性解决的"万金油"。路径二中"判决合一确定"的内涵亦未获得学界一致认可,存在截然不同的理解。[⑤] 第二,类似必要共同诉讼无适用之必要。判决合一确定以避免矛盾判决依赖既判力的扩张,即裁判效力及于其余未参诉的人。然而,不同于典型的类似必要共同诉讼的适用情形——确认股东大会决议无效之诉中数人存在共同的权利和义务,补充责任之诉中直接责任人和补充责任人仅就部分内容存在共同争点,且共同争点中各方利益不完全一致,如债权人和直接责任人恶意串通骗取保证人提供保证的情况。[⑥] 补充责任之诉是三方构造而非两

---

① 王福华:《民事诉讼法学》(第 2 版),清华大学出版社 2015 年版,第 179 页。

② 参见最高人民法院民事裁定书,(2013)民申字第 178 号;任重:《重思多数人侵权纠纷的共同诉讼类型——与卢佩博士商榷》,载《法律科学(西北政法大学学报)》2020 年第 3 期。任重老师认为,给付之诉与对待给付之诉虽然存在纠纷一次性解决的可能,但其诉讼标的并不唯一,而是可能分别构成前后两个独立的诉讼标的。故大民事法律关系(如借款合同和保证合同基于法律上的牵连关系可能会被理解为同一民事法律关系)和中民事法律关系(即便存在法律上的牵连性,但依旧将借款合同和保证合同识别为主合同与从合同两个民事法律关系)在我国司法实践中贯彻下去,给付之诉中民事法律关系等同于请求权。

③ 参见蒲一苇:《诉讼法与实体法交互视域下的必要共同诉讼》,载《环球法律评论》2018 年第 1 期。

④ 参见[日]新堂幸司:《新民事诉讼法》,林剑锋译,法律出版社 2008 年版,第 546 ~ 547 页。

⑤ 参见任重:《重思多数人侵权纠纷的共同诉讼类型——与卢佩博士商榷》,载《法律科学(西北政法大学学报)》2020 年第 3 期;段文波:《德日必要共同诉讼"合一确定"概念的嬗变与启示》,载《现代法学》2016 年第 2 期。任重老师认为,共同诉讼的必要和合一判决的必要看似不同,但它们在本质上均是诉讼标的的外在表现形式。判决合一确定的必要源于相同的实体权利和共同的诉讼标的。类似必要共同诉讼仅出于避免共同诉讼僵化的目的,在立法中赋予个人以独立和完整的诉讼实施权。但段文波老师主张,我国共同诉讼体系宜采三分法,其中类似必要共同诉讼在实体法上仅涉及诉讼标的基于同一请求的基础事实,即逻辑上的合一确定而非诉讼标的的不可分,在诉讼法上有合一确定判决的必要性。

⑥ 参见蒲一苇:《诉讼法与实体法交互视域下的必要共同诉讼》,载《环球法律评论》2018 年第 1 期。

造对抗，适用类似必要共同诉讼不符合实体法规定及理论，而且既判力扩张之适用——无论是既判力的全面扩张还是部分扩张——也不利于各方当事人主张和保护其利益。[①] 更何况，既判力扩张在我国尚未制度化，补充责任相关的实体法中也并未明确规定产生既判力扩张的效果，其适用缺乏制度支撑。同时，类似必要共同诉讼制度并非实现更好查清案件事实、避免矛盾判决目的的唯一途径，第三人制度或普通共同诉讼也可以发挥类似效果。

此外，上述的牵连必要共同诉讼并未获得法规范层面的支持，预备之诉错误理解补充责任及先诉抗辩权的含义，不具备适用的合理性和可能性，故笔者在此不再赘述。

2. 适用普通共同诉讼具有可行性与合理性

根据《民事诉讼法》第55条第1款的规定，普通共同诉讼，是指“当事人一方或双方为二人以上，其诉讼标的属于同一种类，当事人同意合并诉讼，法院认为可以合并审理的诉讼”。[②] 普通共同诉讼的制度价值在于通过一个诉讼程序解决多个同类型案件，从而全面了解案件事实，提高诉讼效率，降低诉讼成本，实现诉讼经济。大陆法系在适用普通共同诉讼时并未局限于“诉讼标的属于同一种类”，而是将其视为共同诉讼的一般形态，适用范围广泛，即使一些不符合主观要件的情形也可以适用普通共同诉讼，并将必要共同诉讼视为共同诉讼的特殊形态，故形成了严格限定必要共同诉讼而宽松解释普通共同诉讼的格局。[③] 然而，我国在理解和适用共同诉讼制度时却反其道而行之，出现必要共同诉讼扩张化现象，[④]并随之出现审理和裁判的非程序性、追加当事人的强制性和不规范性等问题。[⑤] 因此，就抽象的共同诉讼制度而言，借鉴大陆法系中共同诉讼制度之规定，限缩必要共同诉讼的适用范围的同时，在法规范许可的范围内合理扩张普通共同诉讼的适用范围具有理论和现

---

① 参见汤维建：《类似必要共同诉讼适用机制研究》，载《中国法学》2020年第4期。

② 参见毕玉谦主编：《民事诉讼法学》（第2版），中国政法大学出版社2021年版，第153页。

③ 参见蒲一苇：《诉讼法与实体法交互视域下的必要共同诉讼》，载《环球法律评论》2018年第1期。

④ 参见任重：《反思民事连带责任的共同诉讼类型——基于民事诉讼基础理论的分析框架》，载《法制与社会发展（双月刊）》2018年第6期。

⑤ 参见蒲一苇：《诉讼法与实体法交互视域下的必要共同诉讼》，载《环球法律评论》2018年第1期。

实必要性。

从补充责任之诉的具体情形来看,普通共同诉讼这一诉讼形态能够兼顾上述各项利益。第一,普通共同诉讼符合实体正义价值的要求。根据实体法理论及规范,一方面,债权人与直接责任人以及债权人与补充责任人之间的请求权内容不同,①债权人在诉讼请求仅涉及一方的情况下可以选择单独起诉直接责任人或单独起诉补充责任人。② 另一方面,当债权人一并起诉直接责任人和补充责任人时,由于两类责任人相对独立,不存在共同权利或义务,③仅基础事实同一或基础事实存在牵连关系,即就主合同或相关事实存在共同争点,且基于各方利益并不一致,此类事实亦无统一判断的必要;④故补充责任之诉并无合一诉讼、合一裁判的必要性,仅出于一并查清事实防止矛盾判决的目的而具有合并审理的可能性。第二,普通共同诉讼符合程序正义价值的要求。普通共同诉讼程序尊重债权人的选择权以及责任人的单独应诉权,限制法院援引、追加等权利,从而保护当事人的处分权,避免出现法院越俎代庖地默认补充责任人必然行使其先诉抗辩权或强行追加当事人等情况。第三,普通共同诉讼符合程序效益价值的要求。合并审理有利于在同一诉讼程序中了解并查清案件事实,对共通事实作出统一判断,从而避免矛盾判决,提高诉讼效率,实现诉讼经济。

同时在债权人单独起诉直接责任人或补充责任人的普通诉讼中,可辅以第三人制度。与共同诉讼制度相比,第三人制度更加侧重查明案件事实、防

---

① 参见张海燕:《民事补充责任的程序实现》,载《中国法学》2020年第6期。

② 参见宋春龙:《〈侵权责任法〉补充责任适用程序之检讨》,载《华东政法大学学报》2017年第3期。《民法典》第687条第2款规定:"一般保证的保证人在主合同纠纷未经审判或者仲裁,并就债务人财产依法强制执行仍不能履行债务前,有权拒绝向债权人承担保证责任,但是有下列情形之一的除外:(一)债务人下落不明,且无财产可供执行;(二)人民法院已经受理债务人破产案件;(三)债权人有证据证明债务人的财产不足以履行全部债务或者丧失履行债务能力;(四)保证人书面表示放弃本款规定的权利。"在补充责任人放弃先诉抗辩权或存在在先的刑事判决书等情况下债权人可以直接起诉补充责任人,这一观点也获得了立法和司法实践中的认可。

③ 参见张平华、景朝阳:《论保证人的抗辩权》,载《中国社会科学院研究生院学报》2006年第5期。以保证合同为例,保证人既基于保证的从属性享有债务人所享有的抗辩权、抵消权和因主债务人的撤销权而产生的抗辩权,又基于保证责任的补充性享有一般保证人专有的抗辩权如先诉抗辩权。同时应当注意,即使保证人能够享有债务人的相关权利,并不等同共同权利义务。

④ 参见安海涛:《保证合同诉讼的程序原理——基于〈民诉法解释〉第66条的分析》,载《华东政法大学学报》2017年第2期。

止矛盾判决,而非在给付之诉中判决多方当事人承担责任,①故能够在实现查清事实这一目的的基础上最大限度地尊重当事人的处分权。应当注意,此时债权人未向第三人主张权利,第三人参诉之目的仅为查清事实,以避免一方当事人败诉从而影响自身权益。因此,尽管第三人仅享有部分诉讼权利,但已足以实现查清事实的诉讼目的,而无须赋予与原被告同等的地位和权利,并不存在部分学者所主张的权利义务不平衡的问题。

四、先诉抗辩权在执行阶段的程序设置

执行阶段是保障和实现先诉抗辩权的重要一环,而相关程序的建构是综合考虑实体法和程序法规范的结果,因此笔者将结合第二部分,就执行程序的具体流程以及执行程序中具体的原则、规则予以梳理和明确。

(一)“三步走”执行模式及执行救济

1.“三步走”执行模式

不同于民事审判,民事执行具有执行依据的有限性、执行手段的强制性和执行程序的法定性等特点。② 因此,明确权利实现的具体程序,总结“三步走”的模式并落实,是实现债权人权利和执行效益的必要前提。

第一步,执行机构应当依据人民法院的民事判决书、仲裁裁决书或具有强制执行效力的债权文书等生效法律文书③判断补充责任人在执行阶段是否具有先诉抗辩权的行使空间,即在执行中补充责任人是否有主张先诉抗辩权

---

① 参见安海涛:《保证合同诉讼的程序原理——基于〈民诉法解释〉第66条的分析》,载《华东政法大学学报》2017年第2期。

② 参见毕玉谦主编:《民事诉讼法学》(第2版),中国政法大学出版社2021年版,第469~470页。

③ 最高人民法院《关于人民法院执行工作若干问题的规定(试行)》第2条规定:“执行机构负责执行下列生效法律文书:(1)人民法院民事、行政判决、裁定、调解书,民事制裁决定、支付令,以及刑事附带民事判决、裁定、调解书,刑事裁判涉财产部分;(2)依法应由人民法院执行的行政处罚决定、行政处理决定;(3)我国仲裁机构作出的仲裁裁决和调解书,人民法院依据《中华人民共和国仲裁法》有关规定作出的财产保全和证据保全裁定;(4)公证机关依法赋予强制执行效力的债权文书;(5)经人民法院裁定承认其效力的外国法院作出的判决、裁定,以及国外仲裁机构作出的仲裁裁决;(6)法律规定由人民法院执行的其他法律文书。”该条规定了执行阶段执行机关的执行依据。

的可能性。如果生效法律文书中未提及补充责任人或已明确补充责任人无先诉抗辩权,比如,债权人仅就直接责任人提起诉讼并依据判决申请执行其财产,或在先的判决书、公证债权文书中确定了补充责任人应当承担的责任范围或数额,则执行机关可以径直执行。

第二步,如果存在先诉抗辩权的行使空间,则执行机关应当保障补充责任人的顺序履行利益,优先就直接责任人的财产展开调查和执行,需要判断是否存在直接责任人财产不足以清偿债务的情况,并据此确定补充责任人是否应当承担补充责任及能否行使先诉抗辩权。[①] 如果直接责任人财产足以清偿债务,债权人的债权得以全面实现,则以"执行完毕"方式结案,补充责任人无须再行承担责任。

第三步,如果直接责任人财产不足以清偿债务,债权人的债权不能得到全面实现,人民法院应当依据《民事诉讼法》第264条及《民诉法解释》第517条裁定终结执行或裁定终结本次执行程序,这一主张也获得了学界和实务层面的认可。[②] 此时补充责任人需要承担补充责任,债权人可以依据上述裁定申请执行其财产。应当注意,法院不能依据上述裁定径直执行补充责任人的财产。司法实践中倾向将裁定终结本次执行程序视为《民事诉讼法》第264条规定的"人民法院认为应当终结执行的其他情形"之一,即视为一种特殊终结制度。[③] 而且上述终结多属于不免责的终结,即具有再次执行的可能性。所以在终结本次执行后,债权人既可以选择在发现直接责任人有可供申请的财产时再次申请执行,也可以申请执行补充责任人的财产。出于对债权人意思自治的尊重,应当由债权人申请而非法院依职权自动执行补充责任人的财产。

同时,出于对执行效率的保障,当开始执行补充责任人财产后又发现直接责任人有财产的,先诉抗辩权不得恢复行使,而是通过追偿权保护补充责

---

① 参见张海燕:《民事补充责任的程序实现》,载《中国法学》2020年第6期。补充责任人的担责条件实质上也是其先诉抗辩权行使的阻碍事由,两者是一体两面的关系。

② 参见林文学、杨永清、麻锦亮等:《"关于保证合同"部分重点条文解读》,载《人民法院报》2021年2月11日,第7版;杨永清:《〈新担保司法解释〉中有关保证合同的几个问题》,载《法律适用》2021年第2期;张海燕:《民事补充责任的程序实现》,载《中国法学》2020年第6期。

③ 参见黄金龙:《终结本次执行程序的理解与适用》,载《人民法院报》2009年4月24日,第6版。

任人的利益，也即先诉抗辩权一次用尽不可反复行使原则。①

应当注意的是，补充责任人放弃先诉抗辩权的情况并不适用“三步走”模式。即使补充责任人在诉讼过程中主张其先诉抗辩权，且法院确认其顺序履行利益，其在强制执行中也可以放弃其先诉抗辩权，法院即可强制执行补充责任人的财产以实现债权。这不仅是对意思自治的尊重，也有利于降低债权实现成本、提高执行效率。

2. 基于先诉抗辩权的执行救济

先诉抗辩权作为保障补充责任人顺序履行利益的重要手段，其在执行阶段主要作用于错误执行和错误保全中。

一方面，在执行机关错误判断“直接责任人财产不足以清偿债务”，错误适用《民事诉讼法》第264条及《民诉法解释》第517条裁定终结本次执行或裁定终结执行并执行补充责任人财产，或执行机关违反执行顺序原则径直执行补充责任人财产的情况下，补充责任人可以行使其先诉抗辩权，依据《民事诉讼法》第232条就法院的错误裁定或执行行为提出执行异议。

另一方面，就补充责任人在财产被采取强制性保全措施时能否主张先诉抗辩权这一问题，应当在部分情况下赋予其先诉抗辩权，用以对抗部分符合《民事诉讼法》相关条件的保全行为。具体而言，《担保司法解释》第26条第3款②表明人民法院对债权人就补充责任人财产申请保全，损害其顺序履行利益的行为持否定态度，这一例外规定也是出于落实《民法典》对一般保证人先诉抗辩权的考虑。③ 尽管保全本质上不同于执行，即保全补充责任人财产并非处分性执行行为而是控制性执行行为，④但这一行为无疑会损害其顺序履行利益，加重其补充责任负担，不利于市场经济下财产的自由流通及安定性的实现。因此，应当赋予补充责任人以先诉抗辩权，用以对抗非必要的保全

① 参见安海涛：《保证合同诉讼的程序原理——基于〈民诉法解释〉第66条的分析》，载《华东政法大学学报》2017年第2期；张海燕：《民事补充责任的程序实现》，载《中国法学》2020年第6期。

② 《担保司法解释》第26条第3款规定：“债权人未对债务人的财产申请保全，或者保全的债务人的财产足以清偿债务，债权人申请对一般保证人的财产进行保全的，人民法院不予准许。”

③ 参见杨永清：《〈新担保司法解释〉中有关保证合同的几个问题》，载《法律适用》2021年第2期。

④ 参见宋春龙：《〈侵权责任法〉补充责任适用程序之检讨》，载《华东政法大学学报》2017年第3期。

行为。

(二)执行程序中具体的原则与规则

"三步走"程序中最关键的部分在于对直接责任人财产的调查及执行,而这也是判断直接责任人履行能力及先诉抗辩权适用空间的前提。对财产调查及执行过程应当从以下几个方面把握。

1.财产调查应坚持穷尽原则和执行形式化原则

穷尽原则指"确保穷尽一切手段调查直接责任人财产后才可判断直接责任人财产处于不能清偿的状态"①,该原则在立法上体现为最高人民法院《关于严格规范终结本次执行程序的规定(试行)》第3条。② 同时,为了避免穷尽原则造成执行冗长拖沓的问题,实现执行效益,财产调整应坚持执行形式化原则,通过责任财产认定的形式化等实现迅速执行的目的。③

2.财产调查中法院及三方当事人的责任分配

基于职权主义的执行财产调查模式,④以及法律所规定的申请人提供线索、被执行人申报和法院调查三种方式有机结合的调查途径,⑤执行机关应作为财产调查的主要实施者,债权人应当提供所知的信息或线索,直接责任人主动申报财产状况,而补充责任人也可以提供所知的信息或线索。相比当事人,执行机关作为公权力机关能够更加全面、准确、便利地获取财产信息,从而提高民事执行效率。要求债权人提供线索是出于执行结果直接关系着债

① 参见张海燕:《民事补充责任的程序实现》,载《中国法学》2020年第6期。

② 最高人民法院《关于严格规范终结本次执行程序的规定(试行)》第3条规定:"本规定第一条第三项中的'已穷尽财产调查措施',是指应当完成下列调查事项:(一)对申请执行人或者其他人提供的财产线索进行核查;(二)通过网络执行查控系统对被执行人的存款、车辆及其他交通运输工具、不动产、有价证券等财产情况进行查询;(三)无法通过网络执行查控系统查询本款第二项规定的财产情况的,在被执行人住所地或者可能隐匿、转移财产所在地进行必要调查;(四)被执行人隐匿财产、会计账簿等资料且拒不交出的,依法采取搜查措施;(五)经申请执行人申请,根据案件实际情况,依法采取审计调查、公告悬赏等调查措施;(六)法律、司法解释规定的其他财产调查措施。人民法院应当将财产调查情况记录入卷。"

③ 参见肖建国:《强制执行形式化原则的制度效应》,载《华东政法大学学报》2021年第2期。

④ 参见史明洲:《执行财产调查程序的模式选择:为职权主义辩护》,载《华东政法大学学报》2021年第2期。

⑤ 参见黄金龙:《终结本次执行程序的理解与适用》,载《人民法院报》2009年4月24日,第6版。

权人利益实现之考量，且在《强制执行法（草案）》（第六稿）（以下简称《强制执行法草案》）第 48 条亦肯定了执行债权人的提供线索责任。[①] 同时由于执行结果会影响补充责任人责任的承担和先诉抗辩权的行使，补充责任人也可以提供相应信息，在提高执行全面性和准确性的同时不至于让补充责任人受到提供线索责任的拘束。

3. "直接责任人财产不足以清偿债务"的具体情形

"直接责任人财产不足以清偿债务"的具体情形包括两种：一是直接责任人无财产可供执行，二是直接责任人财产在执行上存在重大困难。为了使补充责任人不至于承受过重的负担，第一种情形并不局限于"直接责任人财产不足以清偿全部债务"之情形，即在直接责任人的财产仅能清偿部分债务而非全部债务的情况下，债权人不能越过直接责任人而要求补充责任人清偿债务，否则补充责任人可以主张先诉抗辩权。第二种情形主要是出于执行经济的考量，而这也获得了立法的支持和司法实践的认可。最高人民法院指导案例 120 号援引最高人民法院《关于适用〈中华人民共和国担保法〉若干问题的解释》（已失效，以下简称《担保法解释》）[②]，主张"债务人虽有财产，但其财产严重不方便执行时，可以执行一般保证人的财产"。此时尽管直接责任人尚有未执行的财产，补充责任人也不能主张先诉抗辩权。

五、结　　语

作为以《民法典》为代表的民事实体法与以《民事诉讼法》为代表的民事程序法衔接的关键所在，具体诉讼程序的选择并非轻而易举，而是针对多重利益、多方因素综合考虑的结果。首先，诉讼程序需要回应实体法的要求，服务于实体权利的实现。诉讼制度的基础在于实体法的规定，法院需要结合民

① 《强制执行法草案》第 48 条规定："执行债权人申请执行时，应当提供所知的执行债务人的财产状况或者财产线索。"

② 《担保法解释》第 131 条规定："本解释所称'不能清偿'指对债务人的存款、现金、有价证券、成品、半成品、原材料、交通工具等可以执行的动产和其他方便执行的财产执行完毕后，债务仍未能得到清偿的状态。"尽管由于《民法典》的出台，《担保法解释》已被废止，但该条对于理解"不能清偿"仍具有一定参考意义。

事权利的性质、当事人的诉讼请求等才能选定合适的诉讼程序,保障权利行使具有充足的空间。这也要求实体法层面的统一与完善,如确定补充责任特别是侵权补充责任的性质和先诉抗辩权的适用范围。其次,诉讼程序需要回应程序法的要求,考量程序正义价值和程序效益价值,尊重审判程序和执行程序的差异及运行规律,寻求民事诉讼基本制度的稳定性和灵活性、当事人和法院、公平与效率的平衡。最后,诉讼程序还需要回应司法实践的要求。程序制定之初往往仅需要考虑前两方面,导致规则相对简单抽象,难以回应纷繁复杂且多变的现实情况。因此,诉讼程序也应当及时反思和调整,与时俱进。

实务研究

破产程序中股东债权劣后问题研究

刘志锐[*]　肖维欣[**]

摘要：针对公司进入破产程序后，股东对所出资公司的债权是劣后于外部债权清偿，还是与外部债权同等受偿，我国《企业破产法》与《公司法》缺乏明确规定，实务中亦存在争议。司法实践中，对股东债权是否劣后于外部债权，主要判断注册资本是否显著不足以及是否存在股东不当利用关联关系的情况，但如何细化判断标准并不明确，认定尺度不一。破产程序中管理人在处理股东债权是否劣后问题时，可按照《公司法》的认定标准，先判断是否存在资本显著不足及不当利用关联关系形成股东债权的情况，之后再进行股东债权是否劣后的认定。

关键词：破产程序；股东债权劣后；资本显著不足；不当利用关联关系

一、问题的提出

股东向所出资公司提供借款是公司融资的有效方式之一，这种情况下股东会同时具备两种身份：公司的股东和公司的债权人。在破产程序中，在通常情况下，股东作为债权人与外部债权人应具有同等地位，有权从公司破产财产中获得同等分配。但股东债权人除具有债权人身份外，还具有股东身份，这就使股东债权人对公司状况更为了解，甚至存在股东不当利用股东身份形成股东债权的情况。这类股东债权如果与外部债权人同等

* 北京市中伦(青岛)律师事务所律师，法学学士。
** 北京市中伦(青岛)律师事务所律师，法学硕士。

顺位受偿,对外部债权人是不公平的,股东债权是否应劣后清偿的讨论由此产生。

关于破产程序中股东债权劣后受偿的外国研究,介绍一下美国和德国破产法的规定。美国主要有两项股东债权劣后的原则:衡平居次原则与重新定性原则。其一,衡平居次原则,又名“深石原则”,该原则源于美国联邦最高法院1939年“泰勒诉标准石油电力公司案”。该原则初步认定,若存在内部债权人与外部债权人同一顺位受偿可能会造成不公平的情况,法院应当判决将其债权居于外部债权人之后清偿。[①] 美国第五巡回法院据此发展出衡平居次原则的三步测试法:首先,内部债权人实施了不正当行为;其次,该不正当行为侵害了外部债权人的利益或使内部债权人获得不正当的利益;最后,对该债权的劣后清偿与美国破产法的其他相关规定不存在冲突。[②] 其二,重新定性原则,该原则主张对股东债权重新定性,在美国法院长期司法实践中发展出11项重新认定的标准,用以判断其性质属于股权还是债权。[③] 重新定性后若属于股权性质,则劣后清偿;若属于债权性质,则不劣后清偿。

德国在股东债权问题上,适用替代资本制度与自动居次原则。其一,替代资本制度认为公司存在经营困难时,股东本应以自有资本注资解决公司困境,但出于自身利益考量,转而以借贷方式解决公司困境,因而股东债权在破产分配中不应得到确认。其二,自动居次原则简化了替代资本制度,即无须判断公司是否处于危机或者是否资本不足,股东债权自动居次。但该原则保留了两种可与外部债权同等受偿的例外情况:一是持有公司股份少于10%且不参与公司日常经营的股东;二是在公司存在资本显著不足无法清偿债务时,为恢复公司支付能力借款给公司并获取公司股份的人。[④]

关于我国学者对此问题的研究,杨剑锋在《美国法上的深石原则对我国

---

① 参见薄守省主编:《美国公司法判例译评》,对外经济贸易大学出版社2007年版,第308页。

② 参见王欣新、郭丁铭:《论股东贷款在破产程序中的处理——以美、德立法比较为视角》,载《法学杂志》2011年第5期。

③ 参见王欣新、郭丁铭:《论股东贷款在破产程序中的处理——以美、德立法比较为视角》,载《法学杂志》2011年第5期。

④ 参见潘星、仝斌斌:《德国有限责任公司法改革述评》,载《德国研究》2009年第1期。

公司法的借鉴》①,孙向齐在《我国破产法引入衡平居次原则的思考》②中对衡平居次原则进行了分析。

韩长印在《我国破产分配顺位的重构——“破产分配顺位”学术讨论综述》③,王欣新、郭丁铭在《论股东贷款在破产程序中的处理——以美、德立法比较为视角》④,郭丁铭在《我国破产债权受偿顺序之完善》⑤中,从关联企业制度方面研究了破产债权顺序。在实务方面,自“沙港公司诉开天公司执行分配方案异议案”(以下简称“沙港案”)⑥后,陈克在《论股东债权劣后清偿规则》⑦、《股东债权劣后清偿规则之思考——就沙港案法律漏洞填补视角展开》⑧,党海娟在《我国破产法引入衡平居次规则必要性和可行性的反思——从最高院发布的一则典型案例说起》⑨,潘林在《论出资不实股东债权的受偿顺位——对最高人民法院典型案例“沙港案”的反思》⑩中结合“沙港案”判决结果,对股东债权劣后清偿进行了实务探讨。但“沙港案”缺乏对股东债权为何劣后的合理论述,实务中大部分相关裁判未将“沙港案”作为裁判参考。

---

① 参见杨剑锋:《美国法上的深石原则对我国公司法的借鉴》,载《福建法学》2003 年第 1 期。

② 参见孙向齐:《我国破产法引入衡平居次原则的思考》,载《政治与法律》2008 年第 9 期。

③ 参见韩长印:《我国破产分配顺位的重构——“破产分配顺位”学术讨论综述》,载《上海交通大学学报(哲学社会科学版)》2005 年第 6 期。

④ 参见王欣新、郭丁铭:《论股东贷款在破产程序中的处理——以美、德立法比较为视角》,载《法学杂志》2011 年第 5 期。

⑤ 参见郭丁铭:《我国破产债权受偿顺序之完善》,载《昆明理工大学学报(社会科学版)》2013 年第 2 期。

⑥ 参见《最高人民法院发布的四起典型案例——“沙港公司诉开天公司执行分配方案异议案”》,载《人民法院报》2015 年 4 月 1 日,第 3 版。该案指出,“出资不实的问题股东就其对公司的债权,不能与外部债权处于同等受偿顺序,应作为此类案件的审理实践的处理规则。否则既会导致对公司外部债权人不公平的结果,也与公司法对于出资不实股东课以的法律责任相悖”。

⑦ 参见陈克:《论股东债权劣后清偿规则》,载《法律适用》2018 年第 5 期。

⑧ 参见陈克:《股东债权劣后清偿规则之思考——就沙港案法律漏洞填补视角展开》,载顾功耘主编:《公司法律评论》第 17 卷,上海人民出版社 2017 年版。

⑨ 参见党海娟:《我国破产法引入衡平居次规则必要性和可行性的反思——从最高院发布的一则典型案例说起》,载《河北法学》2016 年第 3 期。

⑩ 参见潘林:《论出资不实股东债权的受偿顺位——对最高人民法院典型案例“沙港案”的反思》,载《法商研究》2018 年第 4 期。

二、股东债权劣后清偿的法律依据分析

(一)公司法视角

1. 基于我国《公司法》第20条与第21条的规定

我国《公司法》第20条规定:“公司股东应当遵守法律、行政法规和公司章程,依法行使股东权利,不得滥用股东权利损害公司或者其他股东的利益;不得滥用公司法人独立地位和股东有限责任损害公司债权人的利益。公司股东滥用股东权利给公司或者其他股东造成损失的,应当依法承担赔偿责任。公司股东滥用公司法人独立地位和股东有限责任,逃避债务,严重损害公司债权人利益的,应当对公司债务承担连带责任。”

《公司法》第21条规定:“公司的控股股东、实际控制人、董事、监事、高级管理人员不得利用其关联关系损害公司利益。违反前款规定,给公司造成损失的,应当承担赔偿责任。”

公司股东滥用股东地位或利用关联关系损害公司利益的,公司法虽予以否定性评价,但从现有法律规定分析,该否定性评价难以直接推导出股东债权劣后于外部债权的结论。

2. 基于我国《公司法》第186条的规定

我国《公司法》将公司融资分为股权融资与债权融资,但是对债权融资未再区分股东债权及外部债权。若将股东债权还原为实质上的股权融资,则依据《公司法》第186条第2款“公司财产在分别支付清算费用、职工的工资、社会保险费用和法定补偿金,缴纳所欠税款,清偿公司债务后的剩余财产,有限责任公司按照股东的出资比例分配,股份有限公司按照股东持有的股份比例分配”的规定,股东债权当然劣后于外部债权人的普通债权。

核心问题在于,我国对“债权融资”还是“股权融资”的判断暂无法律依据。股权与债权在现代公司制度中存在较多的交叉趋同,严格看来,没有股东名册、公司章程,没有进行工商登记,显然不符合股权的基本特征。[①] 我国

① 参见陈克:《股东债权劣后清偿规则之思考——就沙港案法律漏洞填补视角展开》,载顾功耘主编:《公司法律评论》第17卷,上海人民出版社2017年版。

未规定类似"资本替代原则"或"重新定性原则",所以适用《公司法》第186条认定股东债权劣后是存在障碍的。

3. 最高人民法院意见

2015年最高人民法院发布《关于当前商事审判工作中的若干具体问题》(以下简称《商事若干问题》),其中第1条对2013年《公司法》修改后公司诉讼案件的审理问题进行了说明,指出"如果公司选择过于微小的数额作为注册资本,比如将注册资本设定为1元钱,那么在公司未来不能清偿债务而破产时,要考虑股东能否凭其对公司享有的债权而与其他普通债权人一起参与公司财产分配"的问题。对此,我们倾向认为,股东以过于微小的资本从事经营,很有可能会将股权投资转化为债权投资,相应地也将有限责任的风险完全外部化。因目前法律上尚未确立专门应对措施,所以法院在司法实践中必须及时确立合理的规则。

虽然最高人民法院对上述问题有指导性意见,但仍然缺乏具体的法律依据。从该文件可以看出,对于资本显著不足情况下的股东债权劣后,最高人民法院已确立了基本的裁判思路,这也为实务审判中将资本显著不足情况下的股东债权劣后清偿提供了指引。

(二)破产法视角

1. 基于我国《企业破产法》第113条第1款、第2款的规定

我国《企业破产法》第113条第1款、第2款规定:"破产财产在优先清偿破产费用和共益债务后,依照下列顺序清偿:(一)破产人所欠职工的工资和医疗、伤残补助、抚恤费用,所欠的应当划入职工个人账户的基本养老保险、基本医疗保险费用,以及法律、行政法规规定应当支付给职工的补偿金;(二)破产人欠缴的除前项规定以外的社会保险费用和破产人所欠税款;(三)普通破产债权。破产财产不足以清偿同一顺序的清偿要求的,按照比例分配。"

从《企业破产法》第113条第1款、第2款规定的破产顺位来分析,首先,能够确定股东债权在顺位上应落在第1款第3项普通破产债权中;其次,根据第2款"破产财产不足以清偿同一顺序的清偿要求的,按照比例分配"的规定,同一顺位内应当不再有顺序之分。因此,从《企业破产法》第113条的规定,难以得出同为普通债权的股东债权应当劣后清偿的结论,反而能够得出

应当公平受偿的结论。

2. 最高人民法院意见

《全国法院破产审判工作会议纪要》(以下简称《会议纪要》)第39条规定:"协调审理的法律后果。协调审理不消灭关联企业成员之间的债权债务关系,不对关联企业成员的财产进行合并,各关联企业成员的债权人仍以该企业成员财产为限依法获得清偿。但关联企业成员之间不当利用关联关系形成的债权,应当劣后于其他普通债权顺序清偿,且该劣后债权人不得就其他关联企业成员提供的特定财产优先受偿。"

虽然《企业破产法》未规定同为普通债权的股东债权应当劣后,但从《会议纪要》的规定,可以抽象出一个审判逻辑:当某类普通债权受到否定性评价时,该债权应当劣后于其他普通债权。《会议纪要》的否定评价指向了协调审理中关联企业不当利用关联关系形成的债权。该规定在一定程度上,为实务审判中将"不当利用关联关系"形成的股东债权劣后提供了裁判思路。

(三)民法视角

从民法视角考察,债权人无论是股东身份还是外部债权人身份,因债权性质不具有排他效力,所以数个债权,无论发生先后,均以同等地位并存(债权平等性)。[①] 若将股东债权劣后于外部债权,明显不符合债权平等性原则。从债权平等性视角,暂无法推导出股东债权劣后于外部债权的结论。

综上,从现有法律规定看,难以得出股东债权劣后于外部债权人的结论。最高人民法院在2015年发布的《商事若干问题》中对资本显著不足情况下的股东债权劣后进行了初步裁判思路指引,在2018年《会议纪要》中对不当利用关联关系情况下的股东债权劣后进行了裁判思路指引。虽然《会议纪要》仅限于协调审理,未扩大到其他程序,但也为实务裁判打下了基础。理论文章方面,陈克在《股东债权劣后清偿规则之思考——就沙港案法律漏洞填补视角展开》一文中从法律漏洞填补规则的视角认为,《公司法》第20条虽然不能得出不正当行为形成的股东债权劣后于外部债权的结论,但至少已确定不正当行为形成的股东债权在涉及外部债权人利益时,应受到否定性评价,缺

① 参见王泽鉴:《债法原理》(第2版),北京大学出版社2013年版,第60页。

乏规制的问题宜通过法律漏洞的填补规则进行完善。①

三、我国关于股东债权劣后清偿的司法判例

经检索破产程序中股东债权劣后相关司法判例，总结我国法院的裁判路径如下。

(一)注册资本显著不足角度

1. 注册资本显著不足的，股东债权应当劣后

部分裁判观点认为，通常情况下，股东债权人与外部债权人的地位是平等的，都可以在公司破产时主张清偿。但考虑股东可能滥用股东有限责任，需要对该类债权进行重点审查，确保股东没有利用借款来规避出资义务，或者没有其他损害外部债权人利益的行为。如(2020)豫0726民初322号案②中，法院认为公司股东向公司借贷时，可以明显从公司的资产负债表看出公司资本及自有资金不足。在这种情况下，股东不充实公司自有资本，而是向公司借贷，从而使内部风险外部化，且基于股东对公司借贷的不公开化，其行为对公司外部债权人显然不利。如将股东债权确认为普通债权从而与其他普通债权人一并清偿，显然违反了公平、诚信原则，损害了其他债权人的合法权益。

重庆市高级人民法院2017年发布的《关于审理破产案件法律适用问题的解答》(以下简称《问题解答》)规定，公司注册资本明显不足以负担公司正常运作，公司运作依靠向股东或实际控制人负债筹集，股东或实际控制人因此而对公司形成的债权，可以将公司股东或实际控制人对公司债权确定为劣后债权，安排在普通债权之后受偿。

2. 虽然注册资本不足但公司运作并非主要源于股东借款的，股东债权不宜认定劣后

部分裁判观点认为，公司通过各种方式弥补成立时的注册资本不足，但

① 参见陈克:《股东债权劣后清偿规则之思考——就沙港案法律漏洞填补视角展开》，载顾功耘主编:《公司法律评论》第17卷，上海人民出版社2017年版。

② 酒鬼酒供销有限责任公司与酒鬼酒河南有限责任公司、酒鬼酒河南北方基地销售有限公司普通破产债权确认纠纷案，河南省延津县人民法院(2020)豫0726民初322号民事判决书。

公司注册资本仍然明显不足以负担公司正常运作的,由于公司正常运作的资金并非主要源于股东或实际控制人提供的借款,仅少部分或少量源于股东借款,不宜将股东借款债权认定为劣后债权。如(2020)渝05民终1126号案①中,股东借款占24.9%,公司运作并非主要源于股东借款,还有银行贷款等其他融资方式,因此不宜将股东借款劣后处理。

2021年重庆市第五中级人民法院发布的《关于在审理企业破产案件中防范和打击逃废债务行为的工作指引(试行)》(以下简称《工作指引》)规定,股东实际投入公司的资本数额与公司经营所隐含的风险相比明显不匹配且持续时间较长,公司运作主要依靠向股东或者实际控制人负债筹集,股东或者实际控制人因此而对公司形成的债权,可以将公司股东或者实际控制人对公司的债权确定为劣后债权,安排在普通债权之后受偿。相比2017年《问题解答》中规定的工作运作"依靠"股东负债筹措,2021年《工作指引》重点强调公司运作"主要依靠"股东负债筹措,规则适用上更加细化。

3.分析

从资本显著不足的角度裁判,其裁判逻辑可以理解为比照了"重新定性原则",即股东在本应以股权投资补充公司资本时,却采取债权方式逃避风险,所以将股东债权重新定性,还原为股东股权,其清偿应当劣后于普通债权。这一裁判逻辑也与2015年最高人民法院发布的《商事若干问题》相一致。

(二)关联关系角度

1.股东利用关联关系获取不正当利益,股东债权劣后

部分裁判认为,公司与股东之间存在股东、高级管理人员交叉组成、大量对外负债互相担保等情况,就可以认定股东与公司之间存在关联关系。此时,如将股东债权与其他普通债权按照同一顺序清偿,必然导致债权人之间利益失衡,明显违反破产财产公平清偿原则,对其他债权人极不公平。如

---

① 重庆交通运输控股(集团)有限公司与湖南建工集团有限公司普通破产债权确认纠纷案,重庆市第五中级人民法院(2020)渝05民终1126号民事判决书。

(2020)浙04民终707号案[①]中,法院认定股东与公司存在关联关系,股东债权劣后于外部普通债权。

2. 缺乏法律依据未发现关联关系股东债权不劣后

部分裁判认为,公司资金在经营过程中严重不足的情况下,股东向公司提供借款的目的是保证公司正常运转,并不是损害公司利益的关联交易,借款利率也未超出有关法律规定,外部债权人主张股东向公司提供借款违反公司法规定,损害公司、股东及其他债权人利益,要求股东债权劣后,没有法律依据,依法不予支持。如(2021)鲁0685民初1357号案[②]中,法院认为未发现股东与公司存在关联关系,外部债权人主张股东债权劣后没有法律依据。

3. 分析

从关联关系角度裁判,其裁判逻辑可以理解为比照了"衡平居次原则",即股东不当利用关联关系所形成的债权若与其他外部普通债权同一顺位清偿,对外部普通债权人明显不公平,其清偿应当劣后于普通债权。这一裁判逻辑其实也是对2018年《会议纪要》协调审理中关联企业不当利用关联关系形成的债权劣后的借鉴。

四、对管理人审查股东债权是否劣后的建议

结合理论分析及司法实践,在破产程序中,管理人在审查股东债权时,一个简单的判断逻辑为:该笔股东债权的形成是否有问题?如何判断股东债权的形成有问题,在破产法中难以找到依据,更多需要结合公司法的相关规定,考察以下两个方面。

(一)资本显著不足情况下形成的股东债权

对于资本显著不足的问题,《全国法院民商事审判工作会议纪要》已进行了释明:"资本显著不足指的是,公司设立后在经营过程中,股东实际投入公

---

① 浙江鼎盛交通建设有限公司、平湖市兆盛置业有限公司普通破产债权确认纠纷案,浙江省嘉兴市中级人民法院(2020)浙04民终707号民事判决书。

② 山水微盛典(珠海)文化发展有限公司、昌林山水文化产业(招远)有限公司等普通破产债权确认纠纷案,山东省招远市人民法院(2021)鲁0685民初1357号民事判决书。

司的资本数额与公司经营所隐含的风险相比明显不匹配。股东利用较少资本从事力所不及的经营,表明其没有从事公司经营的诚意,实质是恶意利用公司独立人格和股东有限责任把投资风险转嫁给债权人。由于资本显著不足的判断标准有很大的模糊性,特别是要与公司采取'以小博大'的正常经营方式相区分,因此在适用时要十分谨慎,应当与其他因素结合起来综合判断。"

由此可见,公司资本显著不足的认定,应考虑以下因素:①

第一,不匹配需要达到"明显"的程度。也就是说,需要判断股东投入公司的资本数额与公司经营所隐含的风险相比是否相匹配。轻易否定公司人格,会对企业的正常经营活动造成负面影响,这也是德国破产法的自动居次原则受到学者批评的原因之一。至于何谓"明显",还是需要根据具体案情判断。重庆市第五中级人民法院确定的"主要依靠"股东贷款可以作为判断因素,即如果公司的运营主要依靠股东贷款,那么可以初步认定已经达到"明显"不匹配的程度。

第二,在判断是否"明显"不匹配时,还应当将持续时间纳入考量。公司短期经营造成的不匹配应当排除,只有"明显"不匹配存续一定时间,才能认定是公司故意为之。

第三,公司主观过错明显。公司在经营过程中,明知资本显著不足的风险,却不对公司资本进行补充,将本属于自身的投资风险转嫁予债权人,存在主观上的过错。这时就需要揭开"骨瘦如柴"公司面纱背后那些"大腹便便"的控制股东。②

(二)不当利用关联关系形成的股东债权

1. 对"关联关系"的判断

关联关系,是指公司控股股东、实际控制人、董事、监事、高级管理人员与其直接或者间接控制的企业之间的关系,以及可能导致公司利益转移的其他

---

① 参见最高人民法院民事审判第二庭编著:《〈全国法院民商事审判工作会议纪要〉理解与适用》,人民法院出版社2019年版,第156~157页。

② 参见刘俊海:《新公司法中的揭开公司面纱制度的解释难点探析》,载《同济大学学报(社会科学版)》2006年第6期。

关系。《公司法》第216条第2项[①]对控股股东作出规定，管理人在审查过程中可以参考《公司法》对控股股东的判断标准，但该标准仍缺乏更具体的标准，需要管理人根据案件情况，综合判断关联关系。如(2020)浙04民终707号案中，法院根据股东与债务人公司在股东、高级管理人员的任职上存在交叉组成的事实，并结合双方存在大量的对外负债相互担保等实际情况，认定两公司之间存在关联关系。[②]

2. 对“不当”的判断

如何认定关联关系下的“不当”，管理人可从如下两个方面考察。

(1)对程序是否正当进行判断

管理人可以根据《公司法》第16条关于担保需经股东会或股东大会决议的规定，《公司法》第124条上市公司关联交易表决，关联方回避表决等程序性要求进行判断。实践中，部分公司章程还会依据交易类型、交易金额的不同情况，约定内部决策程序。这就需要管理人根据案件具体情况，结合公司章程的规定，对程序是否正当作出判断。

(2)对实质是否正当的判断

管理人应判断该交易实质上是否损害公司合法权益，违反公平原则。根据最高人民法院《关于适用〈中华人民共和国公司法〉若干问题的规定(五)》第1条第1款[③]的规定，在程序正当和实质公平之间，法律将实质公平作为判断关联交易是否正当的最终标准。以下判断标准可供借鉴：[④]

第一，合同权利义务的约定是否失衡，即合同条款是否存在明显不对等

---

① 《公司法》第216条第2项规定：“控股股东，是指其出资额占有限责任公司资本总额百分之五十以上或者其持有的股份占股份有限公司股本总额百分之五十以上的股东；出资额或者持有股份的比例虽然不足百分之五十，但依其出资额或者持有的股份所享有的表决权已足以对股东会、股东大会的决议产生重大影响的股东。”

② 浙江鼎盛交通建设有限公司、平湖市兆盛置业有限公司普通破产债权确认纠纷案，浙江省嘉兴市中级人民法院(2020)浙04民终707号民事判决书。

③ 最高人民法院《关于适用〈中华人民共和国公司法〉若干问题的规定(五)》第1条第1款规定：“关联交易损害公司利益，原告公司依据民法典第八十四条、公司法第二十一条规定请求控股股东、实际控制人、董事、监事、高级管理人员赔偿所造成的损失，被告仅以该交易已经履行了信息披露、经股东会或者股东大会同意等法律、行政法规或者公司章程规定的程序为由抗辩的，人民法院不予支持。”

④ 参见朱莨：《非上市公司不当关联交易的识别和防范》，载微信公众号“高杉LEGAL”2022年3月25日，https://mp.weixin.qq.com/s/Yo3X-2ikI8KPT4gw8Xtsiw。

的约定,如约定公司承担损失但由股东享有利益等不合理约定。参考(2019)皖民申2088号案中,法院认为"利息税如若由全椒正东公司支付,会导致全椒正东公司只承担损失不享受收益,安徽路网公司只享受收益不承担损失的局面,既损害了全椒正东公司的利益,亦有违权利义务相一致的公平原则"①。

第二,交易价格是否公允。参考相同地区、相同行业、相同类型、相同时间段的市场参考价格,或者委托第三方评估机构作出判断。参考(2021)最高法民再181号案,法院认为,"陕鼓汽轮机公司关于高某华、程某将本可以通过市场采购的方式购买相关产品转由向钱塘公司进行采购而增加购买成本,陕鼓汽轮机公司所多付出的成本,损害了陕鼓汽轮机公司权益的主张,有事实和法律依据。陕鼓汽轮机公司关于案涉交易对价高于市场价且不具备公允性的上诉主张,本院予以采信"②。

第三,合同履行是否存在明显瑕疵。如果合同约定权利对等,交易价格也公允,但合同的实际履行与合同约定存在偏差,则可能出现履行瑕疵导致公司利益受损的情况。参考(2019)最高法民终496号案,法院认为"在东驰公司已代晨东公司清偿绝大部分债务的情况下,晨东公司未能提供有效证据证明其向东驰公司转让的债权真实有效,从而导致东驰公司未能收回两份协议中约定的债权,损害了东驰公司利益"③。

五、结　　论

破产程序中股东对所出资公司的债权是否应劣后于外部债权,我国《企业破产法》与《公司法》缺乏明确规定,司法实践中对于股东债权是否劣后于外部债权,主要判断注册资本是否显著不足以及是否存在股东不当利用关联

① 安徽省路网交通建设集团股份有限公司、全椒正东建设投资有限公司公司关联交易损害责任纠纷案,安徽省高级人民法院(2019)皖民申2088号民事裁定书。

② 西安陕鼓汽轮机有限公司、高某华等公司关联交易损害责任纠纷案,最高人民法院(2021)最高法民再181号民事判决书。

③ 耿某友、刘某联公司关联交易损害责任纠纷案,最高人民法院(2019)最高法民终496号民事判决书。

关系的情况。管理人在处理股东债权是否劣后问题时,可以按照《公司法》的认定标准,首先判断是否存在资本显著不足及不当利用关联关系形成股东债权的情况,之后再进行股东债权是否劣后的最终认定。

论刑事财产执行中自然人执行豁免制度的建构

章　涛*

摘要:刑事财产执行事关实现国家刑罚权和维护司法权威,执行豁免是强制执行中对被执行人及其所扶养家属生存权保护和发展的具体体现。现行立法对执行豁免的规定过于原则、标准难以把握、程序不尽完善,影响了其在司法实践中的适用。为规范执行权实施,切实保护被执行人及其所扶养家属的生存权,通过实践发现刑事财产执行中,执行豁免机制主要存在实体标准模糊、程序构造缺陷和清偿顺位冲突等适用问题,执行豁免适用缺位的原因主要在于刑罚执行与人权保障的理念冲突。结合民法相关理论,应对执行豁免标准中"被执行人及其所扶养家属"的范围作广义理解,对生活必需费用和必需品作狭义理解。执行豁免程序中,应当督促法官履行告知义务,明确执行豁免程序依申请启动,确定执行豁免审查流程,强化检察机关在执行豁免权利救济中的作用。在清偿顺位上,为保护生存权,执行豁免的适用可突破"罚金和没收财产执行"限制,在退赔被害人的损失中优先使用。另外,还要加强检察监督以完善执行豁免制度,实现"努力让人民群众在每一个司法案件中感受到公平正义"目标。

关键词:刑事财产执行;执行豁免;人权保障;制度建构

2020年,全国法院收官决胜扫黑除恶专项行动,坚持"打财断血",依法判

---

* 浙江省桐庐县人民法院员额法官,法律硕士。

处财产刑并追缴、没收违法所得，实际执行到位金额 1373.7 亿元。[①] 刑事财产执行充分发挥其在铲除黑恶势力犯罪经济基础、挽回被害人损失、净化社会环境等方面的积极作用。执行豁免是人民法院在强制执行中，基于保护被执行人生存权考量，对被执行人及其所扶养家属赖以生存的生产、生活资料在一定范围和时间里免受强制执行的制度。2014 年出台的最高人民法院《关于刑事裁判涉财产部分执行的若干规定》（以下简称《刑事财产执行规定》）第 9 条第 2 款规定："执行没收财产或罚金刑，应当参照被扶养人住所地政府公布的上年度当地居民最低生活费标准，保留被执行人及其所扶养家属的生活必需费用。"该规定进一步为执行豁免的适用明确了法律依据。司法实践中，刑事财产执行中罚金刑和追缴、没收违法所得实际到位率普遍不高，被执行人在服刑期间大多无财产可供执行。面对"执行难"的严峻形势，法官更关心如何穷尽执行措施、最大限度地执行被执行人财产，及时挽回被害人损失，但往往容易忽视被执行人及其所扶养家属的生存权保护问题。强制执行被执行人的财产与保护被执行人及其所扶养家属的生存权往往存在冲突。刑事财产执行中，被执行人合法财产与违法所得"甄别难"、被执行人及其所扶养家属异议权利"保护难"等问题十分突出，社会舆论关注度高。执行豁免的适用不仅影响执行规范化建设，更影响人民群众的司法获得感，应予以审慎适用。

一、理论问题：法律适用与程序构造的双重欠缺

除《刑事财产执行规定》相关规定外，《民事诉讼法》和相关司法解释对民事执行程序中执行豁免的适用亦有规定，但相关规定同样过于原则和笼统，多以"生活必需费用""必需的居住房屋""普通生活必需品"等概括性表述体现，法官在办案过程中需要结合案情进行判断把握，进而作出判断。由于缺乏明确统一的适用标准，法官在执行豁免的适用过程中难免失范。

---

① 《最高人民法院工作报告——2021 年 3 月 8 日在第十三届全国人民代表大会第四次会议上》，载新华网 2021 年 3 月 15 日，http://www.xinhuanet.com/politics/2021lh/2021-03/15/c_1127212486.htm。

(一)概念边界标准不够明确

被扶养家属的范围和生活必需费用、必需品的概念在执行豁免的适用中界定不够明确。扶养,是指在社会关系中对弱者从经济上给予供养和扶助。根据对象的不同,扶养家属有广义和狭义之分。《刑事财产执行规定》虽然规定“保留被执行人及其所扶养家属”的生存权,却并未明确“家属”的具体范围。

生活必需费用、必需品都和自然人生活息息相关,泛指满足自然人日常生活的必要开销和衣、食、住、行等不可缺少的物品。以“被扶养人住所地政府公布的上年度当地居民最低生活费标准”作为生活必需费用的判断标准较明确,也具有可操作性,但仅凭此标准仍难以解决刑事财产执行中纷繁复杂的现实问题。例如,被执行人的未成年子女的教育费用和医疗费用能否纳入生活必需费用范畴?被执行人所扶养家属中的老年人的医疗费用能否纳入生活必需费用范畴?如果可以,上述标准该如何确定?保留生活必需费用的年限应如何计算?等等。司法实践中,关注最大、争议最多的是执行被执行人及所扶养家属维持生活必需的居住房屋问题,即刑事财产执行中,登记在被执行人名下,但实际由其所扶养家属居住和生活的唯一住房,在何种情形下可以排除执行?最高人民法院《关于人民法院办理执行异议和复议案件若干问题的规定》第 20 条规定:“金钱债权执行中,符合下列情形之一,被执行人以执行标的系本人及所扶养家属维持生活必需的居住房屋为由提出异议的,人民法院不予支持:(一)对被执行人有扶养义务的人名下有其他能够维持生活必需的居住房屋的;(二)执行依据生效后,被执行人为逃避债务转让其名下其他房屋的;(三)申请执行人按照当地廉租住房保障面积标准为被执行人及所扶养家属提供居住房屋,或者同意参照当地房屋租赁市场平均租金标准从该房屋的变价款中扣除五至八年租金的。执行依据确定被执行人交付居住的房屋,自执行通知送达之日起,已经给予三个月的宽限期,被执行人以该房屋系本人及所扶养家属维持生活的必需品为由提出异议的,人民法院不予支持。”该条文对民事执行中唯一住房能否排除执行进行了详细的规定。但其无论是仅限于“金钱债权执行”,还是可以在刑事财产执行中参照援引适用,仍有待进一步探讨。

（二）程序规定付之阙如

《刑事财产执行规定》第 14 条第 1 款规定了执行异议的审查程序："执行过程中，当事人、利害关系人认为执行行为违反法律规定，或者案外人对执行标的主张足以阻止执行的实体权利，向执行法院提出书面异议的，执行法院应当依照民事诉讼法第二百二十五条的规定处理。"但其未对执行豁免的启动、审查和决定等程序性的规定予以明确，诸多问题在司法实践依赖于法官的自由裁量。例如，被执行人所扶养家属作为案外人认为法院在处置被执行人的财产时应当为其保留必要的生活费用，该项执行豁免的申请不属于异议审查事项，是必须由被执行人及其所扶养家属主动申请，还是可以由法官依职权作出？人民法院在作出是否适用执行豁免的决定时，应通过哪种程序更为恰当？执行合议意见不一致时是否应当提交局领导审批？人民法院决定是否适用执行豁免有无时间上的限制？执行豁免的适用决定能否被撤销？如果可以，何种条件下可以撤销原本作出的适用决定？等等。现行执行工作相关规定均未对上述问题作出明确规定。囿于上述程序性规范的缺失，法官对执行豁免的适用可能存在尺度不一，程序启动条件和审查期限也不尽相同，甚至会出现类似案情不同适用决定的乱象，亟待规范。

（三）清偿顺位适用问题

刑事财产执行中，被执行人可能同时承担民事责任和刑事责任，也可能仅承担刑事责任中退赔被害人的损失、罚金或没收财产等不同的义务。《刑事财产执行规定》第 13 条虽然规定了被执行人同时承担刑事责任和民事责任时，如其财产不足以覆盖全部责任，退赔被害人的损失和其他民事债务优先于罚金和没收财产的执行顺位，却并未明确被执行人仅承担刑事责任时所涉及的多项义务之执行顺位。

被执行人在犯罪过程中将违法所得毁坏或是挥霍，造成违法所得有所消耗甚至灭失，致使执行中已无财产可供执行或仅有其合法财产可供执行的情形屡见不鲜。最高人民法院执行局认为，在执行追缴违法所得或退赔被害人的损失的过程中，发现被执行人已将赃款赃物用掉、毁坏或挥霍的，转而执行被执行人的合法财产,符合公平原则。① 执行被执行人的合法财产,优先退赔受害人的损失本应没有争议,但《刑事财产执行规定》对执行豁免的适用以"执行没收财产或罚金刑"为前提,而没收财产或罚金所指向的财产来源也是被执行人的合法财产。换言之,《刑事财产执行规定》认为执行豁免应当是在退赔完受害人的损失后,执行被执行人的合法财产用于缴纳罚金时才应当考虑的问题。当被执行人的合法财产不足以退赔被害人的损失时,能否突破"执行没收财产或罚金刑"的前提,在退赔被害人的损失时优先适用执行豁免,显然会对不同顺位的执行义务产生清偿效果的差异,执行豁免的适用势必影响部分受害人的退赔比例,甚至影响罚金和没收财产的执行效果。因此,在执行被执行人合法财产时,挽回受害人的损失和实现国家刑罚权,能否让渡于保护被执行人及其所扶养家属的生存权,也有待进一步深入分析思考。

二、原因分析:刑罚执行与人权保障的实践困难

刑事财产执行的首要目标是确保国家对犯罪人刑罚权的实现,具有教育改造罪犯和威慑潜在犯罪的功能,着重体现刑法和强制执行的刚性。执行豁免侧重保护被执行人及其所扶养家属生存的需要,旨在突出法律对自然人生命权保护的柔性。两者的冲突贯穿立法理念、法律适用及实现途径等各方面。一直以来,传统的刑事诉讼理念和刑事财产执行规定更侧重于执行效果,而忽视对被执行人及其所扶养家属生存权的保护,容易导致过度执行。

(一)"重人身、轻财产"的观念

我国刑事诉讼在传统上偏重依法追究犯罪人的刑事责任,认为只要将犯罪人绳之以法,就已经实现了正义,以至于实践中出现所谓"重人身处罚、轻财产处理"的观念。② 公安机关、检察机关和法院在各个环节都将追诉犯罪人

---

① 参见最高人民法院执行局编著:《最高人民法院关于刑事裁判涉财产部分执行的若干规定的理解与适用》,中国法制出版社2017年版,第27页。

② 参见戴长林:《依法规范刑事案件涉案财物处理程序》,载《中国法律评论》2014年第2期。

犯罪行为作为主要目标，未能特别关注刑事财产执行的规范性和合理性。一是对涉案财物是否属于违法所得的甄别重视不够。公安机关在侦查中只要发现与犯罪嫌疑人相关的财产一律予以查封，一般不对上述财产是犯罪嫌疑人的合法财产还是犯罪所得进行甄别，而在侦查终结后径直将全部材料直接移交检察机关；检察机关除明显发现侦查程序违法外，大多将公安机关提交的材料直接全部移交法院进行审判和执行。二是对涉案财物的查封、扣押、冻结等强制措施的程序重视不够。公安机关、检察机关认为只要定罪准确、量刑合理、有助追赃，使用何种手段在所不问，容易产生超标或违规冻结、扣押刑事涉案财物等损害当事人合法权益的问题。[①] 部分办案人员出现将犯罪嫌疑人的子女、配偶甚至前任配偶的个人财产一并查封、冻结的情况。若办案人员对上述情况没有明确的证据，则其查封、冻结明显超出了法定查封和冻结的财产范围。

被执行人所扶养的家属认为公安机关在侦查中采取强制措施的涉案财物中存在程序瑕疵、超标查封等情形，或是部分财产属于豁免财产的，可以申请执行豁免。但公安机关基本不予理会，其认为上述事项需要由检察机关或法院在案件的审查或裁判中进行判断。通常情况下，财产甄别直到案件审理完毕或进入强制执行程序时方有定论，保护被执行人所扶养家属的生存权往往难以及时实现。

（二）“二元结构主体”的监督问题

民事执行中的法律主体由申请执行人、法院和被执行人三方构成。法官有责任告知申请执行人执行过程中的重大事项，接受其监督，听取其意见和建议，申请执行人对执行工作的监督具有主动性和及时性等特点。《刑事财产执行规定》第 7 条第 1 款规定：“由人民法院执行机构负责执行的刑事裁判涉财产部分，刑事审判部门应当及时移送立案部门审查立案。”可见，刑事财产执行由刑事审判部门依职权移送，其主体结构呈现法院和被执行人的二元主体结构，与民事执行中的法院、申请执行人、被执行人的三元主体结构存在

---

① 参见刘志高、芦磊：《刑事案件涉案财物处理如何规范》，载《人民法院报》2015 年 5 月 11 日，第 2 版。

一定差异性。刑事财产执行中,申请执行人缺位不仅减少了发现被执行人财产下落线索的途径,更为重要的是缺乏申请执行人对刑事财产执行实时、全面的监督。《刑事诉讼法》及相关司法解释均明确检察机关是执行刑罚的监督机关,相较于民事执行,刑事财产中执行豁免的适用对检察监督的需求更为迫切。若被执行人所扶养的家属提出执行豁免申请后,检察机关能提前介入审查,则刑事财产执行更为合理和高效。因为检察机关贯穿侦查、审查起诉、开庭审理、执行监督全流程,在公安机关侦查阶段开展监督可以及时维护被执行人所扶养家属的生存权。而且,涉案财物一般情况下影响犯罪分子的定罪量刑,提前甄别也有利于查清案件事实、有利于审查起诉的规范性和准确性。但当前检察监督存在明显的滞后性和被动性,检察机关传统的法律监督方式,如口头提出纠正意见、发出检察建议或纠正违法通知书等,力度薄弱、形式单一,且属于事后监督,实际上对财产刑执行的监督很不到位,[①]未能真正体现检察监督的作用。

三、发展演进:理论研究与司法实践的深度融合

被执行人逃避执行、有能力履行却拒不履行等情形屡禁不止,社会诚信体系建设仍然任重道远。但在被执行人履行生效法律文书或是配合执行相关财产时,保障被执行人及其所扶养家属的生命权、健康权、发展权等权利值得被关注和被重视,这不仅体现了执行的力度,也体现了执行的温情。

(一)“公法债权实现说”的理论支撑

执行豁免的理论基础源于“公法债权实现说”。该学说通过民法债权的概念对刑事财产执行进行阐释,认为债权是债权人得请求债务人为给付的权利。从刑事财产执行的主体双方及其法律依据来看,刑事财产执行是一种公法上的关系,但就其内容来看,债权和刑事财产执行标的均表现为一方当事人有请求对方当事人为一定给付的权利,而对方当事人则有作出一定给付的

---

① 参见林金文、赖正直:《刑事裁判涉财产部分执行问题分析》,载《人民司法(应用)》2017 年第 7 期。

义务。[①] 据此，刑事财产执行可被理解为被执行人对国家负有债务，国家则对被执行人享有公法上的债权。有学者认为，既然财产刑可以定位为公法债权的一种类型，那么基于债权的同质性，公法债权的实现应当遵从私法债权实现即民事强制执行的一般法理，参照适用民事执行的原则、制度和程序。[②]《刑事财产执行规定》第16条规定："人民法院办理刑事裁判涉财产部分执行案件，刑法、刑事诉讼法及有关司法解释没有相应规定的，参照适用民事执行的有关规定。"可见，我国已采纳了上述立法理念，以民事执行对刑事财产执行的法律适用进行兜底。民事执行中，一旦申请人债权的实现和被执行人的生存权产生冲突，债权一般被要求让渡于被执行人的生存权，因为人的生存权一旦失去就难以挽回，而债权特别是财产权益失去仍可再次拥有。刑事财产执行可视为国家对被执行人享有公法上的债权，若其通过财产刑罚权来实现会对被执行人所扶养家属的生存权产生威胁，就不应当对其进行无限度执行，这也是执行豁免的应有之义。执行豁免在刑事财产执行中以"人权保障优先于刑罚执行"的价值导向，体现出法律对人格权和生存权的尊重和保护。

（二）"善意文明执行"的实践指导

2019年12月，最高人民法院提出"在依法保障胜诉当事人合法权益同时，最大限度减少对被执行人权益影响"和"执行过程中，人民法院应当为被执行人及其扶养家属保留必需的生活费用"等善意文明执行的具体举措，[③]强调通过执行豁免进一步实现法律效果与社会效果的有机统一。2021年1月1日，被誉为"社会生活的百科全书"的《民法典》正式实施，其坚持以人民为中心，将保护民事权利作为出发点，进一步丰富和发展"国家尊重和保障人权""善意文明执行"等执行理念。强制执行必须要确保包括《民法典》在内的所有法律得到顺利实施。虽然《民法典》是一部实体法典，但其通过制定实体规

---

① 参见乔宇：《论财产刑执行的法律问题——以财产刑制度性执行难为中心》，载《法律适用》2015年第10期。

② 参见肖建国：《论财产刑执行的理论基础——基于民法和民事诉讼法的分析》，载《法学家》2007年第2期。

③ 参见最高人民法院《关于在执行工作中进一步强化善意文明执行理念的意见》（法发〔2019〕35号），载最高人民法院官网2020年1月2日，http://www.court.gov.cn/fabu-xiangqing-213921.html。

范,强化立法理念,进一步强化了对执行工作的指导和示范。《民法典》物权编第十四章创新设立"居住权",使"全体人民住有所居"从政策方针上升为法律规范,保护他人对住宅享有占有、使用的权利。强制执行中,在查封或者抵押前,债务人在其住宅上依法设定居住权,且未出现《民法典》第 370 条规定的"居住权期限届满或者居住权人死亡的,居住权消灭"情形的,人民法院应该予以必要尊重,可以参照"带租执行"的方式,在保留居住权的情况下对住宅进行处置。[①] 而且,由于《民法典》第 10 条规定"涉及遗产继承、接受赠与等胎儿利益保护的,胎儿视为具有民事权利能力",所以在强制执行时应当为胎儿保留生活必需费用,体现对胎儿利益的保护。另外,在涉及监护、抚养等人身关系的行为执行中,《民法典》的相关规定也重点突出了保护被监护人和被抚养人的理念。

四、制度完善:权力规范与权利保护的路径优化

执行豁免除保障被执行人及其所扶养家属生存权外,另一目的在于规范执行权实施。当前,执行豁免适用缺位的直接原因是立法上过于原则,可操作性不强。鉴于此,各地法院都根据实践积极开展探索:深圳市中级人民法院规定"被执行人遭受火灾、水灾、地震等灾祸而丧失财产;罪犯因重病、伤残等而丧失劳动能力,或者需要罪犯抚养的近亲属患有重病,需支付巨额医药费等事由,确实没有财产可供执行的,罪犯本人、亲属或者犯罪单位向执行法院书面申请减少或者免除罚金,并提供相应的证明材料的,执行部门应当在七日内移送负责减刑假释的业务部门处理"[②];浙江省高级人民法院规定"查封、扣押、冻结涉案财物的范围、期限、措施和幅度,应当以实现合法目的为限,在法律限度内尽可能减少对犯罪嫌疑人、利害关系人及其抚养人、赡养人的正常生活、生产活动的影响"[③]。《民事强制执行法(草案)》(2021 年 4 月讨论稿,以下简称《强制执行法讨论稿》)也对执行豁免的适用予以重点关注,在

① 参见谷佳杰:《民法典的实施与民事强制执行法的协调和衔接》,载《河北法学》2021 年第 10 期。

② 深圳市中级人民法院《关于刑事裁判涉财产部分的执行指引(试行)》。

③ 《浙江省法院刑事案件涉案财物网络司法拍卖工作规程》,载全国法院切实解决执行难信息网 2020 年 7 月 30 日,http://jszx. court. gov. cn/main/ExecuteStandard/275651. jhtml。

第130条关于豁免执行财产范围中列举了“债务人及其所扶养的家庭成员必需的生活、医疗、学习物品和相关费用”等七类财产作为不得强制执行的财产，并在第69条执行时间、场所限制中提出“人民法院不得在夜间、法定节假日、债务人婚丧嫁娶当日到其住宅或者婚丧嫁娶场所强制执行”的建议。上述立法建议虽有待进一步论证，但至少表明在立法层面已迫切需要完善执行豁免的标准与程序规定，确保其规范适用。

（一）综合民法概念明确适用标准

判断是否符合执行豁免的适用标准，应当根据民法概念解释，结合案件实际，以解决被执行人生产、生活的迫切需要为出发点进行综合考量。

1. 准确界定被执行人及其所扶养家属的概念范围以明确权利保护范围

对“扶养”作广义理解，应当涵盖长辈抚养晚辈、晚辈赡养长辈和平辈亲属之间的三层扶养关系，并依据《民法典》关于遗赠扶养协议的规定，将签订扶养协议的扶养关系纳入“扶养”范畴，进一步扩大保护范围。“家属”除可理解为一个家庭内共同生活的成员外，还可进一步理解为没有分户又住在一起生活的家庭成员，除近亲属外也包括与被执行人通过订有扶养协议形成扶养关系的其他人。法官在具体办案中可以家庭户为标准，判断家庭户内的成员是否属于“家属”，也可根据血缘亲情、婚姻关系等因素，综合参照户籍登记机关的登记信息来确定扶养家属的范围。

2. 严格限定生活必需费用和必需品的判断标准以防止执行豁免被滥用

生活必需费用参照“被扶养人住所地政府公布的上年度当地居民最低生活费标准”为原则，但应当经法官调查并确认被执行人所扶养家属不存在逃避执行或规避执行情形，且以无履行义务能力为前提，若被执行人65岁的父亲有退休金，其因被执行人正在服刑无人照料向法院申请执行豁免则不应得到支持。2021年4月，民政部出台《特困人员认定办法》，该办法将“特困人员”“60周岁以上的最低生活保障对象”等六类对象认定为无履行义务能力主体，[①]其中“无民事行为能力、被宣告失踪或者在监狱服刑的人员，且其财产

① 参见民政部《关于印发〈特困人员认定办法〉的通知》（民发〔2021〕43号），载中华人民共和国民政部网2021年4月26日，http://xxgk.mca.gov.cn:8011/gdnps/pc/content.jsp? id=14946&mtype=1。

符合当地低收入家庭财产状况规定的"可作为被执行人及其所扶养家属申请执行豁免的判断依据。另可借鉴《强制执行法讨论稿》关于豁免财产的规定,结合被执行人所扶养家属的年龄和健康状况,考虑在当地居民最低生活费标准外,将其必需的医疗费用和教育费用纳入生活必需费用范畴。关于生活必需费用的计算年限,应当以被执行人的服刑年限为基准,参考人身损害赔偿案件的年限计算方式为宜。

3.与城镇居民人均消费性支出标准进行合理区分

城镇居民人均消费性支出,是指城镇居民人均用于满足家庭日常生活消费需要的全部支出,包括食品、衣着、家庭设备及服务、医疗保健、交通和通信、娱乐教育文化服务、居住、杂项商品和服务八大类。在侵权行为引发的人身损害赔偿纠纷案件中,城镇居民人均消费性支出标准是计算被扶养人生活费的标准。但《刑事财产执行规定》已明确规定"最低生活费标准"采取"就低不就高"导向,尽管刑事财产执行中应考虑食品、衣着、居住和医疗等方面,但其他娱乐文化、商品服务等并不包含在执行豁免的范畴内,因此城镇居民人均消费性支出标准和执行豁免的适用标准具有一定的区别。

综上所述,生活必需品的执行要结合日常生活进行综合判断。对于争议较大或关注较多的被执行人房产被其所扶养家属作为生活必需住房的执行问题,虽然《民法典》创设了居住权,但在刑事财产执行中仍应坚持"强制执行为原则,有限保留为例外"。《强制执行法讨论稿》第135条规定"强制执行债务人及其所扶养家庭成员必需的居住房屋的,应当酌情为其预留一定年限的租金",该条也支持了上述观点。在保障被执行人及其所扶养家属居住权的前提下,可按照"以小换大、以差换好、以远换近"的原则,将被执行人名下房屋进行拍卖或变价,通过置换、租赁等形式将超过被执行人及其所扶养家属生活必需部分的房屋变价款用于承担其所承担的义务。

(二)借鉴执行规定健全程序构造

刑事财产执行作为强制执行的一个特殊类别,执行豁免的适用应当符合刑事诉讼和执行工作的相关规定,从告知、启动、审查、权利救济等相关程序入手,完善程序构造。

1. 履行执行豁免的告知义务

刑事财产执行的被执行人系犯罪分子，执行期间大多正在监狱服刑，被执行人及其所扶养的家属对执行豁免制度了解很少。因此，法官应当在控制和处置被执行人的财产时主动进行释明，并告知被执行人及其所扶养家属有申请执行豁免的权利。

2. 限制执行豁免的启动条件

关于执行豁免的启动是依申请还是依职权，德国的民事执行财产豁免程序在法官决定民事程序开始时自动生效，债务人不需要向法院提出申请，就享有民事执行财产豁免权；法国的民事执行财产豁免程序随着债权人启动动产扣押程序而自动生效，执行财产豁免权的产生不需要债务人向法院提出明确主张。① 刑事财产执行对被执行人及其所扶养家属的具体影响，以及被执行人所扶养家属生存权保障的迫切程度，被执行人及其所扶养家属自身最有体会，因而由其主动向法院提出更为合理。倘若由法官依职权启动，则进一步扩大了法官的自由裁量权，反而不利于对被执行人权利的保护。另外，可以将提出执行豁免的期间限定在法官履行告知义务后至财产处置前，并规定在以书面形式提交申请时必须附相关证据材料。

3. 明确执行豁免的审查流程

执行豁免作为重大事项，应当由法官提交合议讨论，形成合议意见后报执行机构负责人批准决定适用；合议未能达成一致意见或执行机构负责人认为应当再次讨论的，应报请专业法官（执行员）会议讨论后决定；案情重大复杂的，可提交审委会讨论最终决定。办理期限则可借鉴《民事诉讼法》第232条办理执行异议“人民法院应当自收到书面异议之日起15日内审查”的规定，明确人民法院应当自收到书面申请之日起15日内对执行豁免的适用进行审查，案情复杂的可报执行机构负责人批准延长。

4. 完善执行豁免的权利救济

《刑事财产执行规定》所规定执行异议准用《民事诉讼法》关于异议和复议的规定，排除了其通过执行异议之诉在刑事财产执行中实现权利救济的途

---

① 参见付劲松：《论我国民事执行财产豁免制度的完善》，华南理工大学2020年硕士学位论文，第38页。

径。《刑事诉讼法》及相关司法解释均要求生效的刑事裁判在其主文部分必须写明刑事涉案财物的名称及其处理方式,《刑事财产执行规定》第15条规定若案外人对涉案财物权属有异议的,应当先由刑事审判部门出具补正裁定;无法通过裁定补正的,才可通过审判监督程序进行救济。若被执行人所扶养家属试图通过执行异议程序证明案涉财产权属有异议,该财产应当属于执行豁免财产,应当由刑事审判部门出具补正意见,被执行人所扶养家属有异议的可以提出再审请求。但《刑事诉讼法》及其司法解释所列举的案外人可以启动再审的申诉事由中并未包括"对涉案财物的认定错误"这一理由。可见,《刑事财产执行规定》所明确的最终救济途径与《刑事诉讼法》的相关规定并不兼容,案外人仅因刑事涉案财物权属有争议提出再审请求缺乏法律依据。司法实践中,被执行人所扶养家属因涉案财物认定的异议往往并不涉及犯罪人定罪与量刑的问题,因此很难以"有新的证据证明原判决、裁定认定的事实确有错误,可能影响定罪量刑"为由启动再审,司法机关也几乎不会仅仅因为涉案财物处置的问题启动再审。① 一方面,执行程序无权对案外人的实体异议进行审查;另一方面,审判监督程序又难以启动,被执行人所扶养家属对涉案财物认定的异议将对刑事财产的执行效率产生消极影响。因此,若案外人对涉案财物权属的异议影响犯罪人定罪量刑的事实认定,应当增加再审事由的兜底条款;若不影响犯罪人定罪量刑的事实认定,可参照执行异议中的"异议+复议"程序予以处理。

(三)遵循刑法原则厘清执行顺位

《刑法》第64条规定:"犯罪分子违法所得的一切财物,应当予以追缴或者责令退赔……"《刑事财产执行规定》第10条规定,人民法院对涉案的赃款赃物及其收益应予以追缴。若刑事财产执行的财产系被执行人的违法所得,或是该财产已被生效的法律文书认定与刑事犯罪有关,无论被执行人是否同时存在民事责任和刑事责任,违法所得或赃款赃物均应予以退赔被害人的损失或上交国库,不得适用执行豁免,这是由上述财产的性质所决定的。

四川省高级人民法院规定:"在执行责令退赔时,既可以执行被执行人的

① 参见纪格非:《刑事涉案财物处置程序中的案外人权利保护》,载《法学杂志》2020年第8期。

违法所得,也可以执行被执行人的合法财产。”①关于退赔被害人的损失的执行顺位,有观点认为,由于刑事案件的被害人对遭受犯罪侵害的事实无法预测和避免,且其对被非法占有、处置的财产只能通过追缴或者退赔主张权利,所以在赃款赃物追缴不能的情况下,被执行人在赃款赃物等值范围内作出的赔偿优先于其他民事债务具有合理性。② 民事债务的执行优先于罚金和没收财产,退赔被害人的损失当然应予以优先。从另一角度进行分析,罚金和没收财产的执行到位金额均上缴国库,按照国不与民争利的原则,若刑事判决明确被执行人同时承担罚金或没收财产和退赔被害人的损失,而被执行人合法财产不足以清偿上述义务,应当优先退赔被害人的损失。若被执行人合法财产不足以清偿被害人的损失,也无财产用于缴纳罚金或没收财产,与《刑事财产执行规定》关于执行豁免的适用前提相冲突。

执行被执行人违法所得和执行其合法财产逻辑起点不同,法理依据也不同,却因为以“执行没收财产或罚金刑”为前提而产生不得适用执行豁免的矛盾结果。这会严重挫伤被执行人家属主动配合履行甚至代为履行的积极性,有悖于公平公正。综上,若被执行人合法财产不足以同时清偿退赔被害人的损失和罚金或没收财产时,应当明确执行豁免的适用可突破“执行没收财产或罚金刑”限制,在退赔被害人的损失中优先适用,为被执行人及其所扶养家属的生存权设定保护红线,将其生存权的保护和被害人权利的保护置于同一高度,体现公平公正。

(四)延伸检察职能强化全程监督

中国的刑事诉讼在纵向上可以说具有一种“流水作业”的构造,公安机关、检察机关和法院在刑事诉讼中各自独立地实施诉讼行为。③ 但检察机关在刑事诉讼和刑事财产执行中有其特殊地位,其既承担审查起诉职能又承担

---

① 参见四川省高级人民法院《关于规范刑事裁判涉财产部分执行工作的意见》(川高法〔2018〕156号),载庭立方图书馆网2020年10月9日,https://www.scxsls.com/knowledge/detail?id=136383。

② 参见刘贵祥、闫燕:《〈关于刑事裁判涉财产部分执行的若干规定〉的理解与适用》,载《人民司法》2015年第1期。

③ 参见陈瑞华:《刑事诉讼的前沿问题》(第3版),中国人民大学出版社2011年版,第259、260页。

法律监督职能。鉴于当前刑事财产执行检察监督存在滞后性,且执行豁免的适用因依赖法官的自由裁量权而缺乏监督,应当重新定位检察机关对执行豁免的监督角色和监督方式,建立提前介入、参与评议、及时监督的全流程监督体系。

1. 侦查阶段提前介入以及时保障当事人的生存权

刑事案件办案周期较长,疑难复杂的案件甚至长达数年。若被执行人及其所扶养家属欲对公安机关侦查阶段中查扣的财产提出执行豁免的申请,按照现行法律规定必须要待案件进入刑事财产执行后才可决定是否适用执行豁免,长时间的办案周期将对当事人迫切的生产和生活需求造成不利影响。河南省高级人民法院规定,对刑民交叉查封财物的异议事由,公安机关、检察机关、人民法院根据刑事诉讼所处阶段,均有权审查处理。[①] 因此,检察机关可在侦查阶段或审查起诉阶段提前介入,对执行豁免的适用进行研判,对公安机关强制措施的合法性进行监督。在调查和征得被执行人及其扶养家属不影响对财产后续处置的保证后,检察机关可依据其申请向人民法院提出执行豁免的适用建议,允许被执行人及其扶养家属使用被查扣的财产满足迫切的生存需求,渡过难关。

2. 审查阶段参与评议以确保执行豁免的规范适用

因案情复杂,执行豁免的适用决定可能需报请专业法官(执行员)会议讨论或审判委员会讨论最终决定。人民法院可以邀请检察机关对案件进行评议,共同参与研判,听取意见和建议,强化对执行豁免的适用把关。检察机关应当将涉及执行豁免适用的刑事财产案件纳入重点监督范围,了解办案进程,监督适用效果。

3. 执行阶段及时监督以畅通当事人权利救济渠道

《刑事财产执行规定》明确了当事人、利害关系人或者案外人提出执行异议采取"异议 + 复议"的模式,并规定案外人进行最终的救济要通过审判监督程序实现,但被执行人及其所扶养家属作为案外人对刑事财产执行提出的异议,与《刑事诉讼法》及其司法解释所规定的再审的申诉事由有所冲突。检察

---

① 参见《河南省高级人民法院刑事裁判涉财产部分执行异议复议案件办理指南》,载河南省高级人民法院官网 2020 年 11 月 10 日,http://www.hncourt.gov.cn/public/detail.php? id = 183004。

机关作为审判监督机关，其监督和抗诉职能是提起审判监督程序的重要途径。若刑事财产执行中被执行人及其所扶养家属因执行豁免的适用，对涉案财物的处置申请再审，检察机关应充分发挥监督职能，一方面监督刑事审判部门出具补正裁定，另一方面对执行豁免申请进行全面审查，符合再审情形的应当及时提出抗诉，坚守被执行人及其所扶养家属权利救济的最后一道防线。

五、结　语

刑事财产执行应当秉承人权保障的理念指导执行豁免之适用，着力解决被执行人及其所扶养家属生产和生活中的急难愁盼问题，体现国家和法律对人格权和生命权的关怀，这对于实现国家刑罚权和树立司法权威意义重大。虽然《刑事财产执行规定》已对执行豁免的适用进行规定，但在适用标准和程序构造上存在不足，有待于通过民事强制执行立法予以补充完善，通过进一步统一适用标准，健全告知、启动、审查、权利救济等程序，为司法实践明确规范和依据。

执行竞合中金钱与非金钱债权平等实现规则的构建

——以房屋交付请求权平等实现为进路

刘　朝*

摘要：执行程序中债权属性非金钱请求权（非金钱债权）与金钱债权请求权发生竞合时，在现行法没有规定特殊解决方式情况下，实务中采取以查封先后顺位为标准进行清偿的优先原则。该规则不公平之处在于，一方面，非金钱债权人可以掌握优势财产信息；另一方面，我国保全查封加入执行顺位的规则，带来了非金钱债权人利用不对称信息"插队"获取机会利益的问题，这破坏了优先原则程序公正的基础——"排队规则"。与域外优先原则下的竞合解决规则对比，我国很难通过优先原则下的规则调整来实现债权人的平等性。只能选择在实体公正的平等原则下，借鉴参与分配和破产制度的相关规则，建立非金钱债权和金钱债权参与平等清偿规则，以及在债务人资产充足情况下非金钱债权人的特殊平等清偿规则。

关键词：执行竞合；非金钱债权；清偿原则

执行竞合是民事执行程序中的常见现象，为了保障执行程序的顺利进行，其解决往往依赖于执行机关就债务人责任财产确定清偿顺位。[①] 我国现行法中出现的执行竞合主要有金钱债权间的竞合、金钱债权与物权属性非金

---

* 北京市大兴区人民法院法官，法律硕士。

① 参见肖建国主编：《民事执行法》，中国人民大学出版社2014年版，第312页。

钱请求权(包括物权期待权)竞合、金钱债权与债权属性非金钱请求权(以下简称非金钱债权)竞合。执行竞合的解决方式包括债务人资产充足情况下的执行顺位清偿制度,以及债务人资不抵债情况下的自然人参与分配制度和企业破产制度。本文重点探讨在债务人资不抵债情况下,金钱债权与非金钱债权执行竞合的解决方式。本文以房屋交付请求权平等实现为路径,探讨现行清偿原则下形成的解决规则带来的实质不平等后果,并探索建立保障不同类型债权人平等地位的解决规则。①

一、优先原则下金钱与非金钱债权人平等性现状分析

对于金钱债权与非金钱债权执行竞合的解决方式,现行法并无明确规定。但实务操作中鉴于查封效力的作用范围,实则形成了优先清偿原则,②即首先对债务人财产采取查封措施的债权人,享有优先于无法定优先权债权人受偿的权利。

(一)情形对比:现行法中出现的典型情形和处理结果

案件背景:甲基于商品房买卖合同向法院起诉,请求乙交付房屋并办理产权转移登记手续(该房屋系乙的唯一责任财产,以下简称涉案房屋)。甲获得胜诉判决,并申请了强制执行(A 案件);丙、丁、戊是乙的普通金钱债权人,在执行程序中先后申请查封了涉案房屋,分别对应 B、C、D 案件。

情形一:非金钱债权案件首封涉案房屋

A 案件保全或查封在先,B、C、D 案件均是轮候查封。此时,应执行 A 案件,乙应向甲交付房屋并过户至甲。

---

① 关于债权是权利平等还是主体平等存在争议,笔者认为,债权是主体平等,即债权人平等是前提条件,而权利平等是结果。参见曹宇:《债权的平等与优先——兼对债权平等理论的反思》,载《河北法学》2012 年第 10 期;宋宗宇:《优先权制度研究》,法律出版社 2007 年版,第 190 页。

② 从世界范围来看,对于民事执行竞合的解决,大陆法系的德国、奥地利和英美法系的英国、美国,实行的是优先原则,而大陆法系的法国、日本实行的是平等原则。我国则实行有限优先、有限平等和物权优先原则。虽然我国现行法没有明确规定非金钱债权与金钱债权竞合的解决规则,但实际按照查封先后顺序清偿,符合优先清偿原则的内在逻辑。参见谭秋桂:《民事执行原理研究》,中国法制出版社 2001 年版,第 346 页。

结果:甲实现债权,丙、丁、戊债权无法实现。

情形二:非金钱债权案件首先申请执行但未查封涉案房屋

A 案件申请在先,但甲并未申请保全或执行中查封,而是直接申请强制过户。A 执行完毕前,B 案件申请对涉案房屋进行查封,C、D 案件随之轮候。此时,应执行 B 案件,C、D 案件可申请参与分配。

结果:丙、丁、戊债权按比例清偿,甲债权无法实现。

情形三:非金钱债权案件靠前轮候查封涉案房屋

B 案件保全或查封在先,A 案件轮候查封在 B 案件之后,C、D 案件再次之。此时,应执行 B 案件,C、D 案件可申请参与分配。

结果:丙、丁、戊债权按比例清偿,甲债权无法实现。

(二)表层之象:非金钱债权人处于弱势地位

根据我国现行法的规定,非金钱债权与普通金钱债权竞合时按照查封顺位清偿,只有非金钱债权保全或查封在先方可获得清偿。换言之,即使非金钱债权申请在先,只要未首封也无法获得执行;即使非金钱债权在部分金钱债权之前轮候查封,在其后的普通债权仍可通过参与分配获得部分清偿,而非金钱债权虽顺位靠前,却无法获得任何清偿。

因此,将非金钱债权与所有金钱债权进行顺位对比,可以发现非金钱债权只要落后于一笔金钱债权,便会落后于所有金钱债权。而且对于申请交付、过户在前,但并没有申请查封的非金钱债权人,过户前被金钱债权人先申请查封,则将功亏一篑。

从上述表象来看,非金钱债权人处于不平等的弱势地位,但是实际上确实如此吗?

(三)深层透视:非金钱债权人享有机会利益优势

虽然表面看起来房屋交付请求权人遇到无法得到清偿的情形较多,但每种情形出现的可能性并不相同,相比之下普通金钱债权人获得清偿的概率反而更低。

1. 金钱债权人采取首封措施机会较少

在案例中，甲与乙的交易是针对涉案房屋这一特定物的，乙违约时，乙的责任财产信息——涉案房屋，已经被甲所完全掌握。丙、丁、戊等普通债权人获取涉案房屋信息则较为滞后，一般在执行程序中法院进行财产调查后方能知道，有时甚至需要额外支出一定成本后才能获取该信息。因此，普通金钱债权率先查封的机会较少。

2. 非金钱债权的保全顺位效力切断金钱债权受偿可能性

房屋交付请求权人可以利用自身机会利益优势，向法院申请保全或执行。一旦法院受理其申请并首封涉案财产，之后申请保全或申请执行的所有普通金钱债权将全部被排除受偿。

3. 非金钱债权人于执行不能时变更诉讼请求，将侵蚀金钱债权人受偿比例

如案例中乙是故意违约，甲可主张房屋交付及转移登记。但诉讼系属中如有其他案件已经将涉案房屋查封，甲的请求将面临执行不能的后果。此时甲可变更诉讼请求，要求乙返还购房款并承担违约责任。在这种情况下，特定房屋请求权人就转换为金钱债权人，与其他普通金钱债权人共同参与分配，降低其他普通金钱债权人的受偿比例。前文情形三出现的可能性也并不高。

综上所述，只有房屋交付请求权人不申请保全或执行中查封，且标的物在执行依据生效到产权转移登记办理完成期间内被另案查封，房屋交付请求权人才完全无法获得清偿，而这个期间从司法实践看通常只有1～2个月。此外，房屋交付请求权人至少能获得与金钱债权人一样按照比例清偿的待遇。因此，非金钱债权人在执行竞合处理规则中享有机会利益①，处于优势地位，而金钱债权人处于受偿不平等地位。

二、优先原则下金钱债权人不平等受偿原因分析

我国非金钱债权与金钱债权执行竞合的解决采用优先原则，是建立在保

---

① 机会利益是在不对称信息条件下利用相对信息优势所提供的机会而获得的经济净收益。参见金伯富：《机会利益：一个新的理论视角》，载《中国社会科学》2000年第2期。

全查封与执行查封共同排位的基础上。优先原则是保障债权人平等性的方式之一,但我国目前解决不同类型债权人清偿顺位的优先原则,并不能保障普通金钱债权与非金钱债权享有平等的实现机会。相反,非金钱债权人可以凭借自身信息优势和规则优势享有更多机会利益。

(一)金钱债权人获取财产信息处于天然劣势地位

非金钱债权是建立在债权人对债务人财产充分了解的基础上,是"先识物、后识人"。当债务人违约时,非金钱债权人能以最快速度、最低成本提供债务人的财产线索并采取措施。普通金钱债权是建立在对债务人信任的基础上,是"先识人、后识物"。当债务人违约时,普通金钱债权人依赖自身及执行法院对财产线索进行调查,时间长、成本高。可见,二者获取财产信息的机会和成本存在天然差异,从债权形成到执行程序前均存在信息不对称情况,非金钱债权人占有绝对优势。只有在执行程序中,普通金钱债权人获取财产信息的总量方能达到与非金钱债权人相当的水平。

(二)保全措施博弈中金钱债权人难以取胜

根据博弈论原理,针对债务人唯一财产,非金钱债权人需要选择是否申请保全,同一普通金钱债权人也要作出同样的选择。如果设定申请保全成本是1,债务人财产价值是100,形成的支付矩阵如表1所示。其中(49,49)和(50,50)两种结果的产生,是因为两债权人采取相同措施后是否能获得清偿取决于保全先后顺序,概率基本相同,因此获得清偿的值为均等。

表1 债权人关于是否申请保全支付矩阵

非金钱债权人 \ 金钱债权人	保全	不保全
保全	49,49	99,0
不保全	0,99	50,50

由表1可以看出,如在博弈中实现纳什平衡,[①]即无论对方如何选择,对

① 参见张维迎:《博弈论与信息经济学》,格致出版社、上海三联书店、上海人民出版社2012年版,第8页。

于己方来说申请保全均是最优选择。因为选择申请保全获得清偿数额最低49,最高99,而选择不保全最高50,最低是0。因此,在是否采取保全措施的博弈中,两者的理性选择均为申请保全,金钱债权人并不能在博弈中取胜,也就不能占据有利地位。

(三)保全查封加入终局执行顺位,破坏"排队规则"

"排队规则"是优先原则的基础和来源,是债权人平等性的程序保障,也是一种竞争机会的平等,正如"用心勤勉于信用调查及适时努力收取债权的人,应当比未经事前为信用调查或者对于到期债权不及时收取的人受到更为优越的报偿"①。但我国将保全查封加入终局执行顺位,实际上破坏了"排队规则",并打破了这种公平状态。

1."排队规则"的应然状态

"排队规则"之所以能体现公平,是因为对于每一个参与者来说,机会是均等的,即参与者获取利益的机会均等。在债权清偿规则中,优先原则之所以被很多国家和地区采用,是为了确保每个债权人实现债权的机会均等。

债务人的财产信息对于每个债权人都是平等存在的,每个债权人收取债权的机会也是平等的,所以排队的顺位应根据各债权人是否勤勉于信用调查以及是否适时收取债权而确定。既勤勉于信用调查又能适时收取债权的人应排在首位,其次是勤勉于信用调查的人,再次是适时收取债权的人,最后才是二者均怠于行为的人。第二、第三顺位的确定是由于勤勉于信用调查的债权人之目的也是收取债权,只是在寻找更合适的机会,而只知适时收取债权的人却怠于调查,企图"搭便车",其顺位自然在后。

2.保全查封形成"插队"的实然结果

对债务人财产申请保全查封的债权人,确实均进行了勤勉信用调查,无论是交易前还是交易后,但申请执行前并没有达到收取债权的时机,应属于第二清偿顺位;已申请执行并提供债务人财产线索的债权人进行了勤勉调查并适时收取了债权,应属第一清偿顺位。

根据我国现行法,应第二顺位的保全案件先行占据了有利顺位,待取得

① 谭秋桂:《民事执行原理研究》,中国法制出版社2001年版,第347页。

执行依据后优先受偿,而应第一顺位的终局执行案件却无法得到清偿。保全查封固定清偿顺位的作用,造成了保全案件先行“占位”的“插队”结果。

3.“插队规则”是机会利益的制度保障

非金钱债权人凭借获取财产信息的天然优势,通过保全手段就可以将自身清偿顺位确定下来,确保享有机会利益,而机会利益的稀缺性会引发债权人哄抢。保全执行名义经债权人简单释明即可取得,[①]债权人会争先恐后地采取保全措施,甚至引发道德风险。债务人为了阻止房屋交付请求权人取得房产,或为了阻止金钱债权人执行房产,会以较低的成本提起虚假保全,先行“占位”,从而引发虚假诉讼,侵害真实债权人利益。

三、优先原则下通过规则调整以实现债权平等的可行性否定

虽然很多国家和地区解决非金钱债权与金钱债权竞合,甚至是金钱债权间的竞合皆采用优先原则,但这些国家和地区均设置了相关制度与之配合运行,共同保障优先原则下债权人享有平等的债权实现机会。

(一)域外优先原则下金钱债权与非金钱债权平等实现规则实例

我国所采用的清偿原则与日本等大陆法系国家比较相似,金钱债权间的竞合采用平等原则,非金钱债权与金钱债权的竞合采用优先原则,这部分国家的规则可借鉴性最强。对于非金钱债权与金钱债权平等实现机会的保障,并非非金钱债权人的自身优势存在差别,而是域外的竞合解决规则限制了非金钱债权人自身优势发挥。

1.终局执行优先保护了“排队规则”有效性

在域外理论中,当保全执行与终局执行发生竞合时,理论和实务通说均采终局执行优先说。[②] 该学说认为,保全(包括假扣押、假处分[③])执行后,对于查封标的物并无优先权,基于债权人的平等性,有终局执行名义的债权人

① 参见谭秋桂:《民事执行原理研究》,中国法制出版社2001年版,第337页。

② 理论上存在相反的观点,认为终局执行不应该优先。

③ 如果假处分系基于物权,终局执行是否仍然优先存在争议,但本文只讨论债权之间的竞合,对此不再详述。

仍然可以申请强制执行。此处理方式并不区分保全在先的是金钱债权还是非金钱债权,对于标的物的执行权将依据终局执行的先后顺序而定。

金钱给付请求权与非金钱给付请求权发生竞合时的处理方式是,如非金钱给付请求权是基于债权,则依据终局执行申请的先后顺序执行。该种解决方式正能契合上述"排队规则"的应然状态,将只勤勉于信用调查而未到收取债权时机的保全执行申请人列为第二顺位,限制了非金钱债权人利用优势信息的机会,保障了其与金钱债权人平等的债权实现机会。

2. 执行专属管辖是终局执行优先的制度前提

日本、德国等国家执行管辖原则上是执行标的物所在地或应为执行行为所在地法院。[①] 当债权人无法查知债务人财产时,可先行在债务人住所地法院申请强制执行,以请求法院调查其财产,如查到债务人财产不属于本院管辖范围,受理法院应嘱托财产所在地法院执行。因此,各法院只能在其管辖区域内为执行行为,不得越区执行。

执行专属管辖制度决定了围绕执行标的物的执行案件只能在一家法院执行。相比多家法院分别执行,只在一家法院执行最大的优势在于节省大量法院间协调、协助和沟通的成本,而且能全面掌握财产处置动态。如果涉及同一标的物的保全和执行案件分属两家不同法院,要实现终局执行优先,执行法院需要向保全法院商请移送处置权。由于移送过程花费时间较长,此期间保全案件可能已取得执行依据,实质上将保全债权人收取债权的时机提前,终局执行优先很难彻底落实。

(二)优先原则下现行法应调整的规则内容

我国如果要在优先原则下实现非金钱债权平等清偿,这不是简单地实行终局执行优先即可解决的,而是需要相应调整保全、参与分配和管辖等规则。

1. 保全查封在清偿顺位中对应的效力发生改变

保全查封效力仅限于债务人不得任意处分自己所占有的财产,并非因保全查封而取得优于其他债权人的地位,不能禁止其他已取得执行依据的债权

---

① 参见《日本强制执行法》第44条、《德国民事诉讼法》第800条。

人申请终局执行,更不能对抗法院强制处置债务人财产。[①] 无论是金钱债权还是非金钱债权,先进入执行程序者先获得执行,如此方能保证"排队规则"的有效性。相应的配套规则应该是保全查封自进入终局执行后转为执行查封,查封时间从申请执行时点起算。所以,其不仅需要清偿规则的调整,更重要的是将执行查封和保全查封的效力范围作不同区分,确保率先进入终局执行的债权人率先获得清偿机会。[②] 但其中最大的问题在于,如何使率先采取保全措施的债权人在清偿顺位中利益不受损,不致保全制度运行丧失有效性。要解决这个问题,还应对具体的保全规则进行调整。

2. 金钱债权参与分配应预留保全份额

为了保障保全制度的有效性和可预期性,需要确保保全措施对清偿顺位的确定作用,使保全申请人的保全利益不因另案终局执行的启动而消失。在金钱债权执行竞合中,应建立参与分配保全份额预留制度,这也是与终局执行优先相配套的制度。但根据日本等域外立法例,保全份额的预留权只有首封案件的债权人享有,其他轮候保全债权人仍然无法获得预留份。

3. 建立财产所在地法院的执行专属管辖制度

终局执行能够获得优先执行的前提条件是保全执行和终局执行均归一家法院管辖。如果分属两家法院,债务人财产处置权的争执和移送需要更复杂的规则进行调整,适用情形不明确、移送强制力不足,法院间就会推诿扯皮,进而导致实施时间成本较高、积极性较低,很难保障终局执行真正的优先执行。所以只能建立由债务人财产所在地法院执行的专属管辖制度。在债务人资不抵债的情况下,如其他法院执行中发现债务人财产不在本辖区,就应移送财产所在地法院执行。

综合以上制度规则调整内容来看,其涉及范围较广、调整规则较多。特别是管辖制度的调整要改变原有的地域管辖、级别管辖、专属管辖、指定管辖

---

① 保全执行和终局执行竞合处理方式在理论上存在"终局执行优先说"、"保全执行优先说"和"折中说"3种,一般根据不同国家和地区所采用的清偿原则决定通常的处理方式。

② 《民事强制执行法(草案)》第179条确定了金钱债权按照查封先后顺位受偿的规则,是完全优先原则的建立,而并未提及非金钱债权清偿规则。该草案虽在概念上对终局执行和保全执行进行了区分,但在查封效力上却未作区别,仍然将保全查封和终局执行查封在一个效力顺位上"排队",并不符合债权平等实现的原则。

等整个制度规则，其所造成的制度连锁反应很难预估。所以在我国现行制度前提下，采用优先原则解决非金钱债权平等实现问题，所要付出的制度调整成本较高，实施可行性较低。

四、平等原则下金钱债权与非金钱债权平等实现规则的重塑

优先原则下实现金钱债权与非金钱债权的平等受偿，需要对我国现行制度规则进行“伤筋动骨”式的调整，并且难以实现突破。因此，要从竞合解决的规则源头——清偿原则，寻找解决方案。用平等原则替代优先原则，能够破解金钱债权与非金钱债权平等实现的规则难题。一方面，除法定优先权者外，先申请查封的债权人无优先受偿的权利；另一方面，非金钱债权应转换为金钱债权，与各金钱债权人按债权额比例就执行所得价款公平分配。[①]

（一）平等原则确保竞合债权平等实现的正当性基础

执行竞合中债权清偿顺位的公平确定，要满足程序正当性或实体正当性的要求。根据以上论述，笔者认为，解决金钱债权与非金钱债权竞合，在优先原则下很难满足程序正当性的要求，转而应寻求实体正当性的救济，而平等原则作为从实体上公平划分债权实现比例的清偿原则成为最佳选择。

1. 平等原则能防止债务人资不抵债情况下的个别清偿

债务人资不抵债的情况下，解决执行竞合问题最理想的制度为破产制度，在破产程序中可以有效避免个别清偿的问题。但我国目前尚未建立个人和其他组织的破产制度，导致债务人资不抵债的情况下，个别清偿行为得不到制度的有效规制，相应的债权得不到程序救济。

非金钱债权与金钱债权执行竞合中，非金钱债权的实现即为债务人对其

① 参见肖建国：《我国强制执行平等与优先原则论纲》，载《法律科学（西北政法学院学报）》1996年第2期。

进行的个别清偿,此行为在企业破产程序中是禁止的。[①] 在目前个人或其他组织破产制度没有完全建立的情况下,平等原则下公平分配规则的适用,能防止债务人对非金钱债权人的个别清偿行为,实现破产制度的止付功能,保证债务人有限财产在各债权人间平等清偿。

2. 平等原则能与现行参与分配制度实现理论自洽

《民事强制执行法(草案)》中舍弃了金钱债权的参与分配制度,彻底颠覆现行的清偿规则,试图构建优先清偿原则,其不仅是法律规则的改变,更是市场规则、社会规则的变化。笔者认为,参与分配制度在多年的司法实践中已经实施得较为成熟,社会公众、市场主体都已熟悉这一制度规则,在没有重大的制度重构利益情况下,贸然打破制度惯性,势必引发更多法律问题和社会问题。[②] 所以在强制执行法立法中应继续沿用、继续完善该项制度。

在执行竞合的理论研究中,很多人都认为不同类型的债权不能共同分配,非金钱债权不能适用参与分配制度,所以只能采用优先原则。[③] 其实不然,虽然不同类型的债权无法直接分配,但非金钱债权可以向金钱债权转换,从而形成可以共同分配的基础。债务人不履行或履行不能的情况下,执行法院命债务人赔偿债权人损害,以代替原定给付之执行,称为代偿执行。[④] 我国最高人民法院《关于适用〈中华人民共和国民事诉讼法〉的解释》第492条规定也与之类似。若终局执行债权为金钱债权,而保全债权为非金钱债权,后者应转换为金钱请求而申请参与分配。[⑤] 所以平等原则下金钱债权与非金钱债权执行竞合的解决方式,能与参与分配制度实现理论自洽。

---

① 在企业破产程序中,尚未办理产权转移登记的不动产,虽取得执行依据,但仍属于企业的破产财产。最高人民法院《关于适用〈中华人民共和国企业破产法〉若干问题的规定(二)》第2条规定中并未将该类型财产纳入不应认定为债务人财产的范围,从一般理解来说即属于破产财产。当然,该观点也存在争议。

② 就另一种角度而言,优先清偿原则的建立,会导致普通债权能否清偿在很大程度上取决于执行人员的尽职程度——即使规定了采取执行措施的时限,执行人员在时限内的执行快慢也直接影响债权人能否获得清偿。这不仅为执行廉政风险埋下隐患,而且在目前人民法院人案矛盾极其突出的情况下,极大提高了执行人员的职业风险。

③ 参见崔婕:《强制执行竞合的解决——兼论我国相关强制执行制度的完善》,载《法商研究(中南政法学院学报)》2001年第4期。

④ 参见杨与龄编著:《强制执行法论》,中国政法大学出版社2002年版,第10页。

⑤ 参见杨与龄编著:《强制执行法论》,中国政法大学出版社2002年版,第272页。

3. 平等原则并未对非金钱债权人造成权利损害

平等原则的适用,虽从表面看已将非金钱债权人获取的机会利益消除,但消除的这部分利益本不应由其享有。适用平等原则只是将非金钱债权人重新置于与其他债权人平等的受偿地位,是对其不当受益的消除,而非应得权利的损害。

(二)平等原则下非金钱债权平等实现的具体规则

在平等原则下,只要首封法院收到其他法院的参与分配函或本院有其他同一被执行人的执行案件,均不能径行执行非金钱债权案件或排除非金钱债权案件受偿,应按照平等清偿规则进行处理。

平等清偿规则的运行。应分为标的物由非金钱债权首封与由金钱债权首封两种情况。由于我国的保全查封与执行查封效力相同,便不再单作区分。平等原则下非金钱债权的平等实现,主要依据以下具体规则解决。

1. 非金钱债权首封下金钱债权参与平等清偿规则

非金钱债权首封下,金钱债权按照平等清偿规则应分为两个阶段:第一阶段是非金钱债权采取保全查封至判决生效,第二阶段是判决生效至非金钱债权执行完毕前。

第一阶段中,金钱债权人进入执行程序后,执行法院应轮候查封涉案房屋,并向首封非金钱债权审理法院发送参与分配函。审理法院收到函后,应向非金钱债权人释明,其可变更为金钱给付类诉讼请求,否则可能面临执行不能或重复起诉的后果。如非金钱债权人将其诉讼请求变更为金钱债权请求,债权人取得执行依据后自然按照普通的参与分配程序进行;如其拒不变更诉讼请求,将进入下一阶段。

第二阶段中,金钱债权人进入执行程序后,执行法院同样应轮候查封涉案房屋并向执行首封法院发送参与分配函。此时,首封执行法院对于涉案房屋的处置权仅为转移登记和交付的强制执行权,但是对于非金钱给付请求权,首封法院虽有处置权但不能实施。所以首封执行法院在收到参与分配函后,既不能径行办理过户,也不能处置该涉案房屋。

这种情况下,应参照企业破产制度的处理规则。企业破产后,所有涉及企业财产的执行措施均须中止,全部移交破产法院进行处理,由破产法院统一按照破产规则进行清偿。非金钱债权首封法院应将涉案房屋处置权移送顺位最前的金钱债权轮候查封法院,由该法院处置涉案房屋并主持案款分配。与此同时,非金钱债权执行法院应向处置法院发出参与分配函,参与分配金额以债权人申请为准,处置法院应依据该申请金额进行分配并预留案款,待非金钱债权人取得金钱债权执行依据后方确定最终数额。

2. 金钱债权首封下非金钱债权参与平等清偿规则

非金钱债权无论是保全阶段还是执行阶段,均应轮候查封涉案房屋,但只有在执行阶段方能向金钱债权执行法院发送参与分配函。参与分配数额以债权人申请为准,但法院应初步对数额进行审核。首封法院收到参与分配函后应分配并预留数额,待非金钱债权人取得金钱债权执行依据后方确定最终数额。

如非金钱债权人在诉讼系属中发现涉案财产已被其他法院查封,可直接转换为金钱请求,取得执行依据后向首封法院参与分配。

(三)财产充足情况中非金钱债权特殊保护规则

以上非金钱债权平等实现规则的构建是建立在作为债务人的自然人财产不足以清偿所有债权情况下,但如果债务人财产足以清偿所有债权,其平等实现规则应有所区别。

1. 特定物应优先清偿有专门指向的债权

特定物交付请求权人所指向的债务人财产是特定的,而普通金钱债权人则没有指向债务人特定财产。换言之,债务人其他有价值的财产均可满足金钱债权人的债权,而只有某一特定物才能满足非金钱债权人的权利。因此,当债务人财产可满足所有债权人债权时,特定物交付请求权人的债权应排除其他金钱债权人针对该特定物的强制执行权请求权,其他债权人只能申请执行特定物以外的其他财产。[①]

此种方式会产生对普通金钱债权人不利的倾向,即债务人财产类别不同,变现的可能性或变现速度均有差异。比如,房产比非上市公司股权更易于变现,此时,如果房产只能实现非金钱债权人的债权,那金钱债权人用股权

① 参见何艳芳、余茂玉:《执行竞合问题之构想》,载《安徽广播电视大学学报》2004年第2期。

实现债权的期限就会延长,会损害金钱债权人的期限利益。但是,如果房产用来满足金钱债权人的债权,而非金钱债权人只能另诉损害赔偿后再次用股权实现债权,期限更长,而且又徒增一诉讼,不仅增加诉累,而且占用司法资源。所以,在债权人平等原则基础上,在对不同类型债权人均会造成损失的情况下,应选择一种损失总量最小、对社会造成负担最轻的方式,相比之下由非金钱债权人受偿特定物更经济。

2. 判断债务人财产足以清偿所有债权的方式及救济

该规则的建立前提是债务人财产能清偿所有债权,但如何判断这一前提是否存在?在上文构建的非金钱债权平等实现的具体规则下,当金钱债权执行法院向非金钱债权首封法院申请参与分配时,应赋予首封法院查询被执行人财产的权利。如果首封法院查到足以覆盖参与分配债权的财产,应驳回其参与分配申请,执行本院的非金钱请求权。无论是驳回还是支持参与分配的申请,非金钱债权人与金钱债权人均可对首封法院的执行行为提出异议,以救济其权利。

五、结　　语

非金钱债权请求权与金钱债权请求权竞合问题,应该是整个执行竞合大树中最不显眼的那一枝,但它关涉债权人平等地位的原则问题,应值得进一步探讨。非金钱债权请求权与金钱债权请求权应处于同等地位,非金钱债权请求权不应享有过多的殊荣或特殊的照顾,其实现也应与金钱债权处于同一地位,不能以其先天信息优势而享受更多机会利益。

论终结本次执行程序前传统调查之新思路*

——基于C市L法院1000份传统调查笔录的分析

冯 舸** 姚 洪***

摘要：最高人民法院要求以终结本次执行程序方式结案的案件，结案前必须开展传统调查，其目的是补充网络财产查控的不足，真正做到“已穷尽财产调查措施”，提升申请执行人对执行不能案件的满意度。在对C市L法院1000份传统调查笔录统计分析的基础上，对传统调查的目的进行重新审视，明确传统调查应当以查找被执行人人身线索及联系方式为主要目的。应当建立终结本次执行程序案件传统调查分类处理机制，对符合标准的案件不再进行传统调查，直接结案；对需要进行传统调查的案件，则既可以借助科技创新与基层社会组织的力量，也可以通过建立全国法院间传统调查委托系统及数据库的方式完成调查。这既能降低传统调查的成本，又能保证传统调查的效果与效率。

关键词：强制执行；传统调查；目的重构；人身线索；科技创新

何为传统调查？传统调查举措设立的目的是什么？这一举措在执行实务中产生的效果如何？存在什么问题？应当如何进行完善？这些问题一直困扰笔者。本文在对传统调查的前世今生进行梳理的基础上，结合传统调查

* 本文系2022年度中国法学会部级法学研究课题“营商环境法治化与商事法律制度现代化”[项目编号：CLS(2022)D24]的阶段性成果。

** 西南政法大学民商法学院2022级博士研究生。

*** 重庆两江新区(自贸区)人民法院法官，法学学士。

数据分析结果，指出现有传统调查已沦为形式，必须对其调查目的与内容进行重构，从而最终实现对网络财产查控查漏补缺、保证案件“已穷尽调查措施”、提升申请执行人对执行不能案件的满意度的目的。

一、传统调查的前世今生

（一）终结本次执行程序溯源

2015 年之前我国法院对于无财产可供执行案件一般裁定中止执行，其法律依据为最高人民法院于 2008 年调整的《关于人民法院执行工作若干问题的规定（试行）》第 102 条①。但此种结案方式无法让无财产可供执行的案件及时退出执行程序，造成案件大量积压。为此，最高人民法院每过一段时间便会发起清理执行积案专项行动。然而，运动式专项行动无法根本解决执行积案问题，造成“边清边积”的恶性循环。② 对此，一线执行部门创造了终结本次执行程序（以下简称终本）这一结案方式以完善执行程序的退出机制。该方式在 2008 年清理执行积案的活动中得到中央政法委和最高人民法院的肯定。中央政法委、最高人民法院于 2009 年发布的《关于规范集中清理执行积案结案标准的通知》和最高人民法院于 2014 年年底发布的《关于执行案件立案、结案若干问题的意见》均规定终本的案件法院可以做结案处理。③ 其中后者首次以执行规范的方式规定了终本这一结案方式，此种结案方式将传统的“一次启动、一次结案”变更为“多次启动、多次结案”，使执行程序更加灵活高效，同时化解了无财产可供执行案件积压带来的不利影响。

为防止法院单纯为了提高执结率指标而滥用此结案方式，2016 年最高人

① 最高人民法院《关于人民法院执行工作若干问题的规定（试行）》第 102 条规定：“有下列情形之一的，人民法院应当依照民事诉讼法第二百三十二条第一款第五项的规定裁定中止执行：（1）人民法院已受理以被执行人为债务人的破产申请的；（2）被执行人确无财产可供执行的；（3）执行的标的物是其他法院或仲裁机构正在审理的案件争议标的物，需要等待该案件审理完毕确定权属的；（4）一方当事人申请执行仲裁裁决，另一方当事人申请撤销仲裁裁决的；（5）仲裁裁决的被申请执行人依据民事诉讼法第二百一十七条第二款的规定向人民法院提出不予执行请求，并提供适当担保的。”

② 参见百晓锋：《程序变革视角下的终结本次执行程序制度——以〈民诉法解释〉第 519 条为中心》，载《华东政法大学学报》2015 年第 6 期。

③ 参见中国共产党中央委员会政法委员会、最高人民法院《关于规范集中清理执行积案结案标准的通知》第 3 条第 8 款。

民法院印发《关于严格规范终结本次执行程序的规定(试行)》,其中第3条第1款第3项[①]强调了终本案件的财产调查标准。该规定要求以终本方式报结的案件必须已穷尽财产调查措施,未发现被执行人有可供执行的财产或者发现的财产不能处置。因此,穷尽措施对被执行人进行财产调查便成为终本结案的必备条件之一。

(二)传统调查溯源及目的分析

对于被执行人财产的调查,我国法院采用以法院调查为主的职权主义财产调查模式。[②] 过去由于信息化发展滞后,法院获取被执行人人身和财产信息的手段单一。在执行工作中往往需要到被执行人财产可能的登记机关或存放地实地走访调查,同时采取走街串户的方式对被执行人的婚姻家庭、工作就业、企业合并分立以及增资扩股等情况进行了解。随着科技的发展,信息化程度不断提高,2015年法院开始逐步建立网络财产查控系统。至今已形成了以最高人民法院总对总网络执行查控系统为核心,地方各级法院点对点网络执行查控系统为补充,地域覆盖全国,财产类型包含存款、车辆、不动产、证券、股权、保险等财产形式的网络化、智能化执行查控体系。几十年来"登门临柜式查人找物"的财产调查方式逐步被网络化、信息化的财产调查方式所取代。传统的财产调查方式逐渐边缘化,变为对网络财产查控的补充。

2017年发布的最高人民法院《关于建立执行考核指标体系的通知》中,在终本案件合格率考核标准一项首次提出了"传统查控"[③]这一概念。2018年颁布的最高人民法院《关于进一步规范近期执行工作相关问题的通知》第2条第5款规定:"人民法院终结本次执行程序前,应严格执行《最高人民法院

① 最高人民法院《关于严格规范终结本次执行程序的规定(试行)》第3条第1款第3项规定:"无法通过网络执行查控系统查询本款第二项规定的财产情况的,在被执行人住所地或者可能隐匿、转移财产所在地进行必要调查。"

② 参见史明洲:《执行财产调查程序的模式选择:为职权主义辩护》,载《华东政法大学学报》2021年第2期。

③ 最高人民法院《关于建立执行考核指标体系的通知》对执行工作设立了统一量化考核指标。该通知就以终本方式结案的案件是否符合要求设定了以下标准:(1)是否超过3个月结案;(2)传统查控节点信息项是否为零;(3)是否采取限制高消费措施;(4)结案前3个月内是否进行总对总查控;(5)终本约谈节点信息项是否为空。

关于民事执行中财产调查若干问题的规定》,积极采取现场调查等方式,查明被执行人财产状况和履行义务能力。"[①]由此,"传统查控"或"现场调查"便成为终本方式结案必须采取的措施之一。这一措施因为与网络查控相对应,执行实务部门一般称为"传统调查"。据此,传统调查可定义为:法院执行部门在执行案件中,为补充网络财产查控的不足,保证案件已穷尽财产调查措施而采取的查人找物的现场调查措施。

最高人民法院为什么要求以终本方式结案的案件必须进行传统调查?为治理法院执行难、执行乱的问题,塑立执行队伍良好形象,增强人民满意度,最高人民法院于2016~2018年提出了用2~3年时间基本解决执行难的目标。在此期间,最高人民法院为终本案件制定了结案标准,确保能执尽执,"颗粒归仓",同时也作为终本案件第三方验收评查的依据。最终,传统调查成为终本方式结案必须具备的措施延续至今。据此,笔者认为其目的主要有两个:一是作为网络财产查控方式的补充,查漏补缺,尽可能查找到被执行人的人身及财产线索,保证案件达到"已穷尽财产调查措施"的标准。二是让申请执行人知晓法院采取的措施和手段,提升申请执行人对执行不能案件的满意度。

(三)传统调查的具体方式及内容

执行实务中,法院进行传统调查的方式主要有以下几种:(1)由法院执行工作人员直接到被执行人住所地进行现场调查。(2)依托当地党委、政府,借助辖区网格员、综治专干进行现场调查。(3)委托被执行人住所地法院进行调查。(4)通过寄送快递委托被执行人住所地居委会、村委会进行调查。(5)执行人员电话调查。对自然人采取传统调查的对象主要为被执行人的住所地的居委会、村委会工作人员,物业管理人员,邻居,同居亲属等。对法人或其他组织采取传统调查的对象主要为物业管理人员、临近商户及园区工作

---

① 最高人民法院《关于进一步规范近期执行工作相关问题的通知》第2条规定:"……4.被执行人是自然人的,向被执行人所在单位及居住地周边群众调查了解被执行人生活居住、劳动就业、收入、债权、股权等情况,并制作调查笔录附卷为凭;5.被执行人是法人或其他组织的,对其住所地、经营场所进行现场调查;全面核查被执行人企业性质及设立、合并分立、投资经营、债权债务、变更终止等情况,并可依申请进行审计调查。"

人员等。对自然人的调查内容为被执行人生活居住、劳动就业、婚姻、收入、债权、股权等情况。对法人或其他组织的调查内容为被执行人企业性质及设立、合并分立、投资经营、债权债务、变更终止等情况。

二、初探:传统调查的表征解析

笔者对2019~2020年C市L法院执行局的首次执行案件进行梳理,并随机选取了在2019年和2020年中以终本方式结案的案件各500件,对其中的传统调查笔录进行了分析,得出了关于传统调查的以下表征。

(一)传统调查数量居高不下

笔者对L法院2019年和2020年两年的执行案件情况进行了统计(见图1)。2019年受理首次执行案件12,885件,以终本方式结案5719件,终本率44.38%。2020年受理首次执行案件11,050件,以终本方式结案3929件,终本率35.56%。受新冠疫情影响,2020年受案数略有下降,秉承善意文明理念,和解终结的案件增多,终本结案案件较2019年有所下降。但仍可以发现L法院近两年无论是终本案件绝对数,还是终本案件占全部执行案件的比例均较大。又因为传统调查属于终本结案必须具备的条件,所以这可反映出需要传统调查的案件数量巨大。

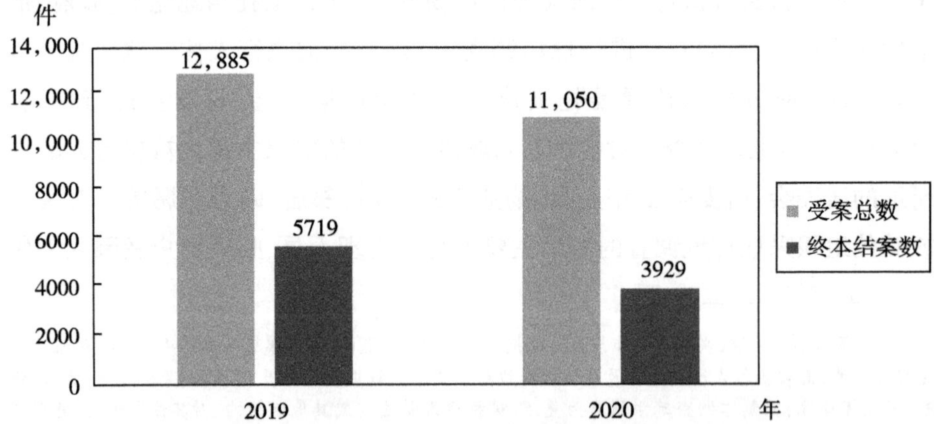

图1　2019年至2020年C市L法院受案总数与终本结案数

(二)传统调查成本颇高

如上文所述,传统调查有 5 种方式,其中电话调查所需成本最低,仅需要一名执行人员、一部办公电话,每件案件调查平均用时 12 分钟。但该方式的调查效果不佳,绝大部分被调查人员均无法提供有价值线索。同时,在案件评查中,电话传统调查经常不被评查人员所认可。鉴于此,此种调查方式一般作为被执行人住所地位于法院辖区外或市外方才采用的变通手段。实践中,多采用到被执行人住所地进行实地调查的方式。但实地调查成本高昂,主要包括执行人员时间成本、通勤成本与必要开销等。以 L 法院执行部门开展传统调查为例:一名司机加上一名执行人员,平均一天能完成的调查数量不超过 4 件次。这对于一年有数千件案件需要调查的法院来说,效率太低。若是到辖区外偏远地区或市外调查则成本更高,一般需派出 2 名工作人员,耗时 1 天以上,费用可达数千元。然而,基层人民法院大多数案件标的在 20 万元以下,开展传统调查花费的时间成本、人力成本与实际取得的“收益”不成正比,同时还延长了案件执行周期。这违背了执行的内在价值——迅速、廉价和适当。[①] 例如,该院到福建省某地对被执行人福建某新能源公司开展传统调查,2 名办案人员耗时 3 天,调查发现该公司已停止营业,但全程执行花费超 1.5 万元。此外,对于不履行义务这部分被执行人,法院还有限制高消费、纳入失信名单等对应的惩罚措施,传统调查也并非最后手段。

(三)传统调查结果不尽理想

笔者对随机选取的在 2019 年和 2020 年中以终本方式结案的案件各 500 件进行了统计分析(见图 2)。经过分析发现,即使以数据较好的 2020 年来看,通过传统调查发现初步财产线索的案件占样本案件的比例也不足 6%。在核实传统调查发现的初步财产线索后实际查找到财产的案件占样本案件的比例仅为 0.6%。进一步分析,这几件案件能够查找到财产是因为找到了被执行人,被执行人主动报告了网络查控未查到的财产。可见,通过传统调查发现被执行人财产与付出的成本相比得不偿失。

---

① 参见谭秋桂:《民事执行原理研究》,中国法制出版社 2001 年版,第 72 页。

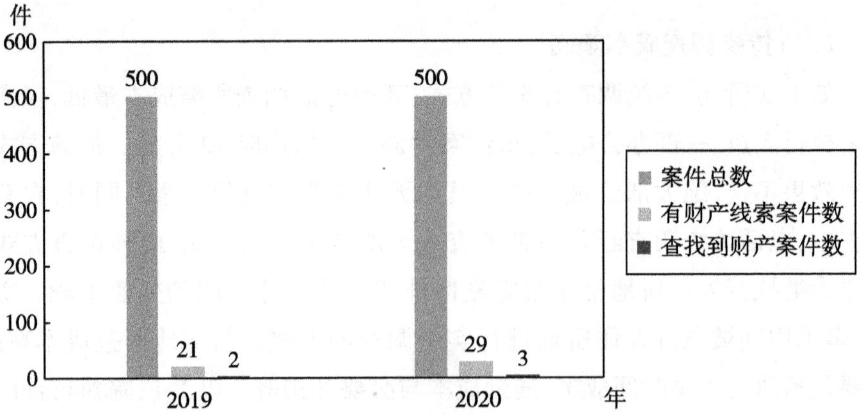

图 2　2019 ~ 2020 年 C 市 L 法院案件总数、有财产线索案件数与查找到财产案件数

三、深入:传统调查之问题分析

(一) 表面问题:无法查找到被执行人财产线索导致传统调查无功而返

从上述内容可知,通过传统调查发现被执行人财产线索的难度较大,效果甚微。究其原因有三:第一,现代社会被执行人的绝大部分人身、财产信息均由相关的国家机关予以记载。随着总对总、点对点网络执行查控系统的建立,这些信息法院可以通过网络查控获得。对于被执行人的身份、婚姻状况,以及名下银行存款、不动产、车辆、公积金等信息,法院均实现了总对总一网统查。第二,传统调查的对象多为与被执行人有一定关系的人,这些人或基于亲友关系,或抱有事不关己的心态不愿向执行人员提供被执行人的相关线索。第三,被调查人对被执行人人身、财产线索了解较少,无法向法院提供有价值的财产线索。所以,目前对被执行人财产的查找主要还是以网络查控为主,申请执行人提供及被执行人主动申报为辅。

(二) 深层问题:快速现代化影响下社会结构改变及信息化手段的增强导致传统调查"空壳化"

对于执行生态的考量,既包括法院内部的立、审、执之间的关系以及执行参与主体间的利益衡量,也包括法院之外,政治、经济、社会、文化等更深层次的原因。[①] 改革开放后，我国的城镇化进程取得了十分显著的成果，2011 年城镇人口总数便超过乡村人口，并且差距逐年扩大。截至 2019 年 12 月 31 日，中国城镇人口总数达到 8.4843 亿人，比乡村人口多出 2.9681 亿人，而城镇就业人员总数达到 4.4247 亿人，比乡村就业人员多出 1.1023 亿人。[②] 快速城镇化与城镇就业人员增长的背后是乡村人口的流失与高速的人员流动，这导致传统社会关系的崩塌与乡邻社会的逐渐解体。传统调查立足从被执行人所处的社会关系中寻找被执行人的人身及财产线索，以弥补网络查控的不足，但是该方式在当前阶段已难以实现最初的目的。

1. 对农村户籍的被执行人开展传统调查面临的问题

传统乡村社会是以血缘、宗族为纽带构成的熟人社会。[③] 大家彼此熟悉，世代生活在一个比较封闭的环境里，互相之间信息非常透明。对此采用传统实地调查的手段效率高、效果好，就算不能发现被执行人财产线索，法院工作人员的到来也会给被执行人形成较大的舆论压力，从而迫使其主动履行义务。然而随着经济的发展，人口流动越发频繁，农村人口除老年人外大多在外务工，极少回乡。尤其是农村的年轻人，从学校毕业后便到城里打工，绝大部分时间都工作生活在城里。据统计，1978 年我国年人均流动 181 公里，2004 年上升为 1254.5 公里，26 年间人口流动性增加了 590%。[④] 故其户籍所在地的村委会人员或邻居很难知晓被执行人相关情况，最多只能通过其父母获得被执行人的联系方式。

2. 对城镇户籍的被执行人开展传统调查面临的问题

在城镇，随着人口流动的增大、生活节奏的加快，传统的“街里街坊”“远亲不如近邻”的生活环境已发生了改变。在高楼林立的城市里，不知住在对门的邻居是谁已经成为普遍现象。因此，向物业管理人员、街道办的工作人员或邻居调查到被执行人财产线索的可能性微乎其微，最多只能得到一个预

---

① 参见于龙刚：《基层法院的执行生态与非均衡执行》，载《法学研究》2020 年第 3 期。

② 参见国家统计局：《年度数据》，载国家统计局官网 2021 年 12 月 2 日，https://data.stats.gov.cn/easyquery.htm? cn = C01。

③ 参见费孝通：《乡土中国》，天地出版社 2020 年版，第 112 页。

④ 参见胡联合：《转型与犯罪——中国转型期犯罪问题的实证研究》，中共中央党校出版社 2006 版，第 36 页。

留登记的联系电话。[①] 故而造成传统调查徒有其表,形成有名无实的“空壳化”执行措施。

3. 对企业法人类被执行人开展传统调查面临的问题

随着社会信用体系建设的不断完善,企业法人等商事主体的工商信息登记也越发完善。注册资本、股东信息、增资扩股、分立合并等信息均可以在公示平台上查询,根本无须到现场去调查。此外,能够向企业法人住所地的物业或相邻公司调查到的信息几乎只有该企业是否还在此地开展经营,其他如企业投资经营、债权债务、变更终止等情况根本无法获得。正在开展经营的企业在收到执行通知书后又大多会主动到庭接受调查。因此,在一般情况下对企业类法人开展传统调查毫无意义。

四、破局:传统调查之目的回归与方式建构

(一)传统调查之目的回归

传统调查占用了大量司法资源,发现被执行人财产线索的目的却难以实现。此外,除少数案件外申请执行人并不关心法院是否采取了传统调查措施,提升申请执行人对执行不能案件的满意度效果也不佳。该措施已沦为保证终本案件结案合格的形式要件。因此,有必要对传统调查能够真正达到的目的和效果进行分析探讨,以便准确适用这一措施。

首先,需要明确当前传统调查究竟能够实现哪些目的。通过上文分析,我们发现传统调查根本无法有效查找被执行人财产线索,也无法实现最高人民法院《关于进一步规范近期执行工作相关问题的通知》中的要求。最可能实现的目的是获得自然人的联系方式或了解企业是否还在住所地开展经营。网络查询、被执行人主动申报、申请执行人提供线索等方式才是当前查找财产线索的主要方式。因此,笔者认为传统调查应当以查找被执行人人身线索及联系方式为主,通过查找到的联系方式通知被执行人主动到庭履行义务或申报财产。还可以更进一步,在查找到人身线索而被执行人又不主动到庭的情况下,采取拘留等强制手段迫使被执行人申报财产或主动履行生效法律文

① 笔者长期从事执行一线工作,按照多年的经验这些预留的电话大多无法接通。

书确定的义务,以司法强制力为后盾,以守法规劝为核心。其次,需要明确并非所有案件都需要开展传统调查,应当具体案件具体分析。例如,有的案件中,申请执行人对被执行人的下落及财产状况已十分了解;还有的案件中,被执行人已主动到庭申报财产。上述情形均无须再进行传统调查,否则徒费司法资源。最后,应当转变传统调查的手段和方式。既然明确了传统调查以查找被执行人人身线索及联系方式为主,那么就可以借助现有的科技手段开展查找,以提高效率、节约成本。如借助移动、联通等通信运营商公司,或是淘宝、京东等网络平台等。

总之,对于传统调查应当把握三点:一是明确目的,以查找被执行人人身线索及联系方式为主;二是区分案件,确有必要的案件才需开展传统调查;三是借助现代化手段提高效率。这样才能最终达到通过找到被执行人促使其主动报告财产,实现终本案件"已穷尽财产调查措施"的目的。

(二)传统调查方式的现代化建构

明确了传统调查以查找被执行人人身线索及联系方式为主要目的后,对于其调查方式也应该进行全方位重构。可以建立案件分类处理机制、优化调查手段,以提高调查的效率和有效性。

1. 建立终本案件传统调查分类处理机制

为避免浪费司法资源,提高执行效率,应当根据传统调查适用的必要性对终本案件进行分类,对符合一定标准的案件不再进行传统调查。根据笔者多年办案经验,可以根据案件中是否出现下列情形来判断传统调查是否确有必要。

第一,被执行人是否主动到庭申报财产。在网络查控已经对被执行人的财产进行全面查控的情况下,传统调查根本目的就是通过查找被执行人从而通过被执行人申报发现被执行人财产。所以在被执行人已到庭主动报告财产的情况下,无须再到被执行人住所地作形式上的传统调查。第二,申请执行人知晓被执行人状况并同意不再进行传统调查。对被执行人财产,申请执行人有足够的动力进行自力查找。若申请执行人已知晓被执行人状况并明确表示不再进行传统调查,基于当事人意思自治与确保执行效率原则可以不再进行传统调查。这既是当事人主义财产调查模式的体现,也通过申请执行人的认可展现了司法公信力。毕竟申请执行人要同意不再进行传统调查,需要建立在自己已经尽力查找被执行人财产的基础上,有助于提高申请执行人的参与度与责任心。[①] 第三,双方当事人已达成和解。实践中已达成和解,但因需要长期履行仍需以终本方式结案的案件,无须再进行传统调查。第四,有证据证明企业已停业或破产。如果企业已停业或破产,办公场所必然人去楼空,此时开展传统调查已无实际意义。第五,其他无须开展传统调查的情形。如被执行人在抵押财产范围内承担责任;已控制被执行人足额财产,但因为再审等原因暂时需要终本结案;等等。

总之,要结合案件具体情况,确需被执行人到场的情况下才开展传统调查,其余情形均无须开展以节约司法资源。

2. 传统调查手段的科技化

当前法院执行部门传统调查手段单一,以直接到被执行人住所地查找被执行人为主,以电话询问可能了解被执行人人身、财产线索的相关人员为辅。前文已论述传统调查要立足找人,从而推动找物。所以,执行部门应当突破传统之束缚,多用现代化科技手段寻找被执行人人身下落及联系方式,真正实现查人找物的目的,避免传统调查流于形式。一是信息化时代无手机难生活,可以利用移动、联通等通信运营商查找被执行人联系方式及下落。当前执行部门与通信运营商的执行联动尚待发展,但在全面打击失信被执行人的背景下,通过向被执行人新办理的手机号发送规劝短信等方式,督促被执行人尽快联系法院申报财产,不失为一种有益尝试。二是可以利用微信、淘宝、京东和美团外卖等网络平台查找被执行人及其联系方式。目前网络社交及消费已在全社会普及,被执行人大多拥有上述网络平台账号,在网络平台账号注册时多留有联系方式。法院可以与上述网络平台建立协作机制,通过网络平台查找被执行人联系方式及下落,通过科技手段提高传统调查的成功率。三是可以与公安机关进行执行联动,利用公安机关掌握的大数据信息查找被执行人联系方式及下落。当然上述方式均需在确保信息安全与个人隐私的情况下开展。

---

① 参见苏福:《民事执行中“完成财产调查”的认定标准与运用向度》,载《东方法学》2017年第5期。

3. 建立全国间法院传统调查委托系统及数据库

应当充分发挥委托调查的成本优势，在全国法院开展传统调查委托工作。当前科技调查手段由于部门之间的利益掣肘及技术上的原因尚未全面铺开，还需经常到外地开展传统调查。但外出调查成本巨大，收效甚微。因此，委托当地法院调查可以大幅度降低成本，同时能够借助当地建立的调查系统。但委托异地法院对被执行人传统调查尚无明确的规定，导致实践中时常受阻。笔者在L法院执行指挥中心调查了解到，传统调查成功委托率仅占委托案件的8%。部分法院以被执行人传统调查不是法定委托事项为由拒绝接受委托。[①] 部分法院只接受特定委托，即只接受代为核实具体指向的被执行人财产线索。部分法院只接受与之建立了协助机制的法院的委托。可以看出，地方法院主导的委托调查机制弊端颇多。为此，有必要在全国层面明确法院应当接受传统调查委托。

同时，为避免重复调查、提高效率，还可以建立全国范围内的被执行人传统调查数据库。该数据库用于收集整理全国法院已开展的传统调查数据。一旦某个法院需要对被执行人进行传统调查，就可先行在该信息库进行检索，如果已经有法院对该被执行人进行了传统调查，那么其在一定时效内（如6个月内）便可以直接下载系统中已有的调查数据，无须另行调查。但如果超出时效范围，鉴于被执行人的财产可能出现较大变动，并且其自身劳动产生的收入积累已经较高，仍需要再次进行传统调查。

4. 借助社区网格员开展传统调查

我国已建立了一套完整的基层社会治理体系，且成果显著。可以考虑将其与执行工作有机结合，发挥基层治理优势，其中的网格员系统可以作为法院传统调查依托的力量。所谓网格员是指运用现代城市网络化管理技术，巡查、核实、上报、处置市政工程（公用）设施、市容环境、社会管理事务等方面的问题，并对相关信息进行采集、分析、处置的人员。社区网格员具有对社区居民情况熟悉、与社区居民关系良好的优势。法院可以争取当地党委、政法委

---

① 造成此种情况的原因在于，法院间对最高人民法院《关于严格规范执行事项委托工作的管理办法（试行）》（法发〔2017〕27号）第1条第4项的理解不一致。部分受托法院对此的理解为委托法院有初步财产线索后委托其代为核实，到被执行人住所地现场调查走访不属于上述规定的内容。

的支持,将传统调查工作交由网格员具体实施,从而增加司法辅助资源,提升调查效率。据笔者了解,C 市部分法院在当地政法委的支持下已借助网格员系统开展传统调查,效果良好。需要注意两点:一是借助社区网格员开展传统调查最好给予适当的报酬,否则传统调查的结果与效率可能无法保证。二是鉴于社区网格员非专业执行人员,需要对其委托调查事项做充分解释说明,帮助网格员了解传统调查的性质与目的,以便开展查人找物工作。

五、结　语

传统调查亟待改革,只有对传统调查需要达到的目的和能够实现的目的重新审视后,才能科学确立调查目标,找到最佳调查手段,建立高效调查机制。传统调查应着力查找被执行人人身线索及联系方式,而不是形式化地追查被执行人的财产线索。查找到被执行人下落后,通过被执行人主动报告财产以发现网络查控无法发现的财产,实现查漏补缺,保证案件“已穷尽财产调查措施”,最终实现提升申请执行人对执行不能案件满意度的目的。

专题研讨

论网络虚拟财产的物权归属与价值实现

——以构建强制执行机制促进新型财产保护为视角

杨雁楷[*]　杜佳鑫[**]

摘要：网络虚拟财产区别于传统财产，呈现出无形性、虚拟性、依附性的特征，但其与民法传统财产一样都具有价值性、流通性、合法性的共性，应当进行物权法方面的保护。虚拟财产权应当分离为代码程序所有权和虚拟物品所有权，分属运营商和使用者所有。运营商主张所有权的格式条款不能排除或限制使用者的权利。法律上应当根据网络虚拟财产的特征构建强制执行机制以实现其价值，在虚拟财产实名制登记查询机制下，通过技术手段和协助执行机制实施控制，在执行处置时遵循申请举证、传统财产优先和技术豁免原则，对难以估值的财产实行无底价拍卖，设计受众广泛和快速变价的处置模式，最终以线上直接交付、账号密码交付、交易板块交付、后台技术交付4种方式保障买受人的实际控制和支配，探索形成世界领先的虚拟财产司法执行机制。

关键词：网络虚拟财产；物权；价值；执行；保护

随着我国网络信息产业的快速发展，网络虚拟财产的价值越来越受到社会各界的关注。1994年4月20日，中国通过一条64K的国际专线接入国际互联网，中国互联网诞生。在这二十几年间，我国互联网产业规模无论从技术层面还是市场层面都实现了几何级的增长。截至2020年年底，中国网民规

* 深圳市中级人民法院法官，法学硕士。

** 深圳市中级人民法院法官，普通法硕士。

模已达9.89亿人,互联网普及率达70.4%,其中网络购物规模7.82亿人,网络支付规模8.54亿人,网络游戏用户规模5.18亿人,游戏市场实际销售收入达2786.87亿元。[①]

在立法层面,新颁布的《民法典》第127条已提出对网络虚拟财产的保护,明确其民事权利客体的地位,但是相关配套法律规定并未到位。目前针对网络虚拟财产进行规范和调整的基本法律仍然空缺,审判实践中人民法院只能基于法律关系的竞合,从物权、合同、侵权中择一角度作出类比裁判。由于对网络虚拟财产争议的解决缺乏统一标准,立法现状已无法满足如今网络民事权利保护的要求。上述不足在执行领域表现尤甚,立法规范空白导致实务中执行价值难以实现。对网络虚拟财产强制执行的理论研究和制度设计为社会发展和司法实践所需。

一、网络虚拟财产的物权价值审视

(一)网络虚拟财产的概念

网络虚拟财产目前在法律科学领域和计算机信息工学领域均无统一表述,但多位学者都对网络虚拟财产下过定义,如"虚拟财产(物品)是指网络环境中用数据代码形式记录并存储于虚拟空间的、以数字化形式呈现的现实世界或现象中物品的模拟物,包括网络账号和网络账号中的虚拟物品两大类"[②],或"网络虚拟财产是指虚拟的网络本身以及存在于网络上的具有财产性的电磁记录,是一种能够用现有的度量标准度量其价值的数字化的新型财产"[③]等。虽然上述表述各不相同,但对网络虚拟财产概念的描述都大同小异,即在网络环境、数字化形式、模拟现实事物、具有财产性这几点核心要素上并没有根本性分歧。

由于互联网技术的高速发展,网络产生的新事物层出不穷,从现有网络虚拟财产形式所作出的概括性定义,在外延上都存在很快被突破的可能。基

① 参见中国互联网络信息中心:《第47次中国互联网络发展状况统计报告》,2021年2月发布。

② 瞿灵敏:《虚拟财产的概念共识与法律属性——兼论〈民法总则〉第127条的理解与适用》,载《东方法学》2017年第6期。

③ 杨立新主编:《民法总则重大疑难问题研究》,中国法制出版社2011年版,第292页。

于此,根据网络虚拟财产的特征作出较为抽象的定义较为合理,即网络虚拟财产为在特定网络环境中,以数据形式存在,模拟现实事物,具有一定市场价值的无形信息资源。

(二)网络虚拟财产的特征

1. 虚拟性

虚拟性是网络虚拟财产区别于私法领域传统实体财产的根本属性。"虚拟财产的虚拟性主要表现为财产存在方式的非实体性。"①网络虚拟财产存储于服务器、网络空间等虚拟世界里,通过特定的代码程序,并通过人工设定的运算逻辑,最终以数字化的形态呈现出来。它的存在完全依赖网络虚拟环境,仅在预设的虚拟网络环境中发挥特有功能。强调网络虚拟财产具备的虚拟性特征,是认可虚拟财产存在的前提,由此才可能继续探寻虚拟财产怎样实现同现实链接的问题,并认识到保护网络虚拟财产的难题所在,进而探讨解决这一难题的方法。

2. 依附性

依附性主要体现在两个方面:一是对硬件如服务器等设备的依附,网络虚拟财产以代码形态存储于服务器内,通过网络与电脑、手机等终端进行数据交换,并以可视化的方式展现于用户面前。这是网络虚拟财产得以存在并发挥其各项功能的物理基础。二是对软件如网络运营商所提供服务的依附,比如,一款网络游戏由开发公司制作出来供用户参与娱乐,需要由运营商进行日常管理维护,保证游戏顺利稳定运行,并针对出现的问题随时进行优化改进,确保玩家获得最佳的游戏体验。

3. 价值性

价值性是笔者将网络虚拟财产纳入执行视野的根本动因。网络虚拟财产的价值性不但能够满足人们的需求,而且可以一定的货币予以衡量,也就是通常所说的具有使用价值和交换价值。需要特别注意的是,其价值性是能够实现现实与虚拟的相互转换的,这也是我们探讨网络虚拟财产的价值性的前提条件。若此类财产只存在于现实世界外的虚拟空间中,也就丧失了执行

---

① 陈兴良:《虚拟财产的刑法属性及其保护路径》,载《中国法学》2017 年第 2 期。

的必要性。

(三)网络虚拟财产的物权属性

学界对网络虚拟财产的性质众说纷纭,归纳起来,大致有以下几种学说:一是“物权说”。该学说将虚拟财产权利界定为物权主要是基于物权的支配权属性,其认为网络虚拟财产具备一定价值、可被利用并满足人们的客观需求。因网络虚拟财产由用户花钱购买或者投入精力创造,具备价值属性,可通过买卖进行交换,或者通过使用满足用户需要,所以是一种虚拟物,应由物权法进行调整。[①] 二是“债权说”。该学说认为,网络虚拟财产是运营商与用户的合同对象,运营商依合同约定确保网络环境良好及用户对虚拟财产的正常使用,用户实现财产价值须依赖合同。虚拟财产名为“财产”,实为“服务”,“网络虚拟财产”是用户享有的债权凭证。[②] 三是“知识产权说”。该主张突破了物权与债权的两分法局限,认为网络虚拟财产权是智力成果。用户或网络运营商在网络虚拟财产创生的过程中,耗费了大量的时间和精力,付出了创造性的劳动,故此网络虚拟财产应被视为一种智力成果。[③] 四是“新型财产说”。该学说基于物权法定主义,即不允许当事人自由创设物权的种类和权能,认为网络虚拟财产并非现有权利客体,在规范物权的相关法律未作调整的情况下,不能随意创设一个物权种类。并且,网络虚拟财产因用户或开发者投入巨大精力、财力并长期维护,其价值不低于任何现存财产,应作为一种新型财产单独立法予以保护。[④] 综上所述,笔者认为,网络虚拟财产属于物的一种,作为物的特殊形式——虚拟物而存在,应进行物权法方面的保护。具体理由为:

第一,网络虚拟财产具有客观实在性。网络虚拟财产虽然是无体物,但可通过程序运行经特定设备展现出来而为人类利用。从存在形态上看,其是

---

① 参见林旭霞、张冬梅:《论网络游戏中虚拟财产权利的法律属性》,载《中国法学》2005年第2期。

② 参见寿步主编:《网络游戏法律政策研究2009——网络虚拟物研究》,上海交通大学出版社2009年版,第37页。

③ 参见陈兵:《网络虚拟财产的法律属性及保护进路》,载《人民论坛》2020年第27期。

④ 参见刘德良:《论虚拟物品财产权》,载《内蒙古社会科学(汉文版)》2004年第6期。

客观存在于存储器上的电磁记录,符合物的真实存在性,与传统意义上的无形物如声、光、电、气体等并无本质上的不同,属于能够为主体占有、使用、收益、处分的特定物,可被用户排他所有而他人无权随意干涉,同样应予同等保护的法律地位。

第二,网络虚拟财产可为人所支配。用户可依照意愿控制、交换、处置虚拟财产,如玩家可决定是否登录账号、是否交易或销毁虚拟财产,网络运营商作为确保游戏正常运行的服务者,有义务配合用户对自己财产的处分行为。

第三,网络虚拟财产具有特定价值。客观上网络虚拟财产具备交换价值和使用价值,用户可依照意愿通过网络平台购买服务或与他人交换获得自己需要的产品,也可自主使用财物。通过对特定虚拟财产的使用,使用者满足主观心理需求。韩国明确规定,网络游戏中的虚拟角色和虚拟物品独立于服务商而具有财产价值。① 美国则直接将网络技术成果纳入财产法保护范畴。②网络虚拟财产具有合法价值现在已逐渐成为各界共识。

(四)网络虚拟财产的分类

根据使用形式的不同,可将网络虚拟财产分为有限流通式虚拟货币、平台式网络虚拟财产和交易式网络虚拟财产③:

1.有限流通式虚拟货币

2010年6月,文化部颁布的《网络游戏管理暂行办法》(已失效)第2条第4款对"网络游戏虚拟货币"的概念作出了明确阐述:"网络游戏虚拟货币是指由网络游戏经营单位发行,网络游戏用户使用法定货币按一定比例直接或者间接购买,存在于游戏程序之外,以电磁记录方式存储于服务器内,并以特定数字单位表现的虚拟兑换工具。"《网络游戏管理暂行办法》虽然于2019年7月10日被文化和旅游部发布的第2号令所废止,但该部门规章对网络游戏虚拟货币作出的官方定义可以作为我们对网络虚拟财产概念进行研究的借鉴。目前我国比较流行的虚拟货币有腾讯公司的Q币系列、盛大公司的点

① 参见施凤芹:《对"网络虚拟财产"问题的法律思考》,载《河北法学》2006年第3期。

② 参见林旭霞:《虚拟财产权研究》,法律出版社2018年版,第4页。

③ 参见侯嘉琛、平乐祥:《论竞争法对网络虚拟财产的保护》,载《南方论刊》2020年第8期。

券、新浪公司的微币、百度公司的百度币等,也包括各个游戏世界里流通的游戏币。[①] 由于虚拟货币是具有独立价值的、可交易的“虚拟等价物”,虚拟货币的网络交易已经形成了产、供、销一条龙的庞大网上交易市场,甚至还产生了专门从事“打币”的职业,专门兑换各种游戏币的网络游戏交易平台也应运而生。

2. 平台式网络虚拟财产

最常见的为账户、域名、网店等。账户是网络用户用来向系统服务进行身份验证,并获取相关授权,从而与其他用户相区分,承载某一特定网络服务中权利义务的“虚拟入口”。为了安全保障、数据收集和资源管理,用户通常需要一个名称和密码以登录账号。当用户登录后,操作系统通常会用识别号标识用户,确认该用户的身份。虽然同一用户可能注册多个账户,但某个账户一旦注册成功,在该网络系统中其便具有唯一性,同一网络系统中不可能存在两个名称相同的账户。域名是由一串用点分隔的名字组成的互联网上某一台计算机或计算机组的名称,用于在数据传输时对计算机的定位标识。网店是一种能够让网络用户对店家展示的商品进行线上浏览、购买,且通过特定在线支付手段完成交易的网站,它是电子商务的一种最常见形式。

账户和域名的取得门槛较低、成本不高。账户一般可以免费注册,租用域名也就数十元不等,因而缺乏稀缺性,价值普遍不高。虽然现实网络中存在价格不菲的域名,但仅仅是个别现象。此类域名一般是具有较强人身依附性或特殊含义,其作为无形财产往往包含账号拥有者的非物质性人格利益与精神财富,这种人格利益与精神财富的价值和作用可能远远大于域名作为独占性资源所包含的利益。例如,新浪公司“t. cn”的短域名据说是耗资500万元从蔡文胜手中购得的;又如,以某位用户生日或姓名拼音注册的邮箱号,对同日出生或同名的用户就有特殊意义,由此产生价值,但对其他用户几乎无价值。因此,该类型虚拟物因其价值的不稳定性及较强人身依附性,在执行实务中应于个案中具体分析,一般不考虑作为类型化的执行客体予以探讨。

① 参见苏宁:《虚拟货币的理论分析》,社会科学文献出版社2008年版,第22页。

3. 交易式网络虚拟财产

交易式网络虚拟财产的常见形式为各种网络游戏中的虚拟物品，即在特定的网络环境中，以代码形式编写、通过系统平台的运行而在网络游戏中显示的、具有使用价值和交换价值的虚拟物品。人们只有在虚拟环境下才会对它产生需求，而一旦脱离虚拟环境，这种需求就会削弱甚至消失。它在现实中并不存在，但却可以用来交换以满足人们的需求。这类商品可能仅仅是一个网络游戏ID、一种游戏道具、一片意念上的虚拟土地或一种符号性的装饰物等。也就是说，网络虚拟商品借助于网络这种虚拟环境而存在，对环境有高度的依附性，这相对于实体商品来说发生了质的变化。

（五）与数字货币、加密货币及数字支付方式的甄别

研究网络虚拟财产，必然绕不开其与现在流行的数字货币、加密货币之间的关系。三者之间存在共性，但又不能完全等同，甚至法律上对三者的态度也有天壤之别。虽然本文研究对象不包括数字货币、加密货币的执行，但考虑到三者之间的相似性，有必要在此进行简单的说明及甄别。

数字货币，在我国即为数字化的人民币，与传统的纸钞、硬币一样，均为我国政府发行的法定货币。传统货币与数字货币在价值层面是没有任何差异的，二者的差别体现在以下三个方面：首先，两者最大差别表现在纸钞、硬币等传统货币具有实体形态，能为使用者所物理感知；而数字货币没有任何物质载体，纯粹以数字的形式存在。其次，传统货币在法律上为种类物，持有者的持有行为即表明对该货币享有所有权，具有公示效力，适用善意取得，在使用及流转时也具备匿名性和不可追踪性；而我国发行的数字人民币采取的是“小额匿名、大额可溯”的设计，通过与银行账户松耦合，在技术上实现小额匿名，此时用户用手机号开立的数字钱包对于人民银行和各运营机构来说是完全匿名的。最后，数字人民币具有离线支付功能，是指在不连接网络的情况下，用户进行交易或付款时无须连接后台系统，只在数字钱包中验证用户身份、确认交易信息即可完成支付的方式，这与传统人民币交易必须出具实物、数字支付必须连接互联网存在较大不同。

加密货币[①],是指在区块链的信息环境下,运用计算机算法和密码技术所产生的去中心化的数字货币。以现在广为人知的比特币为代表的加密货币,其区别于其他虚拟货币的根本特性就是去中心化,即不像法定货币一样有特定的中央发行机构,其产生与转移实际上是一串数字信息的交换转移,任何人都可参与到生产过程中来(俗称"挖矿")。同时,加密货币还具有隐蔽性、安全性、便捷性的特征。由于加密货币具有真实价值存疑、缺乏国家信用背书、存在安全隐患、监管缺失、币值不稳定等一系列问题,对加密货币的广泛应用可能会对国家货币政策的有效性、金融基础设施、金融市场和金融稳定等方面产生巨大影响。[②] 因此,我国现阶段对加密货币的态度非常明确,归纳为三:一是不是法定货币;二是一种虚拟商品;三是不得进行流通、兑换,也不得为其提供定价、信息中介等服务。[③] 需要说明的是,虽然加密货币在我国不属于法定货币,但是并不妨碍将其作为一般意义上的财产给予法律上的保护,这点在司法实践中已有诸多判例予以支撑,例如薪付宝公司与陈某峰不当得利返还纠纷案。[④] 鉴于加密货币在我国不能合法流通,以及本文主要探究虚拟财产的执行问题,故对加密货币仅作区别介绍,在此不作进一步论述。

数字支付,是电子商务兴起之后产生的借助商业银行之外的第三方商业主体所实现的互联网支付行为,也被称为第三方支付,比如,我们常用的以微信、支付宝进行付款的行为。由此可见,数字支付并不是一种独立的数字货币种类,只是现实货币的支付方式,将我们在第三方支付平台的账户与我们的银行账户进行关联,待需要支付的时候进行相应的转账即可。因此,数字支付只是对既有货币的数字化处理而已,现实中的货币既没有增加也没有减少。[⑤]

随着我国经济环境和互联网技术的发展,货币形态和支付手段也呈现多

① 加密货币并非该类型货币公认的专有名称,其实际也归属于数字货币的一种。在本文中,为了与数字人民币为代表的法定数字货币称谓相区分,将该类以比特币为代表的数字货币统称为加密货币。

② 蔡制宏:《数字货币发展状况、可能影响及监管进展》,载《金融发展评论》2015年第3期。

③ 王谨:《从比特币的法律性质谈比特币纠纷的裁决思路》,载陈福勇主编:《北京仲裁》第1辑,中国法制出版社2020年版。

④ 上海市虹口区人民法院民事判决书,(2018)沪0109民初11568号。

⑤ 参见侯利阳:《数字货币概念之厘清》,载《检察风云》2020年第16期。

元化发展态势。对此,中国人民银行数字货币研究所所长穆长春在 2021 年 3 月 20 日的中国发展高层论坛上表示,在可预见的将来,纸钞、电子支付和数字人民币将同时共存。目前,在执行实践中,对银行账户和第三方支付账户的查询、冻结、扣划已常态化,成为执行工作的例行动作;对于数字人民币的查控,因其为新生事物,仅在少数城市试点使用,且用户和金额较为有限,暂未出现执行实例,但随着数字人民币的发展推广,相信很快将成为社会经济财富的重要存在形式,进入执行工作的视野。

二、网络虚拟财产的权利归属分析

网络虚拟财产的归属问题是权利保护所必须厘清的重要问题,目前在法律上没有规定,学术界争议颇大①:

一种观点认为,网络虚拟财产应归属于用户,一旦用户花钱购买或通过特定方式取得后,即归该用户所有。理由为:第一,物及物权特点决定。物的所有权具有始终追求权能圆满的天然冲动,这应属物权相关法律保护之常态,否则也与前述权利类型发生冲突。在玩家账号被盗等现实案例中,均是由玩家通过报案或诉讼来维护自身权益,却没有一例是由网络服务商来主张的,说明其自己都不觉得其所有权遭受侵害。第二,与现实法律要求不符。若服务商对网络虚拟财产享有所有权,而用户享有的只是使用权,那么在此类租用合同中一般都会约定使用期限;即使是无期限合同,服务商也可在合理时间提前通知后随时收回网络虚拟财产。但现实并非如此,服务商不仅不能随意收回网络虚拟财产,而且在第三人侵害玩家网络虚拟财产,服务商没尽到充分安全保障义务时,其还需对玩家承担相应责任。第三,与现有认知产生法律逻辑上的冲突。网络虚拟财产物的属性且具有可执行性已为各界共识,此时如将其归为服务商所有,那么对各玩家所有的虚拟财产的执行则势必损害服务商的所有权,导致执行不能。

---

① 参见林旭霞:《虚拟财产权研究》,法律出版社 2018 年版,第 149 ~ 162 页;李建才:《网络中虚拟财产的物权法保护》,载《盐城工学院学报(社会科学版)》2021 年第 2 期;郑佳佳、周鸿基:《浅谈继承法下的网络虚拟财产保护》,载《哈尔滨职业技术学院学报》2019 年第 4 期;钱明星、张帆:《网络虚拟财产民法问题探析》,载《福建师范大学学报(哲学社会科学版)》2008 年第 5 期。

另一种观点认为,网络虚拟财产归属于网络服务商所有。用户在下载注册程序时与服务商之间的签订的电子合同即约定了用户对网络虚拟财产仅享有使用权,对合同主体的意思自治应给予充分的尊重和保护。理由为:第一,基于合同约定。这是该观点最主要的法律依据。以《腾讯游戏许可及服务协议》为例,其中该协议第2.6条约定:"游戏账号是腾讯按照本协议授权您用于登录、使用腾讯游戏及相关服务的标识,其所有权属于腾讯。您仅根据本协议及《QQ号码规则》《腾讯微信软件许可及服务协议》《微信个人帐号使用规范》、相关账号使用协议以及腾讯为此发布的专项规则享有游戏账号的使用权。您不得将游戏账号以任何方式提供给他人使用,包括但不限于不得以转让、出租、借用等方式提供给他人作包括但不限于直播、录制、代打代练等商业性使用……"第7.3条约定:"您在使用腾讯游戏服务中产生的游戏数据的所有权和知识产权归腾讯所有,腾讯有权保存、处置该游戏数据……"经笔者查阅,目前基本上所有网络服务商提供的用户协议中均有所有权保留的条款,用户只要使用该程序和服务,必须得同意该条款,否则无法使用该程序。第二,网络服务商较之于普通用户而言,更有财力、技术对虚拟财产进行管理,但用户并不具备这样的条件和能力。第三,将网络虚拟财产的所有权归属于服务商有利于提高服务商的积极性,使其更加主动负责地改善网络虚拟财产的存储条件、促进网络虚拟财产的交易安全、协助对网络虚拟财产的权利救济等。

上述两种归属观点均有一定道理,但又存在弊端。笔者认为,上述两种观点囿于对物权法理论中对物的传统认知,对网络虚拟财产的认识缺乏宏观视野,仅限于从"财产"角度分析其性质,没有看到网络虚拟财产所具备的"数据"本质,因此提出的理论观点多从私法角度出发,强调"点对点"的个体权益保障,而忽视了网络虚拟财产的市场和产业发展现状,存在无法解决的结构问题和逻辑缺陷。

如果结合网络虚拟财产的特性将其进一步分解,可发现网络虚拟财产的本源其实是受雇于服务商的程序员编写出的一串数据代码,该代码在特有的游戏系统环境中经后台运算后被赋予了既定的外观形象及功能属性。基于上述分析,若将网络虚拟物品的底层代码数据与模拟映射到游戏中的外在形象相分离,那么数据整体所有权及相应知识产权由开发商或服务商享有,而用户一旦通过购买或一定条件取得该虚拟物品后，这段代码模拟并形象化的物品则归属于用户所有。这也对目前网络游戏实际存在的一种客观现象作出了合理的解释，即服务商可以随意更改虚拟物品的称谓、外观、功能、属性等重要内容，玩家并不会感觉所有权受到侵害，但服务商却不能擅自收回该物品或者拒绝玩家使用该物品，否则极有可能产生讼争。例如，原告赵某诉被告第九城市计算机技术咨询（上海）有限公司（以下简称九城公司）案中，赵某在网络游戏“魔兽世界”中长期付出时间和金钱所拥有的31个账号及相应的游戏货币、虚拟人物及道具被运营商九城公司以其使用“外挂”为由予以封停禁用，赵某因此诉至上海市浦东新区人民法院。因被告没有证据证明其封停原告的账户具有合法根据，法院最终解除了对原告全部账户的封停。[①] 再者，从实践来看，其实运营商并不在意与网络虚拟财产所有权相关的4项权能，运营商在游戏中与玩家也不具有同等地位，其更着眼于对相关财产的设计、改进和管理上，并不追求对虚拟物品的占有、使用、收益及处置。若运营商仅保留拥有“所有权”之名，而与所有权相关的4项权能都由玩家享有，此时所谓的“所有权”则徒有其名而不具其实，不符合法理。这一点从各大网络游戏公司的年度财务报告上都不会将其网络虚拟财产的价值计作企业资产进行财务统计的角度也可得以印证。

之所以开发商或运营商对网络虚拟财产始终坚持主张所有权，想必只是基于其对玩家的优势地位而强加于玩家的格式条款，以便于平时对游戏的管理及在有可能发生的争议中免责。按照格式条款的判定规则，提供格式条款一方不合理地免除或者减轻其责任、加重对方责任、限制对方主要权利的，该格式条款无效；对格式条款有两种以上解释的，应当作出不利于提供格式条款一方的解释。因此，在开发商或运营商与玩家就虚拟物品所有权产生争议时，其作为提供格式条款一方不一定能得到法院的支持。同理，对于部分网络游戏运营商禁止玩家进行虚拟财产交易的正当性也是值得质疑的。私法领域最基本的原则是法无禁止即自由。网络游戏市场相继出台的行政规范性文件，无一不是从监管与规范角度促进网游市场健康发展，并没有明确或

---

① 参见上海市浦东新区人民法院民事判决书，(2006)浦民一(民)初字第8453号。

隐含禁止包括网游虚拟货币在内的虚拟财产的交易行为。[①] 此时,禁止玩家进行虚拟财产交易实为不妥,在某种程度上侵害了玩家对该虚拟财产的所有权。

对此,也有人提出了疑问:若将网络虚拟财产的完全所有权归于玩家,在运营商基于客观原因需要关停服务器终止服务的时候,岂不是要遭受所有玩家的集体索赔? 笔者认为,网络虚拟财产权因具有诸多物权特征而可被归类为私法中传统的物,但绝不能将它等同于传统的物来看待,其作为新类型物,有其独特的方面。首先,网络运营商推出一款游戏,在前期准备中付出了大量的时间、金钱、精力,从成本角度其主观上是不愿意轻易关停服务器的;其次,能聚集众多玩家、出售大量虚拟财产的游戏,必然是营利性较强的,从收益角度运营商也不会早早关停服务器;最后,即使在经营不善不得不关停的情况下,实践中运营商一般也需要履行提前通知、保管玩家账户数据、清退充值钱款、进行安置补偿等一系列责任负担的义务。综上,运营商既不可能基于所谓"所有权"任意收回玩家已取得的虚拟物品,也不会随意关停服务器终止服务。发生极端情况运营商不得不终止服务的情形,则可以类比为传统物权里财产的自然灭失。此时,运营商在提前充分履行通知义务后关停服务器的行为是基于合同约定行使合同权利,用户是对运营商行使该权利所承诺的权利克制,运营商并不需承担用户账户内网络虚拟财产灭失的赔偿责任。

三、网络虚拟财产的执行机制构建

网络虚拟财产的流通性受到虚拟环境和规则的限制,无法凭借交付和登记实现财产权利的转移,这是虚拟财产与实体财产流通性的本质区别。执行程序中查询、冻结、过户虚拟财产必然涉及权利转移的问题,所以在执行处置过程中,应当根据虚拟财产的财产性特点设置特殊的规定,并根据其虚拟性和流通性的特点设置特殊的查询、冻结、估价、变现、过户和解除冻结的流程。网络虚拟财产是一种伴随互联网发展而兴起的新的财产权益,该财产权益当下只能依靠网络运营服务商进行管理和使用,而只有能正常使用的网络虚拟

① 参见陈如良、胡瞻志:《网游虚拟财产的执行》,载《人民司法》2014年第5期。

财产才具备执行价值。因而,执行处置的流程需要网络运营服务商的积极配合。

(一)网络虚拟财产的执行原则

1. 申请举证原则

因网络虚拟财产具有虚拟性,即看不见摸不着,不易为人感知,不易查找;匿名性,即用户注册登记时往往只需提供电子邮箱或手机号码,不需要实名;分散性,即缺乏统一登记管理机构,各个游戏公司只对自己运营游戏的数据有控制权,所以网络虚拟财产在现行环境下存在难以查证的难题。一般情况下,申请人与被执行人在纠纷发生前都有过一定的交往,彼此之间较熟悉,申请人对于被执行人的网络社交、娱乐等互联网活动较熟悉,申请人认为确有必要执行被执行人名下网络虚拟财产的,需向人民法院提出书面申请,并附相关的财产线索和初步证据材料。一是需要证明被执行人拥有网络虚拟财产;二是需要证明网络虚拟财产有执行必要,比如总体价值较大或者相对个案债权标的而言有执行必要;三是需要提供该网络虚拟财产在哪家运营商注册登记的证明材料。只有在申请人提出书面申请并满足上述条件时,人民法院才启动查询处置程序,如此才能节省人力、物力,避免浪费司法资源。

2. 传统财产优先原则

基于前述原因,现阶段,网络虚拟财产查找困难,大部分网络虚拟财产价值较低,直接执行需耗费大量人力、物力、财力,性价比较低。所以需要坚持传统财产为优先、虚拟财产为补充的原则,即没查证到传统财产可供执行或已处置完毕后仍不足以实现债权的情况下,或者当债权金额较小,处置被执行人房产等财产不符合比例、经济、善意等原则时,可考虑直接执行网络虚拟财产。

3. 技术豁免原则

"网络虚拟财产"这一法律概念出现的时间并不长,作为财产进入执行程序的案例尚属空白。然而,如前所述,网络虚拟财产具有经济价值的特点使它必然纳入强制执行的范围。网络虚拟财产的执行离不开网络服务商,需要依赖于网络服务商的技术支持。如果人民法院对一笔较小金额的网络虚拟财产查控处置,最终需要网络服务商付出巨大的人力、时间成本或者当前技术无法实现,那么在前述完全有悖于经济效益原则的情况下,网络服务商的协助义务应当是可以商榷的,至少网络服务商提供相关书面说明和证据的情况下,人民法院应当考虑网络服务商的意见。

(二)网络虚拟财产的执行机制

1.网络虚拟财产的查询机制

网络虚拟财产的虚拟性、匿名性、分散性导致执行法院在查询上存在一定的困难和障碍,即使申请执行人能够提供线索,核实其真实性以及与被执行人关联性的责任也还是需要由执行法院来承担。可喜的是,早在2010年6月文化部颁布的《网络游戏管理暂行办法》(已失效)就要求网络游戏运营企业对网络游戏玩家采取实名制。在《网络游戏管理暂行办法》废止后,国家新闻出版署于2023年6月发布的《关于防止未成年人沉迷网络游戏的通知》第1条规定:"实行网络游戏用户账号实名注册制度。所有网络游戏用户均须使用有效身份信息方可进行游戏账号注册。自本通知施行之日起,网络游戏企业应建立并实施用户实名注册系统,不得以任何形式为未实名注册的新增用户提供游戏服务。自本通知施行之日起2个月内,网络游戏企业须要求已有用户全部完成实名注册,对未完成实名注册的用户停止提供游戏服务……"虽然现实中仍存在冒用他人身份证进行注册的情况,但随着实名制的普及和深入,不久的将来对游戏玩家身份及其与相关财产之间关系的查证不会再是一个太大的问题。但从执行实践来看,被执行人拥有网络虚拟财产的比例较小,拥有价值可观、能够顺利变现的网络虚拟财产的被执行人更是极少数。诸如,银行存款、房地产、车辆、股权等传统财产,已经基本覆盖了被执行人的主要财产范围。一般情况下,这些财产的价值要比多数网络虚拟财产的价值大得多;而且现行法律和司法解释对于这些传统财产的查控、处分、交付等规定较详细,执行起来更加有法可依。另外,传统财产相对于网络虚拟财产,所有权更加清晰明确、易于确认,执行错误的可能性较低。因此,在执行中对于是否执行以及如何执行网络虚拟财产,应结合个案情况统筹考虑。适当地对被执行人所有的单一网络虚拟财产的现实价值、账号内多个网络虚拟财产的现实价值总和与执行标的额、执行成本相比较,选择价值相当的网络虚拟财产予以执行,避免出现"无益"执行情形,浪费司法资源。

2. 网络虚拟财产的冻结

网络虚拟财产经查询确认后，下一步需要对该财产进行有效的控制。由于网络虚拟财产并不像房产、车辆、证券等传统财产一样存在一个统一的登记管理机构，所以执行法院只能要求这个游戏的运营企业进行司法协助，通过技术手段限制被执行人登录、使用、转移或销毁该虚拟财产。协助单位往往在网络游戏的设计、研发、运营阶段并未考虑到司法协助的功能，在人民法院要求协助冻结时，可能出现即时系统不支持、技术无法实现的情况，所以，实现虚拟财产的控制之关键在于技术手段。执行实务中只能根据不同的情况采取不同的控制措施：第一，在运营商已有技术手段能够进行控制的情况下，作为协助执行义务人，人民法院可向其送达协助执行通知书及执行裁定书，命令其依法协助控制该虚拟财产。第二，在运营商不具备控制虚拟财产的技术手段，但能够要求相关操作人员禁止转让的情况下，同样可以向其送达协助执行通知书及执行裁定书，命令其依法协助控制该虚拟财产。第三，在运营商不具备控制虚拟财产的技术手段，也无法要求相关操作人员禁止转让的情况下，只能向被执行人送达“禁令”，禁止其处置虚拟财产。此时可参照对机器设备“活封”的做法，对于一些不使用将导致其贬值的虚拟财产，如网络游戏账户、装备等，可以在禁止使用的同时允许被执行人继续使用，以维持其价值。

3. 网络虚拟财产的估价

要实现对网络虚拟财产的变现，首先要确定其价值。网络虚拟财产估价的司法判例也是五花八门，标准并不统一。如“孟某、何某盗窃 Q 币、游戏点卡案”中，法院以游戏运营商、销售商的销售价格认定盗窃的 Q 币、游戏点卡的价值；①而在“颜某盗窃装备案”中，法院最终以网易公司提供的估价证明作为认定虚拟装备价值的标准。② 网络虚拟财产应当是具有一定经济价值的虚拟商品，不包括其他不具备经济价值的虚拟商品。网络虚拟财产不同于传统财产，往往需要依附于网络运营商的积极反馈，离开特定的网络环境，网络虚

① 参见上海市黄浦区人民检察院诉孟某、何某网络盗窃案，载《最高人民法院公报》2006 年第 11 期。

② 参见广东省广州市中级人民法院刑事裁定书，(2006)穗中法刑二终字第 68 号。

拟财产往往会失去其价值。对网络虚拟财产的价值确定,需要积极发挥网络运营商的协助执行作用,这是执行此类财产的基础。但由于网络虚拟财产自身具有数据化、依附于特定网络环境的特点,想要确定一个价值认定标准,存在一定难度。

另外,目前还没有统一的虚拟财产估价行业协会或者主管部门,而运营商并不是处于完全中立地位的第三方。运营商可能基于对网络环境的管理便利、商业因素作出对己有利的判断,且由于其不参与游戏活动,可能忽略网络使用者在获得网络虚拟财产过程中劳动、时间等的投入,向其"定向询价"的结论并不客观。因此在执行实务中,对网络虚拟财产的价值评估是执行制度设计中最难的一个环节。

网络虚拟财产不同于一般传统财产,它依靠互联网发展而存在,更新换代速度快,保值率低,受人的主观喜好因素影响大,价格波动大,实践中也没有评估虚拟财产价值的机构,这些情况都导致网络虚拟财产评估难度大,不利于处置变现。即便有合理的估价方式,也要考虑估价成本的问题,如果估价成本高于预期的变现价值,则属于无益处分,没有必要进行估价和处置。由于估价只是确定处置参考价,并不是最终成交价格,在实务中,为了节约估价成本,部分价值较小或者无法估价的网络虚拟财产可通过淘宝、京东等网络司法拍卖平台进行无底价拍卖,由市场去检验确定其价值,此种方式对网络虚拟财产的处置模式有重要的参考价值。

4.网络虚拟财产的处置

对于网络虚拟财产的处置,应当根据其价值的波动性大小设置不同的标准。对于价值较为稳定,甚至长期持有将持续升值的财产,参照实体财产的执行程序,可以在网络上进行公开的拍卖和变卖,参照公告、拍卖、是否抵债、再公告、降价拍卖、是否抵债、再公告、变卖、是否抵债等一系列严谨的程序进行。

对于市场价值波动性大的网络虚拟财产,特别是存在期限性的网络虚拟财产,为了保障财产处置的价值以及节约执行成本,对其执行应当设置高效的变现程序,而不应当适用传统的拍卖变卖周期较长的程序。高效的变现程序需要满足两个条件:一是保障广泛的受众范围,二是提升变现的速度。

保障广泛的受众范围包括两个层面:一是通过确保拍卖公告的公示范

围，最大限度地保障公众的知情权；二是保障拍卖过程中所有符合条件的竞买人参与竞买的权利。当前实行网络司法拍卖的模式，拍卖公告提前在拍卖网络平台进行发布，参与竞买人直接在拍卖网络平台交纳保证金并参与竞买，以互联网的方式最大限度地保障了受众范围的广泛性。但从另一个角度看，互联网的无差别广泛性之优势同时也是其劣势。在虚拟财产的种类差别较大，可能存在一定使用壁垒的情况下，可以借鉴股票在专业性较强的报纸进行公告的模式，在特定的范围内进行公告。比如，有条件的情况下，可以委托运营商在界面首页中发布公告，有相关交易平台的，也同步在平台发布，吸引使用者的注意。这样能够避免信息爆炸，让真正的使用者关注到网络司法拍卖平台的公告而参与拍卖，最终避免财产的流拍。在存在专业性交易平台的情况下，甚至可以考虑在专业性交易平台进行拍卖，这样更加能够吸引使用者的关注，体现财产的价值。

提升变现速度更加符合价格波动较大特别是价值周期短的网络虚拟财产的变现利益。由于传统的实体财产变现环节太多、周期较长，与虚拟财产的周期性和价格波动性存在冲突，可以参照易腐易烂物品快速变卖的程序。首先，应大幅度缩减公告期。从网络虚拟财产的受众范围和便捷性考虑，建议设置在 3 ~7 日为宜。此外，如果降价后第二次拍卖未能成交，则不再进行变卖，可以采用无底价起拍的方式进行拍卖，将该财产的价值通过充分竞争交给市场去判断，在变现程序中只拍卖一次，不再降价拍卖。

5. 网络虚拟财产的交付和替代性执行方案

不同类型的财产有不同的处置方式，要想达到对网络虚拟财产的有效执行，必须明确该类财产的执行范围，进而采用相应可行的执行手段。我国目前对网络虚拟财产的外延有不同的认识，如广义说，即不仅包括账户、域名、网店等平台式网络虚拟财产，Q 币、点券、金币、元宝等仅在特定游戏环境里有限流通的网络虚拟财产，装备、道具、装扮皮肤、宠物、坐骑等交易式网络虚拟财产，还包括数字人民币、支付宝账户、微信账户等数字货币、数字化支付方式，甚至比特币、莱特币、Libra（天平币）等加密货币；狭义说，即仅包括特定网络环境（游戏）内的虚拟货币、虚拟物品等网络虚拟财产。虽然理论上只要是具有财产属性的可流通的合法财产都具备可执行性，但不同类型财产因其自身属性的不同，存在不同的执行方式。网络虚拟财产的交付因财产类型的不同而有着不同的鲜明个性,其在很大程度上依附相关软件的设计形式。以实际控制和支配网络虚拟财产作为交付完成的标准,执行实务中网络虚拟财产可以采取的执行交付方式有以下4种:

一是线上直接交付。该交易方式特别适用于虚拟世界环境,可以在允许线上用户交易网络虚拟货币、虚拟装备、虚拟物品的平台中,在保障合法性的前提下,由作为用户的被执行人在平台自行交付买受人或者由执行法院通知运营商协助交付买受人。

二是账号密码交付。无法进行网络虚拟财产线上直接交易或者不存在虚拟环境的账户类的虚拟财产,例如,具备市场交易价值的微信、微博账户,甚至包括网络店铺,可以在清除隐私信息的情况下,由作为用户的被执行人将账户和密码信息告知买受人,由买受人直接修改密码后使用。被执行人拒不配合时,由执行法院通知运营商修改账户密码后将相关信息告知买受人,由买受人确认账号登录后完成交付。

三是交易板块交付,指的是在存在"拍卖行""交易行"等网络平台中,由作为用户的被执行人、执行法院、游戏运营商将相关网络虚拟财产在交易板块发布出售信息、出售期限、出售价格,待出售期限期满后,由出价最高者获得网络虚拟财产的所有权并由系统自动完成交付行为。目前,市场上常见的是游戏装备的交易,但随着网络虚拟财产交易的发展和规范化,可以预见各种虚拟财产的相关交易平台在未来将逐渐产生。

四是后台技术交付,指的是由运营商根据执行法院的执行裁定书和协助执行通知书,通过后台技术手段进行复制和删除。例如,在游戏平台中,由运营商为作为玩家的买受人账户内复制相关网络虚拟财产,同时对作为玩家的被执行人游戏账户内的相关网络虚拟财产"电磁记录"予以清除。①

另外,还可以在网络虚拟环境中对被执行人进行"惩罚"而迫使其履行义务。具体为,对人身依附性强、财产价值不高的账号类虚拟财产采取限制部分功能使用的措施,而不处分被执行人的虚拟账户,如通过向运营服务商送达协助执行通知书或者向被执行人送达"禁令",限制被执行人某一视频网站

---

① 参见李云滨:《网络游戏中虚拟财产的强制执行探析》,载《重庆邮电大学学报(社会科学版)》2017年第6期。

账户开通 VIP 会员功能、限制账号充值次数和额度、限制网店功能等，通过冻结被执行人的相关虚拟网络账号，使其无法再享受虚拟网络带来的娱乐享受，间接促进被执行人积极履行义务。

四、结　语

虚拟财产的执行机制之全面构建是一项超前的研究工作，司法实务中关于网络虚拟财产的保护尚处于摸索阶段。作为物的特殊形式，网络虚拟财产具有物权属性和价值属性，应当进行物权法方面的保护。在这个背景下研究其概念、特征和权利分配，进而设计规范精细的执行程序，为执行实务中处置虚拟财产提供机制模板，有助于克服法律的滞后性。相信随着立法和司法的探索和发展，我国网络虚拟财产保护的法律制度将会达到世界领先水平。

民事执行中无形财产的内涵厘清与程序建构

张　俊*

摘要：伴随我国市场经济的深入发展和金融资本制度的创新变革，财产概念所指向的范围正在不断延伸。随着无形财产的兴起，个体所有的财产之形式日益翻新。无形财产之价值已经得到了立法与实践的承认。然而，理论与实务中关于无形财产强制执行的理念、程序、方式等则付之阙如，导致被执行人虽有无形财产却可能规避执行的僵局，严重影响申请执行人的合法权益。较之有体财产的物化属性，无形财产本质上显现为数据产品、资格权利、资源要素等抽象表征，兼具无体性、依附性、合法性、财产性等特点。无形财产属于新型财产性权益，应当将其纳入执行程序。无形财产的执行程序中，应明确无形财产在执行序位上滞后于有体财产、强化被执行人的财产报告义务、联合有权主体快速推进执行等，以确保无形财产顺利执行，保障申请执行人权益。

关键词：无形财产；可执行性；实务；长效机制

"新经济、新业态、新模式"已成大势所趋，民众资产的丰盈指数日益增长，财产的内涵外延也随之宽泛。无形财产的特性禀赋决定其不能处于强制执行领域的盲区和真空地带，而司法频现因循守旧、松绑切割之举，极易引发公信危机。对无形财产之内涵开疆拓土、化虚为实，并有针对性地创设特殊

* 江苏省扬州市江都区人民法院执行局副局长、法官，法学学士。

程序规则，对于填充财产内容，提升执行成效，具有相当的开拓性、示范性、现实性意义。

一、时代浪潮下无形财产的大概念界定

（一）语境含义揭示

通过民事执行最终实现生效裁判判定的权利，契合“义务必须履行”“欠债还钱、天经地义”的传统法律文化。民事执行的核心是财产执行。最高人民法院《关于民事执行中财产调查若干问题的规定》第5条第1款规定被执行人财产情况包括：（1）收入、银行存款、现金、理财产品、有价证券；（2）土地使用权、房屋等不动产；（3）交通运输工具、机器设备、产品、原材料等动产；（4）债权、股权、投资权益、基金份额、信托受益权、知识产权等财产性权利；（5）其他应当报告的财产。囿于现金、动产、不动产等财产普遍典型且执行流程成熟，执行人员习惯关注该类财产，继而忽视无形财产这一处于跨界或边角地带的财产类型，是否可以归入可执行财产规定中兜底的其他财产之列，人为“休眠”了无形财产的执行问题。

财产是具有价值的权利的集合体。在简单商品经济条件下，有体财产属于民法上具象的物，为主要流通财产，长居于财产制度的核心地位。事实上，自然人、法人、其他组织因募捐、继承、受赠等无偿方式取得的财产和因劳务、创投、经营等有偿方式取得的财产及其收益均属其所有的财产。其财产的充实与多元是牵连国家经济脉络走向的若干微观单元，个体财产与国家经济彼此作用渗透、连锁反应量变与质变。

无形财产有广义和狭义之分，广义的无形财产相对于有体财产而言，涵盖货币资金、金融资产、长期投资等。长期以来，人民法院仅保守于查找有体财产，囿于无形财产无法用人体感官真切感知、难以捉摸，司法成本高昂、处置程序烦琐以及受制于已有的明文规范，几无深入追查情形，对其执行往往主观屏蔽、中途退出，导致债务人名下财产稀释缩水，无法清仓见底，陷入僵局。无形财产和有体财产是一枚硬币的两面，相辅相成。纠偏之路就在于强调程序正义和制度理性，坚持稳中求进工作总基调，重塑“1 + X”理念，守牢有体财产恒量基本盘；同时，更新执行理念，开新局，应变局，控场无形财产变量

因子,从容面对新的需求和趋势。

面对横亘前方举足轻重的无形财产,一旦置若罔闻或者束手无策,无疑将削减财产总量,加剧有体财产和无形财产的多重失衡,埋下公力管控的弊端。针对无形财产的执行亟待端正立场、重新布局、着重强调,开展地毯式查控,提升执行含金量和信服力。遗憾的是,大陆法系的所有权逻辑体系完全是建立在对有体物的认知之上的,比如,物权法定、公示公信、善意取得等,致使物权法未能确认和调整无形财产,肯定其独立之价值。无形财产亟待受到公法和私法的多层次保护。

《民法典》第125条、第127条明确规定了对股权和其他投资性权利、数据和网络虚拟财产的保护。《民法典》对无形财产的法律性质采取了模糊化处理,已经为无形财产开启了行权规制和执行理据之门。随着无形财产兴起的紧迫性之情势变迁,瞄准前沿版图,固有执行模式面临自我调整变通的务实抉择。我国强制执行法尚未正式出台,对标《民法典》,执行机制理应与时俱进,进一步贴近市场、贴近资源、贴近民生,因应科技化、知识化、网络化、信息化等潮流特征,使执行工作始终在把握自身规律的基础上,紧跟时代发展的步伐而不断变化。

(二)具体类型展示

司法终局原则体现在强制执行程序中。实现判决的方式和结果唯有具备广泛的社会接受性,才具有正当性。执行工作涉及千丝万缕的法律关系,当事人间利益纠葛纵横交错,尤其以财产形态千头万绪、变换多样最突出。笔者将所论的狭义的无形财产定义为被执行人拥有或控制的,具备经济利益的非实物非货币性的隐性财产,其与不动产、动产等有体财产相对应,进行物的拟制,意指除外的复合型权利和利益。无形财产超越物件限制,迅速崛起,以至于学术界形象地称之为财产碎裂或者爆炸。

货币是特殊种类物,作为执行标的,"占有即所有"是其基本原则。在金融经济中,货币债权化的最大意义就在于,将货币请求权转变成相对固化的财产形态,从而获得一种类似物的属性。[①] 考虑以支付宝、余额宝、微信账户

① 参见王卫国:《现代财产法的理论建构》,载《中国社会科学》2012年第1期。

等为代表的互联网理财产品属于金融服务的衍生品，在价值和流通上与金融产品、储蓄账户并无本质差异，变现方式简单易行，笔者不将其纳入无形财产加以分析。无形财产严格意义上主要集中在3类范例权益，即创造性成果权（典型代表为知识产权）、经营性标记权（典型代表为商业信誉）、经营性资信权（典型代表为特许专营权）。

科技构想和产业进程始终领先于法律理论，而生活之树亦常青。当下无形财产种类不断衍生，使模型面貌得到扩张，不能一概而论。网络虚拟财产权的行使体现在占有、使用、处分和收益上。[①] 对于金钱债权的执行来说，财产客体所囊括的对象往往限缩为有实际载体承载的形实合一的财物，但以创新、开放、共享为特征的知识经济、指尖经济无处不在，时刻塑造公民既有的理财方式和营收面貌，并通过具有法律意义的某种载体或者行为证明所代表的经济价值，不能忽视对该类无形财产的执行。

经归纳整理，立足类型化视角，无形财产包括以下常见种类：一是著作权、商标权、专利权、植物新品种权、集成电路布图设计权、软件程序代码、秘密配方等知识产权；二是网络域名、网络店铺、游戏账号（含“货币”“地产”“装备”“宠物”等）、平台用户账号、大数据产品等计算机系统资源；三是微信公众号、手机靓号、具有特别意义的QQ号码等通信资源；四是商业标识、工艺技术、字号品牌等彰显核心竞争力的商业价值；五是收费权、排污权、碳排放权、林权、行政许可指标等专营权；六是车牌靓号、金融牌照等虚化财产；七是其他如法定数字货币、生态资产等财产性权利。（见图1）社会经济日新月异，包罗万象，况且财产体系具有开放性的特点，无形财产名义所涵摄的实践样态正日益增多，无法一一开示，前述分类是以“列举+兜底”的方式粗略厘定的范畴，可能存在另类“隐藏版本”。

① 参见申晨：《虚拟财产规则的路径重构》，载《法学家》2016年第1期。

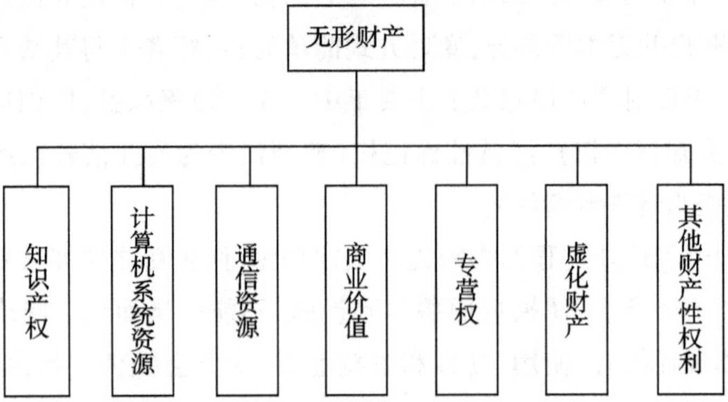

图1　无形财产常见种类示意

二、求同存异下无形财产的特指性阐释

(一)基本特征聚焦

无形财产的发展态势扑朔迷离,具有很多新奇的特点,产生了很多全新的法律问题和监管问题。其内在特征大致判定有4点。

1. 无体性

在我国治理体系中对无形财产的描述较笼统且不一致,且其权源定位在物权、债权、知识产权或其他财产权益间交叉徘徊,如"持债权说观点的学者着重强调网络虚拟财产的虚拟性、依附性、行使方式的特殊性和存续时间的有限性等特征,进而将网络虚拟财产认定为是一种服务合同或债权凭证"①。此外,亦有学者主张无形财产为新型财产权,该主张引发了既有权利体系混乱的隐忧。② 无形财产并非严格的法律用语,但该称呼也体现了大众对此类财产的一般认识,即相关财产属于物理上无痕的财产权益,具有无体性,其实质内容是法律所保护的权利主体的利益。无形财产自身没有物质承载,而是表现为某种法定权利,或为智力成果,或为知识经济的技术产品,是具有流通性、可辨认性、非货币性的财产。

---

① 王雷:《网络虚拟财产权债权说之坚持——兼论网络虚拟财产在我国民法典中的体系位置》,载《江汉论坛》2017年第1期。

② 参见赵宇霆:《无形财产权理论研究》,法律出版社2011年版,第5页。

2. 依附性

个体财产质态乃是经济形势之具体缩影。在数字化环境演进过程中，确立了诸种依托、附庸、挂钩于本权或网络的新颖产权和财富，例如，虚拟财产权、数据携带权、注意力流量，甚至算法独占权利等。这些新颖的产权与财富形成的实名注册认证的产品和服务逐渐吸纳、整合财产权益确权主张，引发了财物范围的进一步扩张，并能更好地回应价值生成、交易、消费和分配机制。比如，对于互联网企业来说，企业的 IP 至关重要，甚至延伸出会员充值续费、下载收费、浏览付费等客户端产品服务。

3. 合法性

自有责任财产的定义本身就意味着国家层面承认其具有作为财产的资格条件。换言之，仅存法律法规、司法政策规定排除执行的财产时，可视为“无财产可供执行”。譬如，《拍卖法》第 7 条规定：“法律、行政法规禁止买卖的物品或者财产权利，不得作为拍卖标的。”基于国家强制性或禁止性规定的限制，无形财产应为涤除非法财产即违禁物或不法所得的符合政策规定的流通物，如犯罪所得之物。净资产采取自然归并原则，即反向规定豁免的范围，要求执行之权利清洁无负担，并应当依法保障生存权。专属于债务人所有的权利不得执行，姓名权、肖像权、名誉权等高度人身依附性的人格权均在此类。此外，信托产品可以保全，不可直接执行；比特币、以太币、泰达币等虚拟货币不具有法偿性，杜绝通过执行炒做交易，涉入非法“挖矿”；P2P 等互联网金融平台账户资产、药品批文、“头部账号”等明令禁止执行。

4. 财产性

无形财产本身已实质性符合“能满足客群的某种需要并可以用货币加以衡量，具有一定的使用价值和交换价值”的有价属性。举例释之，作为区分不同经营主体的一种标志，商号可产生识别作用，因此往往是企业商誉外在表现的一个载体。①

例如，微信公众号作为新型的电子商务模式，通过市场化的运作，获取广告、导流、创投收入，或推介收费，旨在使持有者受领分红利润；主播账号附着于直播平台形成财产性价值（主要表现为积累的粉丝数量以及影响力等）以

① 参见刘保玉主编：《担保纠纷裁判依据新释新解》，人民法院出版社 2014 年版，第 298 页。

及“打赏”、“坑位费”、佣金等变相报酬。又如,随着“碳达峰”“碳中和”战略规划的深入实施,逐步推进生态资产化,诸多自然生态资产会成为标价资产,如森林氧气、碳排放权、碳汇指标等。再如,专营权从性质上是特殊的经营资格,为一般企业所不具有,也是盈利的主要方式,具有现时财产价值和准物权特征,属于转让受限的无形财产。

(二)可执行性调适

强制执行法的核心功能主要体现为公权力对财产的识别、控制与变现。被执行人的所有财产,原则上均可以容忍强制执行。科技向善的同时,民事执行也要相应跨步向前。无形财产呈现封闭隔离状态,执行触角鲜有涉及,而债务人名下持有无形财产却成为大概率事件,此尴尬现状显然充斥悖论质疑。被执行的财产必须归属于债务人所有或者受债务人的支配以及适于执行。基于以上 4 点特征标签配置(见图 2),“归根结底是补强和支持在事实层面上人对财物的支配和控制关系”[①]。究其可执行性,有无物质介质更多是形式的、表象的、次要的,而私有财产属性才是实质的、根本的、第一位的。

无形财产的执行是一个时代性课题,也是一个实践性命题,对无形财产的解读已成为执行法理论无法回避的一个重要论题。现阶段,我国的财产登记制度与全面、准确、及时的目标要求尚有距离。然无形财产无处不在的时代已然来临,这已经成为各界的共识。无形财产可以以货币为纽带对其不可替代的价值进行度量和换算,以金钱对价的方式取得。只要具有社会一般观念上所认可的、应当支付对价的质和量,也应当是财产性利益。[②] 无形财产首先是一种财产权利,具有资本性和流转性。从实体正义、程序公平或者诉讼经济等各种角度观察,其作为执行标的具有适格性,存在执行利益。

当前,网络大数据产品广泛应用于市场,企业在数据产品的生成过程中投入了巨大的努力和劳动,基于劳动值得理论应当享有财产权利。[③] 作为履

---

① 车浩:《占有概念的二重性:事实与规范》,载《中外法学》2014 年第 5 期。

② 参见[日]大谷实:《刑法讲义各论》(第 2 版),黎宏译,中国人民大学出版社 2008 年版,第 215 页。

③ 参见徐海燕、袁泉:《论数据产品的财产权保护——评淘宝诉美景公司案》,载《法律适用(司法案例)》2018 年第 20 期。

行裁判义务之主体,被执行人名下的无形财产属于积极社会经济构成,自是一项新领域新类型财产性权益,应被纳入执行标的扩张的监控视野,以此满足财产混合、自由流动的制度需求和执行功能的需求。换言之,如果当事人未予以申请,执行程序暂时搁置,直至当事人提出申请时,人民法院方可对无形财产执行,此种方案依赖当事人申请与否,选项主义色彩较浓,不宜推行,采必经程序模式更加可行。毕竟,随着个人债务清理方案的试点展开,个人破产亦步亦趋,此时,执行案件终结机制更应体现"债务人已尽力清偿"的本旨。

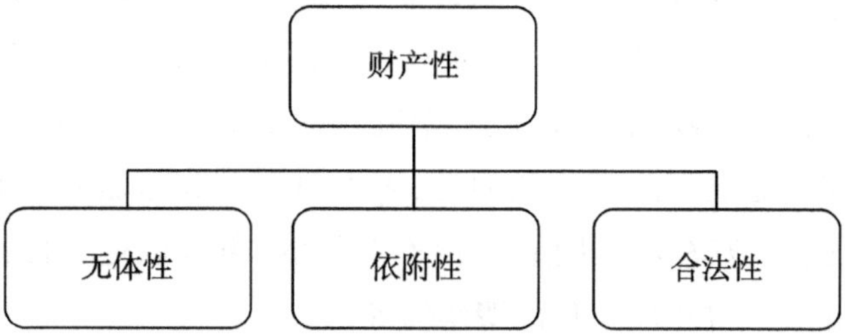

图 2 无形资产的内在特征示意

法律的生命在于实施,裁判的价值在于执行。按照既判力的相对性原理,执行行为在性质上即替代被执行人对其所享有的财产权益强行进行处置,从而实现执行依据载明的申请执行人之权利。需要以务实理性的视角界定财产范围,无形财产的表达样态愈加充裕,市场价值不断升温,所占份额持续提升,日后必将从账面秘密数字成为支柱财产和财富蓝海。于执行工作层面,显然要以正确打开方式设置规则"红绿灯",将无形财产纳入执行标的范围。人民法院需与相关机构、网络平台加强技术甄别,撕开包装马甲,趋利避害,促进相关政策和措施一一落地,扼制"野蛮生长"带来的"破窗效应"。

三、序时推进下执行程序的全进路指引

(一)关键环节规程提示

无形财产板块具有隐蔽深、变动快、变现难的特点,从立法到司法均处于法律空白的状态,技术性逃废债多发易发,治理相对棘手,既是人民法院在网

络时代面对的新问题,也是发挥司法能动作用的重要领域。笔者提示以下程序要点,以资实务。

1. “漏斗式”明确执行措施位次

查明被执行人的财产结构、规模、分布等财产明细是执行程序的首要环节和根本前提。无形财产不是法外之地,系区别于普通财产优先在执的补充财产,是无其他可供执行财产境地下增加作业的例行项目。责任财产为负债方所有的各种形式之全部财产,包含流动财产、固定财产、预期财产、份额财产、无形财产等概括性组成部分。扩大调查视野,贯彻全面调查、主动调查、专项调查等原则,依次彻查到位,织密多元化、多层次、多渠道的财产查控网络。强化使用保全措施,加强传唤、审计、委托调查、搜查等措施力度,构建有别于权利外观初步判断的审查方法,查究掌握真凭实据。恪守保密原则,保护财产隐私和行业机密。应注意的是,无形财产首先被裁定禁止转让后,全部执行终结的,则应解除禁止措施,拒不履行的,再采取处分性措施(注意可拍卖的部分仅限于财产权),从而清偿债务。

2. “填单式”强化财产报告义务

对于无形财产来说,因其无法充分外观化、公示化,报告财产是财产调查的重要抓手,能够反映被执行人的财产轮廓,有利于减少寻找财产的盲目性。申请人对被执行人的资产状况可能所知甚少,被执行人最清楚自身的财产现状和负债状况,由其承担对责任财产的证明责任最妥帖、恰当。应第一时间传唤被执行人到庭,责令其如实报告资产状况。此种报告义务应作为一种法定性、前置性的义务,助于拓宽财产调查的广度和深度,防止被执行人隐匿、转移、挥霍、抛弃财产,落入“执行难”的窠臼。人民法院应当审查所有权人、权利负担、管理收益等物权现状,分清借名登记、实际代持、协议虚假让渡权利、质押融资、附条件析产折现或附期限盈余分配等情形,运用穿透式思维方式实现突围,套用实体法规则循名责实,在此阶段首要确保无形财产权属清晰且无瑕疵。对拒不申报、申报不实的被执行人构筑立体化惩戒体系,确保财产报告制度长出“牙齿”。坚决杜绝超标的执行,针对执行行为和标的争议,畅通异议救济渠道,平等保护当事人和利害关系人的合法权益。

3. “聚力式”借助外力挖掘线索

案多人少的局面短时间内无法解决,需注重从职权主义向当事人主义平衡、倾斜。为改善当前过度依赖人民法院职能和申请执行人潜能的惯性做法,需要合理划分财产调查职责,建立执行财产广角发现机制,结合个案实际或客观上财产信息披露能力不对称等情形,制定差异化的执行推进方案。结果表明,利用调查令、悬赏公告、网上中介、悬赏平台获取目标财产信息是行之有效的手段,有助于动员全社会的力量,对案件的顺利解决起到有利作用。协助执行是民事执行的一项基本原则。商业形态千变万化,无形财产的查明牵连案外商事主体,登记单位、网络公司、第三方平台等主体的对接配合不可或缺,由于协助执行人缺乏主动参与强制执行程序的动机与利益,须谨防其以内部规定对抗协助义务,相关反规避措施不可或缺。

4."梯次式"高效快捷推进执行

一旦成功查控后,应当按下"快进键"完成执行环节,消除"该处置不处置"现象。首先,应控制产权,使其处于被限制状态。其次,应当向有权、主管单位核查相关财产的权属证明,以确定真实性。再次,涉及估值的专业技术问题和计量细节问题,应依照当事人议价、定向询价、网络询价、委托评估等顺序定价。建议将网络游戏运营商提供的参考价与第三方交易平台的同期市场参考价作为对网络虚拟财产处置的参考价,①例外情形下尝试无底价上拍,即俗称的"零元起拍"。实时价值易贬损的,可责令及时处理,保存变现价款。随后,通过网络司法拍卖媒介吸纳受众广泛参与,提升处置成交率、溢价率,处置阶段公开全景信息、权利瑕疵,标的现状最终以无形财产管理部门的认证为准。最后,协助买受人办理过户、备案、完税等附随报备手续。

(二)最佳执行方案设计

互联网已经进入民众日常生活的方方面面,对现有的社会经济体制产生颠覆性转型变革,科技演进示例也不断推陈出新,逐步将"智慧密码"植入执行肌体。近年来,得益于大数据技术对"知识获取瓶颈"的突破,司法人工智能技术取得飞速发展。② 内化流程全周期监管,一键立案、无纸化中间库、自

---

① 参见陈如良、胡瞻智:《网络虚拟财产的执行》,载《人民司法》2014年第5期。

② 参见周志华:《机器学习》,清华大学出版社2016年版,第1~2页。

动抓取信息和触发风险预警等智能技术无缝嵌入;外化措施迭代升级,VR全景看样、云仓储服务器、查封条形码标识、异地财产"翼处置"模式等高新尖手段层出不穷。

总体上看,无形财产体量逐年增长,微商、网游、创客等仍在如雨后春笋般涌现,涉及多种新型、复杂、疑难的高端业务,千奇百怪的无形财产未必都会受到某个单行法的规范。条件成就情况下,人民法院有权对此统揽处理,渐次达成共识。人民法院执行工作亟待顺应趋势,主动迎接挑战,进一步破除壁垒、强链补链、明晰规则,否则一旦将无形财产排除出执行程序,变相"执行难"问题可能在无形财产比比皆是的时代回潮反弹。

理论的研究不能仅满足于逻辑的考察,还应当致力解决现实问题。基于保障司法权威、维护诚信、促进市场活力等考虑,允许对无形财产维度保持动态立场,尊重共性和个性。无形财产的执行流程既要与传统财产执行规则保持高度相通性,又要因案制宜,且须遵循合法、正当、必要、实效原则。须注重程序的构建和完善,落实实用主义价值取向、执行信息化平台建设、执行措施法定化原则等规范要求,使无形财产执行程序兼具推广性和普适性,有效维系执行结果的公正合理。

具体操作理应遵循善意文明、适度比例、审慎谦抑等基本执行原则,"量身定制"执行方案,尤其应注重效率原则,毕竟无形财产流失瞬息万变,必须先行掌控到位。被执行人在限期内提供了方便执行的其他财产,应当首先执行其他财产;其他财产不足以清偿债务的,退而求其次,寻求无形财产执行。值得注意的是,执行工作实质系公权力行为,务必精准拿捏时机、分寸和尺度,采取对债务人权益造成限制或者损害最小的强制措施,实现对物的使用、占有和转让等的功利、效率的最大化,不宜立即变现的,可采取查控措施,待符合处置条件时再予以执行。

变价的方式除对权利本身进行转让外,还可以视情况对其占有、使用、收益、处分等具体权能采取措施,该类措施同样包括控制性程序,一般是限制性许可使用、限制开户、限制业务办理。按照交易习惯,执行标的应包含权利本价、红利以及其他衍生孳息在内的全部财产权益。

四、精耕细作下切实可行的最优解

(一)实用方法转介

1. 叠“加”门路:储备情报“工具”

与传统数据分析相比,数据挖掘是在没有明确前提预设下的信息挖掘和知识发现。[①] 目前,无形财产海量化信息源尚未与人民法院共享到位,应探索“一网通办”窗口和检索辅助工具,舍弃费时耗力的登门临柜式查询方式,逐步借助信息交互手段,做到“查、扣、冻”一条龙服务,“秒控”财产,实现电子证照在线移转。比如,通过电信运营商查询手机靓号;通过国家知识产权局推出的专利检索及分析系统、国家知识产权局商标局主办的中国商标网、中国版权保护中心查找商标、专利等知识产权;通过各大产权交易所网站(如金马甲网)分类收集企业的信息;通过工业和信息化部网站及搜索引擎查询运营商;通过网络电商平台、移动支付记录查询开设的网络店铺以及有关营业执照、绑定手机号、发货地址等信息;通过网游账户、虚拟货币等线索轨迹可向网游运营商和运营平台协查。当然,增强早期监测反应的灵敏性、时效性,完善与相关有权机构的委托协作程序以及互联网法院、金融法院、知识产权法院的协同执行亦不可缺位。

2. 权利克“减”:管控资源收益

应把无形财产从一般财产品类中单独分离,追求物尽其用,让完整的资产链条均体现应有价值。一方面,可依照申请执行人一方申请,对无形财产之使用采取一定限制措施。举例而言,资质、资格等权利复合体具备资源稀缺性,所以可通过限制年检的强制措施对被执行人施加压力,迫使其基于财产处于阶段性削减的状态以及需要承担执行费用的考量,通过履行债务释放资产。例如,指示网络运营商对网络用户行使限权、停权、封号等措施,[②]冻结社交账户、关停网络店铺、全店商品搜索降权、封禁“带货”直播账号等。另一

---

① 参见周英、卓金武、卞月清:《大数据挖掘:系统方法与实例分析》,机械工业出版社2016年版,第7页。

② 参见上海市第一中级人民法院民事判决书,(2013)沪一中民一(民)终字第1246号。

方面,可通过控制收益或者"一案一策"等其他方法,采取个别化执行模式,灵活运用执行措施,在征得权利人同意情况下可督促当事人在一定宽限期内自行变现、直接交易,借助市场自治填平债权额度,或者与申请执行人达成和解协议、引入第三方交易平台、案外人代偿、以使用权作价抵债,以及试行强制管理。需要指出的是,对被执行人委托管理的固定创收或风险投资,如享有运营利益,应当纳入对债权执行的范围。

3."乘"数效应:数据联网共享

人工智能、云计算、大数据、区块链、5G技术等应用手段风起云涌,催生出丰沛的财产运作需求。被执行人的财产可藏匿于几乎是无限宽广的网络海洋中,执行模式需呈现一种线上和线下一体融合的状态。执行指挥中心化身中枢大脑和数据集成,常态化运行推动财产档案的云端比对分析工作,确保相关档案可以全流程网上追踪、回溯和留痕。通过联合发文、签署合作备忘录等途径,加快建立并完善相关"点对点"的网络查控机制,挂接属地无形资产大数据平台,实现地域信息互联互通。升级扩容"总对总"网络执行查控体系,勾勒出被执行人各类信息的全景视图,"一网打尽"主要财产形式。开启"云拍模式",将无形财产类似数据存放于云服务器,远端下达程序指令操作即可完成高度自动化、自主化的处置流程,并将该业务交给更加专业、集约的第三方外包机构。

4.消"除"干扰:分类报告财产

打破常规有形资产处置的思维定式,从经济往来交集、网络虚拟交易账户流水、关联混同主体等方面进行摸排查找,并逆向调适司法应对的能动思维。近年来利用人民法院形成的以现代信息科技为支撑的执行查控机制、执行财产变现机制、执行监督管理机制,充分发挥财产申报表所具有的被执行人信息展示功能,打破"信息孤岛",力争一次性有效执行。运用表格型、要素式、清单化管理,将查询财产内容按照不动产类、动产类、无形财产类、其他财产等分类列明,其中将无形财产单独列出,并列举无形财产中的常见种类子项,供当事人参考。逐项写明查询结果、调查对象、查询时间等,为被执行人履行能力画像。突出个性化、精细化调查理念,采集、归类、分析人、财、物等碎片化信息,在尽职调查过程中需要着重关注无形财产的部分,线性做实做细财产归拢、盘点、比较、择优等规程,为信息筛选、核实线索、快速反应、制裁惩处等后续执行夯实基础。

(二)改良施策长效机制

无形财产正在引领未来财产形态,无差别对待的执行策略也正在被重新定义。执行实施权具有主动性、倾向性、结果性等特征,偏向权利保护,带有强烈的职权主义色彩,但执行程序中客观上还存在消极执行、选择性执行、乱执行的顽瘴痼疾。严把“协查关”“变价关”“结案关”等,切断被执行人拥有无形财产情形下的不当终结本次执行程序之路,筑牢“数字防线”“电子围栏”。在终结本次执行程序结案关口设置无形财产查控程序要件,从严反向审批,倒逼执行走深走实,实现“权利实现的最大化”。并在终结本次执行程序的全景式裁定书中载明相关无形财产的核查事实,在终结本次执行程序管理中予以滚动复查。

回应时代呼声、坚持问题导向,针对实践中的滞后性问题和短板,执行思路遵循“内外兼顾、标本兼治”原则。一方面,“刀刃向内”,解放惯性思维、克服畏难情绪、摈弃惰性心理,建章立制,体现出有意识地注重无形财产的程序关切,弱化财产类型狭隘僵化和经验主义的倾向,对无形财产与有体财产一视同仁;另一方面,“概莫能外”,在更大范围、更宽领域、更高层次突出债权人利益的兑现,全面加强无形财产的涉猎,增强执行工作的创新力、控制力和消解风险能力,并合理吸收最新行政法规、规章、司法解释的有益成果。

执行难,难在查明财产。无形财产尚无成熟的经验可以模仿参照,必须将执行实践中行之有效的“土办法”“洋手段”总结固定下来,使无形财产的执行程序有章可循。完善执行首次约谈工作机制,快速捕捉有关被执行财产的蛛丝马迹,赢得申请执行人的最大理解与支持,将“执行不能”的概率降至最低等级,释放出约谈机制应有的“制度红利”。深化繁简分流,组建思想活跃、突破陈规、深谙经济、善于适法的专业团队,穷尽无形财产案件执行手段,力争每案精办彻执,匹配债权人会议听证机制、执行专业法官会议研讨机制、疑难复杂案件领导负责机制等,释放无限的执行效能。

法律系统是社会生活的观察者和守望者,此种观察与守望也必然将信息网络技术纳入法律系统自身的运作程序中。[①] 人民法院可以健全执行悬赏保险制度,借助保险公司的信息发布资源,拓展网络和新媒体平台悬赏发布方式。委托公证机构就无形财产进行调查取证。核查结束后,公证机构应就核查内容、核查过程、核查结果出具取证报告,协助清点和管理查封、扣押财物。创设专业化资产管理人制度,聘任数据专员、行业顾问、咨询委员,建立专家智库,从扩大应用推广、总结提炼成果、巩固创新机制等方面献策助力。

如车牌靓号执行是否必须遵循车牌限购政策,裸号拍卖是否许可,竞买人是否符合小客车配置指标申请条件,拍卖主体是否明确限定为专属法院,限制高消费措施与纳入失信被执行人名单的配套接轨适用等其他实务争议,亟待相关规则持续供给以定分止争。此外,财产权属的认定规则、交易流程的行政审批、涉税交纳的规定阙如、竞买资格的准入门槛等诸多难点问题均值得格外留意、细化解决,避免强制执行程序成为规避“限购政策”的通道,早日研究出台相关体制机制,为打击不法行为和申请执行人寻求救济预留操作规范空间。

五、结　　语

实业时代,“以有体物为主兼顾无体物”的自然法财物观念根深蒂固。但在当今虚拟与实体交织的背景下,个体通过云原生、全数字化、边缘计算等技术群,自发构建衍生出“云上新价值”。财产形态的变化,使对执行义务主体的财产由个别、专属处置调整为“一揽子”、差异化执行势在必行。当前,无形财产隐身遁形方式五花八门,一旦熟视无睹则得以沦为逃债“避风港”。基于法律、行政法规和司法解释的授权性规定,无形财产付诸执行显然合乎目的性与妥当性。坚持创新引领、科技驱动、数据赋能的远景规划,遵循从象征性点到即止到实质性一查到底的进度安排,系加强对胜诉债权全面保护的应有之举,亦有利于杠杆带动执行现状良性改善。

① 参见段厚省:《远程审判的双重张力》,载《东方法学》2019 年第 4 期。

《执行法与破产法论丛》稿约

《执行法与破产法论丛》是西南政法大学执行研究院创办的学术文集，主编为西南政法大学党委常委、副校长李燕教授与西南政法大学法学院副院长马登科教授。本论丛以“执行法与破产法”为主题，面向全国征稿。举凡执行法与破产法理论前沿问题、执行法与破产法实务疑难问题，无论原创论文抑或论文翻译，无论研究心得抑或案例评析，无论法条介绍抑或文献综述，只要言之有物、持之有故、合于规范，皆在本论丛用稿之列。

本论丛广泛征集优秀稿件，欢迎实务界与理论界人士投稿。请作者以电子邮件形式将文稿发送至以下电子邮箱：zxfpcf@163.com，编辑部主任：谷佳杰。联系电话：13637983713。本论丛**实行双向匿名审稿，将在作者投稿后一个月内通知是否采稿。**

兹就撰稿有关事项说明如下：

投稿须知：

1. 每篇论文的正文字数在1万字以上，一般不超过2万字。

2. 本论丛所有论文采论文格式，因此论文须具有摘要与关键词。摘要应全面概括论文的主要内容，明确反映作者的主要观点，不能仅笼统介绍论文的思路和结构,避免使用“本文主张”“笔者认为”等评价方式。关键词应为反映论文核心内容的专业术语,一般3~5个。

3. 作者名字后上标*,对应脚注中注明作者所在单位、职称(职务)、学位、通信地址、联系电话。

4. 论文或其主要内容未在任何其他公开出版物或互联网上发表,不存在任何违反学术规范情形,不存在知识产权争议。

5. 同意《执行法与破产法论丛》编辑部在不改变论文基本观点和实质性内容的前提下,在出版前对论文进行技术性修改。

《执行法与破产法论丛》体例规范

1. 中文注释范例

(1)个人专著

张文显:《二十世纪西方法哲学思潮研究》,法律出版社1996年版,第7、134～135页。

(2)多位作者专著

吴越、龙涓等:《法人代表权限制的效力规则研究——基于案例统计和两大法系的比较法研究》,法律出版社2019年版,第3页。

(3)主编等其他著作方式作品

慕亚平主编:《WTO中的"一国四席"》,法律出版社2004年版,第160页。

(4)中文译著

[美]哈里·D. 格劳斯、大卫·D. 梅耶:《美国家庭法精要》(第5版),陈苇等译,中国政法大学出版社2010年版,第15～16页。

(5)我国台湾地区出版著作

王泽鉴:《人格权法》,台北,三民书局2012年版,第15页。

(6)间接引用文献

参见刘振芳:《离岸金融市场》,上海财经大学出版社1997年版,第108页。

(7)转引文献

雷万来:《论司法官与司法官弹劾制度》,台北,瑞星图书股份有限公司1993年版,第165页。转引自高其才等:《司法公正观念源流》,人民法院出版社2003年版,第342~343页。

(8)多卷册(多版次)文献

《邓小平文选》(第2卷),人民出版社1984年版,第25页。

(9)期刊析出文献

闫召华:《概率原理在犯罪嫌疑人摸排中的应用》,载《中国人民公安大学学报(社会科学版)》2013年第5期。

(10)文集析出文献

尹田:《法国合同责任的理论与实践》,载梁慧星主编:《民商法论丛》第3卷,法律出版社1995年版,第151~152页。

(11)报纸析出文献

庚向荣:《说理是司法裁判文书的生命》,载《法制日报》2013年2月19日,第7版。

(12)学位论文

陈默:《抗战时期国军的战区——集团军体系研究》,北京大学2012年博士学位论文,第134页。

(13)会议论文著录格式一

马勇:《王爷纷争:观察义和团战争起源的一个视角》,“政治精英与近代中国”国际学术研究会会议论文,2012年4月于杭州。

(14)会议论文著录格式二

姜明安:《新时代中国行政法学的转型与使命》,中国法学会行政法学研究会2018年年会论文。

(15)网络文献著录

汪波:《哈尔滨政法机关正对“宝马案”认真调查复查》,载人民网2004年1月10日,http//www.people.com.cn/GB/shehui/1062/2289764.html。

(16)微信公众号文章

刘松山:《失信惩戒立法的三大问题》,载微信公众号“中国法律评论”2019年11月19日,http://mp.weixin.qq.com/s/wA3Jj923WNctVATeSKIhCw。

(17)当代出版的古代文献

(西汉)司马迁:《史记·商君列传》,中华书局1959年版,第2229页。

(18)常用基本典籍

《清实录》卷二四五。(说明:常用基本典籍,只需标注文献名和卷册。卷册用汉字表示,并且不用加“百”“十”等数词。)

(19)裁判文书

北京市海淀区人民法院(2018)京0108号民初142号民事判决书。

(20)案例

“田某诉北京科技大学案”,北京市海淀区人民法院(1998)海行初字第142号行政判决书。

(21)最高人民法院、最高人民检察院指导性案例

“荣某某诉王某、永诚财产保险股份有限公司江阴支公司机动车交通事故责任纠纷案”,最高人民法院指导案例24号(2014年)。

(22)《最高人民法院公报》案例

“陆某某诉南通市发展和改革委员会政府信息公开答复案”,载《最高人民法院公报》2015年第11期。

2. 外文注释范例

(1)英文专著

Rufus H. Yerxa & Bruce Wilson, *Key Issues in WTO Dispute Settlement: the First Ten Years*, Cambridge University Press, 2005, p. 26 – 29.

(2)多位作者英文专著

Randolph Quirk et al., *A Comprehensive Grammar of the English Language*, New York, Longman Inc., 1985, p. 1140.

(3)英文著作间接引用

See James D. Cox & Thomas Lee Hazen, *Corporations*, 2nd edition, Aspen Publishers, 2003, p. 123 – 128.

(4)英文期刊析出文献

Stephen J. Choi & Adam C. Pritchard, *Behavioral Economics and the SEC*, Stanford Law Review, Vol. 56:1, p. 1 – 73(2003).

(5)德文专著

Claus Roxin, Strafrecht Allgemeiner Teil, band Ⅰ, 4. Aufl. 2006, §15 Rn. 19.

(6)德文期刊析出文献

Benjamin Vogel, Rechtsgüterschutz und Normgeltung, ZStW 129(2017), S. 630,632.

(7)法文专著

Marc Chevallier, *L'État de droit*, Montchrestien, 4e éd., Paris, 2003, p. 16–29.

(8)法文期刊析出文献

Marc Poisson,《Le droit de la mer》, *RGDIP*, p. 15–47.

(9)日文专著

喜多了祐『外観優越の法理』(千倉書房,1977年)215頁。

(10)两位作者日文专著

我妻栄=有泉亨『民法総則物権法(法律法体系・コンメンタール篇)』(日本評論社,1950年)31頁。

(11)日文期刊析出文献

於保不二雄「付加物及び従物と抵当権」民商法雑誌29巻5号(1954年)1頁以下。